| 国 | 研 | 文 | 库 |

高校教师自建翻译案例库
教学运用示例

汤 君———— 著

光明日报出版社

图书在版编目（CIP）数据

高校教师自建翻译案例库教学运用示例 / 汤君著
. -- 北京：光明日报出版社，2021.6
ISBN 978 - 7 - 5194 - 6056 - 3

Ⅰ. ①高… Ⅱ. ①汤… Ⅲ. ①英语—翻译—教学研究
—高等学校 Ⅳ. ①H315.9

中国版本图书馆 CIP 数据核字（2021）第 083249 号

高校教师自建翻译案例库教学运用示例
GAOXIAO JIAOSHI ZIJIAN FANYI ANLIKU JIAOXUE YUNYONG SHILI

著　　者：汤　君

责任编辑：陆希宇　　　　　　　责任校对：袁家乐
封面设计：中联华文　　　　　　责任印制：曹　净

出版发行：光明日报出版社
地　　址：北京市西城区永安路 106 号，100050
电　　话：010 - 63169890（咨询），010 - 63131930（邮购）
传　　真：010 - 63131930
网　　址：http://book.gmw.cn
E - mail：luxiyu@ gmw.cn
法律顾问：北京德恒律师事务所龚柳方律师

印　　刷：三河市华东印刷有限公司
装　　订：三河市华东印刷有限公司
本书如有破损、缺页、装订错误，请与本社联系调换，电话：010 - 63131930

开　　本：170mm×240mm
字　　数：314 千字　　　　　　印　　张：17.5
版　　次：2021 年 6 月第 1 版　　印　　次：2021 年 6 月第 1 次印刷
书　　号：ISBN 978 - 7 - 5194 - 6056 - 3
定　　价：95.00 元

自　序

一位西班牙学者在其著作（González Davies 2004：16）中提到，翻译教育界分为两大阵营，一方认为译者全靠天分，另一方认为译者可以培养、造就。而对于翻译教师而言，最理想的情况，莫过于帮助有翻译天分的学生充分发扬天分，趋于至善；帮助没有翻译天分的学生，通过学习具备一定的能力（Hervey and Haywood 1995：5）。简言之，教师要能"助学"，即帮助学生提升个人能力。这就要求教师在课堂实践中不断探索帮助学生的有效方法。

《礼记》中说，"学然后知不足，教然后知困。知不足然后能自反也，知困然后能自强也。故曰教学相长也"。笔者从事翻译教学已十几年，常受阻于教学之"困"，亦多次尝试"脱困"。本书即与"困"与"脱困"有关，力图在理论与实践之间寻找平衡点。本书着笔于语言学相关理论的时候，并不是专注于全面的理论探讨，而是更关注其与翻译联系最密切的方面，以此为连接点和切入口，希望能给高校同行提供参考，并帮助有志于自主学习的同学寻找翻译的入门途径。

本书得益于江苏省社科基金的资助（项目号15YYB005），主要观点概述如下。

第一，笔者主张全面、客观地认识影响译文质量的语言文化问题。首先，语义和语境问题不仅影响原文理解的准确度，还影响译文产出的准确度。其次，语用和语言变体问题影响着原文跨语言文化再现的得体性问题。国内译界对语义、语境和语用问题已有关注，但相应的教学运用研究尚待加强。此外，国内翻译教学中对译者必须掌握的各种语言风格和语言变体尚未引起足够重视。

第二，本书借鉴国际同行的研究成果指出，"翻译单位"并非内涵单一的概念。多数中国学者倾向于将某种特定的语言单位认定为翻译单位，国际同行却将有关翻译单位的研究划分为三类："过程取向的翻译研究中的翻译单位""产品取向的翻译研究中的翻译单位"和"计算机辅助翻译和语料库语言学中的翻译单位"（Kenny 2009：304-306）。笔者采用过程取向的翻译研究成果对翻译单位的主张，即翻译单位与原文有关，是译者进行翻译思维时"瞻前顾后"的思维跨度。由此，翻译活动遵循在各语言单位的动态联系下的整体推进的模式。基于上述认识，翻译案例的教学和研究应兼顾过程（译前、译中、译后）和产品（句子、句群、段落、篇章所牵涉的跨语言文化问题）。

第三，笔者认为，翻译教学应让学生熟悉人工翻译的完整过程和机器翻译的后期编辑工作，兼顾相关基本技能和能力的培养。也就是说，不仅要让学生知晓如何翻译，还要了解译前准备、人工及机器翻译稿的核查以及后期编辑阶段可能出现的各种实际问题和可行的处理办法。后者在传统翻译教学中一直没有得到足够重视，因此学生在参与翻译实习的初期，往往状况频出。这个问题已经成为翻译硕士教育亟待破解的短板。

为确保立足实践，有益教学，本书尽量从发表或出版的译文或真实翻译项目的译文中选取案例。书中用例，正例已尽量注明出处或译者，以示对译者的尊重；有问题的译例则多略去出处，以示对事不对人。此外，本书部分章节的部分内容取自笔者以往发表的研究成果，并对其中的不当或思虑不周之处进行了修订，为避免过度自引，并为简洁起见，不再一一注明出处和修订之处。

汤君
于江苏南京
2020 年 1 月

目 录
CONTENTS

第一章

总　论

20世纪90年代以前，由于我国各高校外语专业的研究传统和侧重不同，各校翻译师资的学术背景不同，英汉翻译研究或者隶属于应用语言学方向，偏重英汉语言对比或各领域译文语言特点研究；或者隶属于英语语言文学方向，偏重文学翻译的原作与特定译本对比，或文学作品特定译本或多个译本的译文风格或文学语言特点研究。在学术上，国内的不少语言学和文学研究者视翻译为末技小道，认为翻译研究不足以称为"学术"，故译学未能赢得学科独立。在教学中，英汉翻译课程未能充分关注就业市场对毕业生的期望和要求，以至于毕业生在翻译岗位上依靠前辈传帮带的时段较长，故学生和用人单位均不十分满意。

20世纪90年代以后，西方翻译理论层面的讨论日趋复杂，我国许多译界学人关注理论"上层建筑"更甚于翻译实践"基础"。在学术上，理论探讨日益学术化，其结果必然导致翻译研究体系经历边缘与中心的置换——传统的双语或多语转换过程中的语言微观研究风光不再；偏重理论分析和思辨，侧重改写、历史和跨界的文化批评研究日益风行……不过，也有译者和学者担心这种偏重理论思辨的学术研究趋势对翻译实践水平的提高并无实际助益，呼吁不可偏废具体实践问题的研究（包括微观层面的译文语言研究和翻译教学研究）。

自2011年以来，随着翻译专业硕士培养规模的日益扩大，翻译课程应贴近语言行业实际的呼声日渐高涨，国内各大学的翻译教师都在探索有效的教学改革途径。在此背景下，翻译研究有必要加强对跨语言文化沟通现实问题的关注。

不论中外，翻译实践者对理论研究均有微词。他们认为，理论研究者埋头于象牙塔内，对实践问题缺乏足够的热情和关注（Chesterman&Wagner 2006[2002]）。究其原因，主要是学术研究和翻译实践的要求不同。作为研究者，只需了解如何寻找支撑学术研究的语料，掌握分析语料的方法，知晓如何使理论引证和评述与语料分析相贴合。即便是研究翻译实践问题的学者，其关注点也不外乎探究译者使用特定翻译策略及方法解决特定翻译问题的社会文化或社会历史意义，并对其进行评价。而作为翻译实践者，首要和必备的素质却是在有限的时间内（即在交付译稿的最后期限之前），在满足翻译委托方要求的前提下，找到解决各种实际翻译问题的有效办法。从这个意义上讲，最为贴近翻译实践的教学研究是实际翻译案例在教学中的运用研究。

基于上述原因，本章首先探讨译界学者和教师所熟知的语料库对翻译研究和教学的影响，然后探讨尚未引起国内译界足够重视的教师自建案例库的教学应用价值。

第一节　语料库与案例库

掌握国际译界基于语料库的总体研究情况，有助于把握语料库对翻译研究和教学的实际影响和应用价值，为我国学者的相关研究提供参考。而要掌握国际学者此类研究的总体情况，需要大致了解反映国际译界研究趋势的专题论文集、学术期刊的课题专号、观点新颖的单篇论文，以及某些论及不同研究取向的学术专著。鉴于国内学者较多着力于国内相关研究情况的总体把握，对国外学者研究成果的关注往往集中于某一部专著或论文集，不是特别注意把握国际译界的总体情况。因此，本节将介绍国际知名期刊 META1998 年第四期课题专号、两部英文专著、四部专题论文集①，以及一些值得注意的单篇论文，并在此基础上探讨语料库对于翻译研究的影响，以及语料库在教学中的实际应用价值，然后指出案例库与语料库相比较而言的教学应用优势。

国际译界对语料库的关注始于 20 世纪 90 年代（Baker 1993）。但是，翻译界语料库研究开始升温的标志，却是翻译专业 A&HCI 收录期刊 META1998 年第四期课题专号的刊发。该专号题为 "The Corpus-based Approach（基于语料库的研究方法）"，收录了来自英国、美国、爱尔兰、意大利等八国学者的十四篇研究论文。其中，贝克（Baker 1998）指出，应当运用语料库研究译文所使用的语言与目的语作为原语写作语言的区别，以探索译者所面临的限制和压力，以及译者动机对翻译行为及译文语言的影响；施莱辛格（Shlesinger 1998）论及编制对比和平行语料库运用于口译研究，以及从现有单语语料库中提取资料用于口

---

① 有些专著或文集（比如 Kenny 2014 [2001]，Oakes and Meng 2012，Panou 2014）涉及的研究方向较为单一，不反映总体研究趋势，本节未予介绍。

译的实验研究；哈芙森（Halverson 1998）讨论了建构一般翻译语料库时文本选择的代表性问题；肯尼（Kenny 1998）运用两个语料库研究了译文中的净化现象，即译文倾向于使用语气更为缓和的词语；普尔蒂宁（Puurtinen 1998）运用语料库研究英文和芬兰语儿童小说文学体系中的意识形态规范；蒙代（Munday 1998）运用语料库语言学的几种基本工具分析一西班牙语小说的英文译本，探索译本生成过程中的选择以及译者所遵循的翻译规范；拉维奥萨（Laviosa 1998）运用语料库对比译文使用的英文与英文作为原语写作语言的不同语言特点；厄维拉斯（Øverås 1998）运用语料库研究英语和挪威语译文中的明晰化现象；埃布林（Ebeling 1998）运用语料库从翻译对等的角度研究英语中的 there - be 句型和挪威语的 det 句型；鲍克（Bowker 1998）提出，对翻译专业性较强的文本，使用近似内容的译语单语电子文本语料库辅助翻译，有助于提升学生译文的质量。此课题专号中，还有三篇论文提及小型语料库的优势及小型语料库在教学中的实际应用：一篇（Malmkjær 1998）分析运用平行语料库研究解释翻译研究问题的长处和短处，认为小型语料库有其便利与优势；一篇（Maia 1998）运用小型语料库研究英语和葡萄牙语译文中主谓宾句子结构的使用频率和特点；还有一篇（Zanettin 1998）展示了如何建构小型一般文本或专业文本的双语对比语料库，并将其用于课堂翻译教学，帮助学生判断原语中的特定表达与译语的类似表达是否意思相近，确定某术语或特定技术内容的译文是否正确，探寻特定词语在不同语言中的用法差异。尤其值得注意的是该期课题专号的最后一篇论文，提莫志克（Tymoczko 1998）既指出了语料库研究方法的重要性，也提醒翻译研究者，要警惕为理论而理论的研究倾向，以免陷入没有实际意义、不是必然需要的量化研究。

总体来说，META1998 年第四期课题专号的论文代表了基于语料库的翻译研究的几个主要研究方向：如何运用语料库研究方法推进翻译（包括笔译和口译）研究；运用语料库分析译文语言特点；运用语料库对比研究作为译文语言和作为原语写作语言的同种语言的不同文本表现；如何使用语料库辅助翻译教学；如何运用语料库辅助翻译，从而提高译文质量。

进入 21 世纪后，不少专题文集和学术专著先后面世，深入探讨了语料库对翻译研究、翻译实践或翻译教学的作用或影响。这里仅介绍笔者认为特别值得关注的六部专著或文集。

2002 年，知名学术出版机构 Rodopi 出版社（已于 2014 年并入 Brill）推出了题为《基于语料库的翻译研究——理论、发现与应用》（*Corpus-based Translation Studies*：*Theory*，*Findings*，*Applications*）的专著（Laviosa 2002）。该书主要

关注基于语料库的翻译研究的思想、方法和教学应用。该书主张，用于翻译研究的语料库包括各种文本或语言片段集合，并强调语料库研究存在短板。比如，平行语料库缺乏足够的语境信息，且无法反映不同译文间的差异。

2003年，Routledge出版社出版了专门探讨语料库在教学环境中运用的文集，题为《译者教育中的语料库》（*Corpora in Translator Education*）（Zanettin, Bernardini & Stewart 2003）。该文集收录了来自英国、加拿大、法国等七国学者的十篇论文，分别讨论语料库辅助翻译实践和教学的功用。该文集的一大创新点在于，指出用于翻译实践或教学的语料库应具备灵活性，并可根据实际情况由使用者自建，即所谓"customisable corpora（可定制的语料库）"（Bernardini, Stewart & Zanettin 2003：9）。该文集中有两篇论文专门探讨了为解决特定翻译问题而临时建构的小型语料库：一篇（Maia 2003）关注构建小型英语和葡萄牙语文本对比语料库或平行语料库，用于辅助术语或专门用途语言（LSP）翻译；一篇（Varantola 2003）探讨如何编制由可靠文本构成，用后可弃的小型语料库，用于辅助翻译。

2004年，Routledge出版社又出版了题为《翻译研究中的语料库概论》（*Introducing Corpora in Translation Studies*）的专著（Olohan 2004）。该书第一章到第八章主要介绍语料库语言学对翻译研究的影响，侧重平行语料库和对比语料库的设计、分析工具和语料分析方法，以及如何使用语料库分析研究译文特点和译文风格；第九、十两章则分别探讨了译员培训中平行语料库和对比语料库的运用问题，以及在翻译过程中语料库所能起到的作用，包括对习得各种专业领域的专门用途语言、掌握术语、规范技术写作、开展文学翻译的影响。

2009年，John Benjamins出版公司出版了题为《语料库应用与翻译》（*Corpus Use and Translating*）的文集（Beeby, Rodríguez Inés & Sánchez-Gijón 2009）。该文集收录了七篇研究论文，分为两部分。第一部分是如何在课堂教学中运用语料库，第二部分是如何帮助学生自主运用语料库辅助翻译。第一部分由四章构成。第一章探讨语料库的课堂教学应用，并提出，应注意区分"corpus-based（基于语料库）"和"corpus-driven（语料库驱动）"这两种学习方法。"基于语料库"的学习由教师主导，根据特定教学目标，从语料库中选取教学材料；"语料库驱动"的学习是学生自己从大量语料中选取有助于翻译学习的材料，自主或在教师帮助下完成语料库驱动的课业活动（Marco & Van Lawick 2009）。第二章论及将乔伊斯《死者》中的某一段落译为意大利语时，语料库的运用对意大利学生所面对的语义韵（semantic prosody）问题的影响（Stewart 2009）。第三章依据英语译入葡萄牙语和葡萄牙语译入英语的双语平行语料库，研究翻译的明晰化问题，发现译文一般比原文长（Frankenberg-Garcia 2009）。第四章探讨如何运用对比参照语料库，找寻含颜色词的表达法的对等译法（Philip 2009）。第二部分包括三章：第五章关注如何利用互联网资源编制英语和西班牙语旅行保险电子文本语料库，以辅助旅行保险文本翻译教学（Corpas Pastor & Seghiri 2009）；第六章探讨自建的用后可弃语料库在专业文本翻译课程中的运用（Sánchez-Gijón 2009）；第七章主张不应仅评价语料库辅助翻译产出的最终译文，且探讨了在翻译课程中如何全面评价学生对于语料库和有关软件的运用（Rodríguez Inés 2009）。

2011 年，Continuum 出版社出版了题为《基于语料库的翻译研究——研究与运用》（*Corpus-based Translation Studies*：*Research and Applications*）的文集（Kruger，Wallmach & Munday 2011）。该文集收录了来自英国、加拿大、法国、德国、意大利、爱尔兰、南非七国学者的十二篇论文，共分三部分。第一部分介绍了语料库翻译研究的核心概念和可用于语料库翻译研究的工具；第二部分介绍了对大型语料库进行量化分析的方法；第三部分关注语料库翻译研究的某些具体课题，比如译文风格、简单化（simplification）和明晰化（explicitation），等等。

2015 年，语言科学出版社（Language Science Press）出版了题为《基于语料库的翻译研究新趋势》（*New Directions in Corpus-based Translation Studies*）的文集（Fantinuoli & Zanettin 2015）。该文集收录了欧洲学者基于语料库研究的七篇论文：一篇综论如何构建和运用多语语料库进行翻译研究（Fantinuoli & Zanettin 2015），一篇研究现有平行语料库研究"give"和"show"的非人称主语翻译（Doms 2015），其余五篇运用自建语料库开展翻译研究（Serbina，Niemietz & Neumann 2015；Mouka，Saridakis & Fotopoulou；Zubillaga，Sanz & Uribarri 2015；Lapshinova-Koltunski 2015；Pontrandolfo 2015）。该文集涉及的自建语料库均为特定研究目的而构建，包括以下几种类型：按键记录译文语料库（含译文增删、鼠标点击等信息的译文草稿以及定稿），五部电影字幕文本的三语平行语料库，文学文本三语平行语料库，由人工译文、计算机辅助翻译译文和机器翻译译文构建而成的对比语料库，刑事判决三语对比语料库。就该文集而言，新趋势显然是指研究者为了实现特定研究目的，自主构建特色语料库。

可以说，到目前为止，就总体而言，国际学者基于语料库的翻译研究关注现有大型语料库明显多于关注小型自建语料库，关注语料库在翻译研究中的运用明显多于关注语料库在教学中的实际应用。不过，研究者自建小型语料库用于翻译实证研究，翻译教师促进学生开展"语料库驱动"的自主学习，已成为值得关注的新研究趋势。

国内基于语料库的翻译研究始于 20 世纪 90 年代，但前十几年发展相当缓慢，相关课题得到国内翻译研究者的充分关注是 2007 年以后的事情（杨梅、白楠 2010），且关注的重点是将语料库用于翻译研究（王克非等 2004，黄立波 2007，杨梅、白楠 2010，胡开宝 2011，王克非 2012）。鉴于已有多位学者（杨梅、白楠 2010，张律、胡东平 2011，宋庆伟、匡华、吴建平 2013，刘芳、王坤 2014）分析探讨我国学者基于语料库的翻译研究的总体情况，此处不再赘述。值得注意的是，虽有国内学者论及教师自建小型翻译语料库（赵宏展 2007，刘芳 2014，苏宝英 2014），但侧重点主要是微观语言特征的量化统计或语言技术问题，比如词句层面语言特征的量化技术分析，平行语料库中文化负载词译文检索，或平行语料库中术语译文检索等。

翻译研究者应警惕的是，上述研究倾向存在明显缺陷。首先，词句层面语言特征的语料库量化技术分析剥离语境和文化因素，单纯考查语言策略。这种量化思路和做法既不符合翻译实践活动的实际情况，也难以直接促进学生翻译水平的提升。其次，自建平行语料库中现有的文化负载词译文检索虽有一定的参考作用，但受限于自建库规模、译文内容和实际质量水平，更适合开展翻译批评研究，并不能直接转化为学生解决翻译实际问题的能力。再次，自建平行语料库中现有的术语译文检索仅是确保术语译文准确的一种方法，其可靠度和实用性取决于自建库译文质量高低和术语覆盖面的宽窄。

根据国际语言学界共识，语料库是为研究微观语言特点或语言使用模式而设计建构的文本集合，其分类标准包括地域、时间、文本主题、语言数量（双语或多语）、语料生成者（母语/非母语使用者）等等（Kennedy 1998；Tognini Bonelli 2010）。不过，用于翻译研究和翻译教学的语料库是否完全等同于语言学研究者界定的语料库，分类标准是否也与语料库语言学完全一致，这是一个非常值得深思的问题。

翻译研究领域的绝大多数国际学者袭用语言学的语料库定义，并沿用语料库语言学的分类标准，将用于翻译研究和教学的语料库分为三大类（Baker 1995）：对比语料库（comparable corpora），即含两个不同文本集合的语料库，其中一个集合为特定语种的某类原文，另一个集合为特定语种的该类译文；多语语料库（multilingual corpora），即两个或多个由单语文本构成的集合；平行语料库（parallel corpora），即由原文和译文构成的集合。但两位巴西学者（Fernandes & Barddal 2006）提出，语言学的语料库定义不符合翻译研究的实际情况，分类标准也存在一些问题，不利于开展翻译研究。

巴西学者（Fernandes & Barddal 2006：89）认为，基于语料库的翻译研究所使用的语料库应采用新的定义，即可增添、可机读、可自动或半自动分析，遵循最能体现所研究的翻译现象的原则，搜集选取完整文本而构建文本集合。他们还指出，此类语料库的分类应该遵循下列新标准（Fernandes & Barddal 2006：91-94）：学科领域（如翻译/语言语料库）；专业领域（如一般译文/专业译文语料库）；语言产出模式（如书面语文本/口语文本语料库）；语料库所收录的文本之间的关系（如对比/平行语料库）；时间限制（如某个特定时间所生成的文本构成的共时语料库，或不同时间所生成的文本构成的历时语料库）；语言数量（如单语/双语/多语语料库）；译入译出的方向（如仅包含 A 语言原文及 B 语言译文的单向语料库，同时包含 A 语言原文及 B 语言译文和 B 语言原文及 A 语言译文的双向语料库，或同时包含多种语言的原文及译文的多向语料库）。上述关于翻译研究所使用的语料库的新定义和新分类标准，比之以往的因袭沿用可谓一大进步，但不可否认，其落脚点依然是翻译研究，而非教学实践。因为在不同阶段（本科或研究生），为不同目的开展的翻译教学，所使用的语料库未必一定是由完整文本构建的文本集合，也可以是文本片段集合。

为翻译教学便利计，考虑到美国学者（Tymoczko 1998）关于不要陷入量化陷阱的提醒，参考两位巴西学者的定义，并综合前文介绍的现存研究成果，适宜用于翻译教学的语料库应该是：教师自建，可增添，可机读，可供自动、半自动或人工分析，遵循最能体现翻译实践或翻译教学中可能出现的某类或若干问题，搜集选取篇幅完整或截取片段的原文以及一种或多种某一语种或多语种译文，构建而成的文本或文本片段集合。有时，还包括可供参考，可帮助解决某类或若干翻译实践问题，可用于辅助翻译教学或译入一种或多种语言翻译实践，篇幅完整或截取片段的一种或多种译入语的文本集合。

自然，语料库用于翻译研究和教学有其长处。但不可否认，其应用也不免受制于某些技术和现实因素。一方面，由原文和译文组成的平行语料库，其设计基础是原文和译文可对排比较情况下的自动或半自动分析。但若是含有较大幅度或较多数量改写内容的译文，则无法与原文对排，只能依赖人工分析。另一方面，由于技术所限，各类语料库的自动和半自动分析往往局限于词和句法层面语言特征的分析和统计（Hansen & Teich 2001）。由此得出的相关统计数据更适于开展研究，不能直接转化为实践中随机应变的能力。而且，翻译实践中更为关键的语境和文化因素对语言表达的影响，很难进行自动或半自动的量化统计，往往要依赖人工分析。对于多数翻译课程教师的教学实践而言，基于特定课程或特定教学目的的自建语料库必然是小型、面向具体问题的，且大多数问题都涉及语境、文化、语言等各方面，费时耗力的人工分析仍起着不可替代的作用。

目前为止，语料库在翻译研究和教学中的运用，侧重于分析某类词语或语法结构的频次对译文的影响，或者对某些特定译法（比如简单化、明晰化等）在译文中的体现展开量化分析。虽然其意图是发掘常用策略，但若高度关注这些问题，容易让翻译教师和学生过多纠结于词法句法等微观考量，限制全局思维和创造性的发挥，难免陷于见木不见林的偏颇之见。首先，同类翻译问题可有不同解决方法，而不同解决方法可能各有优缺点。其次，即便有相当数量的职业译者喜用某类解决方法，也没有必要以此为据，限制学习者的创造性。近年来，部分国际学者的研究成果对基于语料库的翻译研究格外关注的译文明晰化现象的界定和分类提出了质疑（Baumgarten，Meyer & Özçetin 2008；Becher 2010）。这意味着基于语料库的翻译共性研究需更加审慎。

翻译能力虽可细分为不同种类或层面的能力，其在实际运用中却更多地体现为整体上的文本分析、语言驾驭和跨文化沟通能力。过度迷信具体语言现象的量化分析，重细节轻整体，不能直接帮助提高语言驾驭和跨文化沟通能力，或直接促进翻译实践中整体掌控能力的培养。因此，翻译学者和教师在推进语料库相关研究和应用的同时，也要注意回避其缺点，并直面两个值得深思的问题：何种语料库，如何用于翻译教学，才确实有助于学生提高翻译实践水平。以何为语料库研究的分析、统计对象，才能真正有助于翻译实践和教学，而不是为研究而研究。

有鉴于此，为避免读者误解，且考虑到翻译实践中译者通常根据具体情况随机应对，本书将弃用强调语言细节的自动或半自动量化分析的"语料库"这一术语，采用更为贴近教学实际的指称。

事实上，西方译学研究者中，有人将用于翻译教学的各类材料集合称为"anthology or dossier（材料汇编）"（González Davies 2004：18），也有人将用于辅助翻译的相关主题译语文本称为"personal collection of texts（个人文本集）"（Vienne qtd. in Malmkjaer 1998c：113）。本书则借用某些非语言学科（比如经济管理、法律）强调实际情况应对的术语——"案例"，将基于特定课程或特定教学目的的教师自建翻译材料库称为"翻译案例库"，主要探讨各类翻译案例所牵涉和展现的实际情况应对。

编制翻译案例库所依据的原则主要包括：能够帮助解决哪些常见的翻译实践或教学问题，以何为依据进行人工分析，能帮助学生掌握哪些分析问题和解决问题的能力。根据教学实践的需求，案例库中的案例包括针对具体问题的片段译文，用于某种用途的完整译文，有时还包括用于辅助翻译的相关资料。

案例库在教学中的用途是多方面的：既可用于课堂上具体翻译问题的解决方法示例，也可用于每周翻译实践作业、学期翻译项目或人工及机器译稿核查与编辑项目，以及期末考试或其他学业测试的原文与参考译文，还可用于研究生的翻译实证研究启蒙和分析示范。不过，本书仅涉及翻译案例库的课堂教学运用，侧重具体问题的解决方法示例，以供同行教师在教学过程中参考。

就教学实践而言，目前为止，国外高校翻译教学鲜用教材，高校教师自建翻译案例库是普遍现象，但学界仍比较缺乏覆盖翻译活动全过程以及该过程中常见问题的案例库运用研究。2004 年，约翰·本杰明出版公司出版了题为《翻译教学中的不同声音》（*Multiple Voices in the Translation Classroom*）的专著（González Davies 2004）。该书基于教学研究中的自主学习、有意义的学习、小组合作、以学生为中心的课堂教学等新理念，为翻译专业教师提供参考，以改革传统的"the 'read and translate' approach（先读后译教学法）"（González Davies 2004：2），针对处于不同教育阶段的学生的实际能力和专业水平设计课堂活动、作业和实际翻译项目，加强师生互动，引导学生自主学习，培养学生独立发现问题和解决问题的能力。但该书的侧重点是如何开展互动式教学，对教师自选翻译案例运用于翻译教学的情况仅研讨课堂活动设计及课业设计方面的问题。

虽然国内高校的传统是使用教材，但根据本书作者对当前任教学校东南大学 2011 至 2015 级 120 余名翻译专业硕士生①的问卷调查，本科阶段翻译教师自选译文案例用于教学的情况并不少见。根据笔者联系同门了解到的情况，研究生阶段的翻译教学中，教师自选译文案例运用于课堂教学的情况更为普遍。据笔者了解，本科阶段的教师自选译文案例以词句译例为多，段落和篇章译例略少；研究生阶段，翻译课教师使用的段落和篇章译例显著增加。只是国内研究界对此尚未引起足够重视，尤其缺乏覆盖翻译全过程（译前准备阶段、译中阶段、译后的译稿核查与编辑阶段）的案例库教学运用研究。

鉴于教师自建翻译案例库在教学实践中占据重要地位，其实际有效的运用自然是值得深入探讨的课题。一方面，教师自建翻译案例库通常针对教学或测试中的具体问题，数量并不巨大，可以依赖人工分析，使用便捷；另一方面，人工分析与半自动或自动分析相比，既能关注文本全局，兼顾语境及社会环境因素的影响，还有利于译者主观能动性的发挥，且可关注同一译者或不同译者

---

① 来自数十所高校。

对同类问题的多种处理方式。由此，更有利于开展"contextualized approach to instruction"（情境化教学）（Gillespie 2002：1），即教学和相关测试均面向日常工作中所需的知识和技能，强调对知识和技能的实际运用能力。研究表明，"acquiring job-related content and basic academic skills is not enough to prepare adults and youth to be effective on the job（要让成人和青年学生能够有效地参与工作，仅仅学习与工作相关的知识内容和掌握基本学业技能是不够的）"，更为重要的是要掌握"interpersonal decision-making and planning skills（人际沟通和规划决策技能）"以及"the knowledge of when and how to apply these skills within the social context of the workplace（在工作所需的社会情境中如何因时制宜地运用这些技能知识）"（Gillespie 2002：2）。基于翻译案例库的教学，可以较好地体现上述教育目标。

客观地说，翻译案例运用研究的价值不仅在于其关注实践和贴近翻译职业的现实情况，还在于其对提升实践水平、改善教学效果和促进人才培养均起着不可替代的重要作用。翻译案例的运用研究不仅具有理论研究注重思辨的特点，还更加关注具体问题的实际处理，关注学生能力和技巧的习得，关注语言文化能力在翻译过程中受语境及社会环境等因素影响的具体体现。尽管实际翻译案例运用研究的终极目的并非要得出具有普遍性和一般性的结论，但翻译实践者、翻译研究者和翻译培训者都明白，无论对于翻译实践还是翻译学科而言，实际而具体的问题虽未必高端，却是翻译实践中必须面对的现实。

第二节　产品取向与过程取向

实际翻译案例研究主要有两个分支：产品取向和过程取向的案例或实证研究。而翻译案例的教学运用也相应地分为产品取向和过程取向的案例编选与教学运用。

有著名翻译学者（Holmes 2000［1972］）曾将"描述翻译研究"分为"产品、过程和功能三个研究方向。产品取向的描述研究，其研究对象是译本，包括单个译本的研究，或者是同一原本以同种语言或不同语言翻译而成的不同译本的分析比较。功能取向的描述研究，其研究对象是译本在接受文化中的社会文化功能，是语境而非文本研究，多为翻译史或文学史的分属或对应课题。过程取向的描述研究，其对象是翻译行为本身，特别是译者的思想与心理，是翻译的心理学研究"（汤君 2009：45）。本书中所谓的"产品取向"和"过程取向"与霍姆斯所述的分类的取向界定有所不同。本书中,"产品"不仅指完整译文,还包括教学环境中各类课业和测试所牵涉的片段译文;"过程"则指从译者接受翻译任务到交付译文定稿的全过程,包括译前准备阶段、翻译、译后收尾阶段。

一、产品取向

20 世纪 90 年代,西方译学研究完成了所谓"文化转向",破除了传统的语言学研究方法对原文与译文"对等"的执迷,强调指出,译者不仅提供语言服务,还肩负跨文化中介的使命,译文研究需考虑译文生成的外部文化环境(Amigo Extremera 2015)。由此,大大拓宽了译文研究的范围,显著推进了理论研究的深度。不过,产品取向的翻译案例或实证研究也因此更侧重现象的描述和解释,更贴近理论思辨,而不再特别关注如何解决翻译实践中的具体问题(Chesterman & Wagner 2006[2002])。可以说,在某种程度上,产品取向的翻译案例或实证研究存在偏重理论研讨,轻视翻译实践问题和教学运用的倾向。

20 世纪 90 年代中叶,语料库研究将一部分翻译学者的研究兴趣重新引回翻译的语言层面,但相关研究成果重量化分析研究,轻能力习得与转化,尚不足以对实践人才培养构成切实有力的支撑。毕竟,建设了可供查询参考的不同类别的语料库,明确了语料库的特点和参考价值,有更多、更可靠的量化统计数据,并不直接等同于具备了解决翻译实践问题的能力。2009 年,欧盟委员会翻译总署发布《职业译者与多语多媒体沟通专家必备能力》文件,对合格笔译服务人才必备的知识和技能进行界定。至此,译界研究与实践脱节的局面(Chesterman & Wagner 2006[2002])才稍有改观。

值得注意的是,虽有学者(Olshanskaya 2003)认识到文化差异较大的语言之间互译难度大,问题更为复杂,但相关翻译案例或实证研究并未取得显著进展。主要原因是研究者多受自身研究兴趣或教育背景所限,更关心译文研究的理论价值和意义,而对所涉及的翻译实践问题及其教学意义浅尝辄止。更令人忧虑的是,"文化转向"完成之后,部分国内学者矫枉过正,将笔译实践问题认定为理论价值不高、难以取得共识的细枝末节。这种研究心态不仅不利于翻译案例或实证研究的健康发展,还必然会影响到翻译人才培养的质量和前景,理当引起翻译学者和教师的警觉。

二、过程取向

过程取向的翻译案例研究,其研究对象包括人工翻译的译前准备阶段的相关专业知识研习，机器翻译开始前的译前编辑（即先行编辑原文，以使其便于进行机器翻译），人工或机器翻译的实际翻译运作，以及人工或机器译稿的核查或编辑工作。也就是，以译前、译中、译后三个阶段组成的完整过程为研究对象。

美国跨部门语言协商会议（Interagency Language Roundtable）发布的译者能力分级标准关于3级笔译能力（即能够保证"产出基本准确且可靠的译文"的能力）的描述提到，译者至少应当"Linguistic knowledge of both the terminology and the means of expression specific to a subject field is strong enough（了解必需的术语知识和某专业领域特有的表达方式）"。由此，在人工翻译的译前准备阶段，相关专业知识研习主要涉及术语和专名的查证和学习研究。实际翻译运作阶段与前述产品取向的实例研究关注点相同，机器翻译的译前编辑不在本书的研究范畴，此处不再赘述。

该标准关于4级笔译能力（即能够保证"产出的译文达到职业译文水平"的能力）的描述称，具备该级别能力的译者应能够

> translate a wide variety of complex texts that contain difficult, abstract, idiomatic, highly technical, and colloquial writing. Able to capture subtleties, nuances, and tone and register（such as official, formal, and informal writing）（翻译涉及难懂、抽象、表达地道、技术程度高，以及口语程度高等不同写作风格的各类复杂文本。能掌控各类微妙之处、细微差别、语气和语域［如官方、正式和非正式写作］）。

就英汉翻译而言，为达到这个目标，译者还需深入了解英汉语言差异以及其他相关语言学知识对笔译和译稿核查的影响，翻译教师也应在教学中做出相应努力。

应注意的是，译后阶段的人工译稿核查与机器译稿后期编辑是翻译行业质量保证环节的重要组成部分。但国内的翻译教育一直未对其引起足够重视，故本书将专辟章节抛砖引玉，运用人工译稿的核查与机器译稿的后期编辑案例，解释说明译稿核查和编辑过程中为确保译文质量需注意的语言文化问题。

第三节　回归本源

早在 20 世纪 90 年代，德国翻译学者（House 1997）就曾指出，语言文化（linguaculture）实为一体，与译者所具备的语言文化能力（linguacultural competence）也密不可分。之后，还有其他学者（Vandeweghe，Vandepitte & Van de Velde 2007）指出语言学对翻译培训、翻译批评和翻译实践的重要性，并强调，语言转换在翻译实践中贯穿始终。波兰学者（Chodkiewicz 2012）对欧盟委员会翻译总署《职业译者与多语多媒体沟通专家必备能力》文件中提及的各项能力做了调查，发现不论是职业译者还是翻译硕士研究生，都认为语言驾驭能力和跨文化沟通能力对翻译实践而言最为重要。

不过，如何在翻译教学中让学生充分认识到这两种能力的重要性，并且能够举一反三，因时制宜地正确运用上述能力，不仅有赖于翻译课程的课业训练，还有赖于教师分析讲评翻译案例的示范作用。常有学生反映，希望本科或硕士阶段的翻译课程教师能够在案例分析讲评时更为细致和深入。鉴于上述原因，笔者打算依托翻译案例的分析示范，既关注作为最终产品的译文，也关注整个翻译过程（译前准备阶段、译中阶段、译后的译稿核查与编辑阶段），探索与翻译实践最为贴近的教学问题，以期为理论"上层建筑"的构建做一些有益的、基础性质的准备工作。本书以翻译过程中的常见问题作为自建案例库的案例选取标准，意图回归翻译实践的本源，以英汉笔译过程中的各类语言文化问题和解决办法（包括术语专名处理）、人工及机器译稿的核查与编辑问题为研究对象。

本书的主体结构沿产品取向和过程取向这两条并行线索构建。产品取向的翻译案例分析示例，即第三章到第八章，其案例涉及词、句、句群、段落、篇章层次的翻译问题，其章节设置基于笔者对翻译单位的认识。

对于翻译学习者而言，最先面对的实际问题就是翻译单位。对翻译教师而言，关于翻译单位的下列问题也非常值得深思（Kenny 2009：304）：

whether or not such units are units of the source language/text，whether they are semantic or syntactic，at what linguistic rank they are realized，whether they have any cognitive basis，and whether they are conventionalized to any significant extent（翻译单位究竟是否是译出语或原文的单位，翻译单位是语义单位还

是语法单位，翻译单位在什么语言层面上得以实现，翻译单位是否有认知基础，翻译单位是否已经明显成为惯例）。

多数中国学者倾向于将翻译单位认定为某种特定的语言单位，比如分句、句子、语段或语篇。西方学界则不然。西方学者有关翻译单位的研究可总结划归为三类："the unit of translation in process – oriented translation studies（过程取向的翻译研究中的翻译单位）"（Kenny 2009：304），"the unit of translation in product-oriented translation studies（产品取向的翻译研究中的翻译单位）"（Kenny 2009：305），"the unit of translation in computer-aided translation and corpus linguistics（计算机辅助翻译和语料库语言学中的翻译单位）"（Kenny 2009：306）。最后一类并非本书关注点，故略去不论。

在过程取向的翻译研究中，西方学者们倾向于将翻译单位理解为"the stretch of source text on which the translator focuses attention in order to represent it as a whole in the target language（译者集中注意，使用译语将其完整再现的原文文本单位）"（Malmkjær 1998b：286）。有学者发现，资深译者比翻译学习者处置的文本单位长，资深译者译入母语时比译入外语时所处置的文本单位长（Jakobsen 2005：183）。持这种观点的学者认为，不同译者面对不同文本时可能根据具体情况选择适合或恰当的文本单位作为翻译活动的处置单位。

过程取向的翻译研究将翻译单位视为原文文本单位，产品取向的翻译研究将翻译单位视为译文文本单位，主张翻译单位是"the target text unit that can be mapped onto a source-text unit（能够与特定原文文本单位相对应的译文文本单位）"（Malmkjær 1998b：286）。这样的话，翻译单位就应该是篇幅跨度比较短小的文本单位，但仍非唯一确定的文本单位。

既然学者们对不同理论各有所钟，那么，译者们在实践中各有所好也就不足为奇。但不论持哪一种观点，都无法否认，"翻译单位"应是与原语文本的语言单位有着密切关系的概念。

笔者赞同上述西方学者的观点，即"翻译单位"并非内涵单一的概念，不必将其等同于某一种特定的语言单位。如果不否认"翻译单位"是翻译实践中的语言转换单位，那么，它就必然同"语言单位"一样，不是一个内涵单一的概念。笔者认为，过程取向的翻译研究对翻译单位的界定更贴近翻译实践的现实。也就是说，翻译单位是译者进行翻译思维时"瞻前顾后"的思维跨度。由此，它与语言单位关系极其密切，且常常以"语义单位"的面目出现。但它绝不是仅仅取决于语义因素，还要考虑到语体、语境、语用等诸多语言因素的多重影响。所以，翻译单位是可以因实际情况不同而变化的动态概念。

　　对于特定文本，它的语言单位自始至终都是由"音素"而"词素"而"词"而"词组"……或由"词"而"词组"而"句"……虽然是多个单位，但由于各个单位同属于已成定形的文本，所以各单位间的关系是稳定的、静态的。翻译单位则不同。由于翻译活动的复杂性，其思维跨度是一个参照性的动态概念，故翻译单位受其影响也是动态概念。在实践中，以词为基本单位进行翻译时，还要参照句或者段落；以句为基本单位进行翻译时，还要参照段落或者语篇……更为关键的是，翻译活动遵循在各语言单位动态联系下整体推进的模式。

　　汉译英转换模式如图 1－1①：

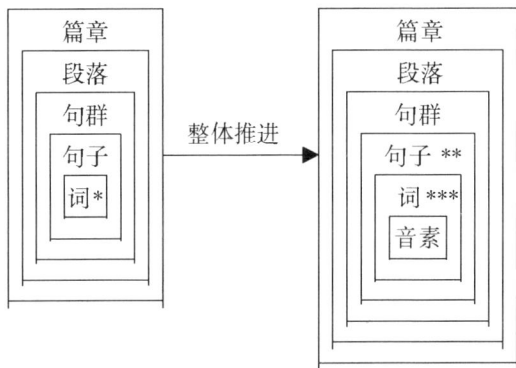

图 1－1　汉译英转换模式图

　　英译汉转换模式如图 1－2②：

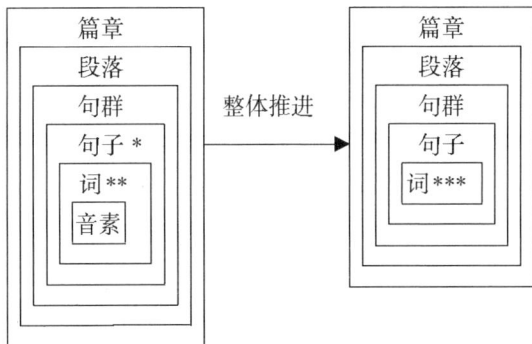

图 1－2　英译汉转换模式图

----

①　＊包括词组和成语，＊＊包括小句/分句，＊＊＊包括短语、习惯用语。
②　＊包括小句/分句，＊＊包括短语、习惯用语，＊＊＊包括词组和成语。

由此，产品取向的翻译案例分析示例部分（第三到八章）主要涉及与词、句、句群、段落、篇章有关的翻译案例，覆盖语义、语境、语用、语言变体、语篇的衔接与连贯，以及媒体稿件全译和两种常见的编译操作方式（即摘编和译写）等方面的翻译问题。本书尝试将语言学相关理论与翻译案例分析相结合，力图覆盖英汉笔译的译中阶段和相关教学中的常见问题。

过程取向的翻译案例分析示例（第二、九、十章）则涉及译前准备阶段的术语和文化专有项的翻译问题，以及译后质量控制阶段的人工译稿（包括牵涉专业内容的文本、文学文本和一般用途文本的译稿）的核查和英译汉机器译稿的后期编辑问题。译前准备阶段要掌握已有或尚无可查证译法的术语、专名以及专名造词等的处理办法，译后译文质量控制阶段要掌握人工译稿核查及机器翻译稿后期编辑的具体做法及需注意的问题。在教学中，这些问题都应以案例为基础，务求贴近实际。过程取向的翻译案例分析示例以展示确保译文质量的具体做法为写作目标。

为确保立足实践，有益教学，本书尽量从发表或出版译文或真实翻译项目译文中选取案例，所用翻译案例主要摘选自正式出版的文学翻译文本，翻译专业硕士生在实习阶段承接的翻译项目译文，媒体发表的真实新闻编译稿，待核查的人工译稿和待后期编辑的机器翻译稿案例则取自网友或硕士生的习作及机器翻译稿。本书中的所有案例分析示例均侧重英汉笔译中的实际问题和解决办法，多数案例在笔者主讲的翻译方向学术硕士和翻译专业硕士课程中使用过，希望能供同行教师教学改革或翻译专业学生自学参考。

第二章

术语和文化专有项翻译案例讲析示例①

译前阶段主要是做好翻译的准备工作。职业译者一般要通读原文，完成以下几项任务：

第一，找出术语和文化专有项（包括专有名词），研习相关专业知识，确定译文，并按需制作术语或文化专有项对译表。

第二，对于难度较大的文本，需补充研习内容相近的目的语文本。必要时，同时研习内容相近的原语文本。

第三，确定原文和译文的文本用途及功能是否一致。如功能不同，是否需做行文方面的调整。如需调整，需做哪些方面、什么性质的调整。

第四，分析原文的语言特征（修辞特点、行文风格、语气等），根据译文用途和功能，确定如何合理地再现这些语言特征。

第二项属于基本的资料查找和知识学习技能，此处不再举例说明。第三、四项牵涉的问题将在后文分章专论，此处从略。本章仅通过翻译案例讲析，说明翻译术语和文化专有项应注意的问题。

术语和文化专有项是译前准备阶段首先要解决的问题，以下分而述之。

第一节 术语翻译案例讲析示例

笔译方向翻译专业硕士的毕业要求中包括笔译实践要求，部分译文牵涉专业性很强的内容，导师批改后可选取有价值的译例，留档充实翻译案例库，供

① 本章的非文学文本翻译案例及分析，获得笔者指导写作并帮助修改学位论文的东南大学翻译专业硕士霍翠平（2014）、闫冬（2014）、林瑞雪（2015）和林远（2015）引用相关内容的授权，特此致谢。

教学示范及其他教学用途。

翻译专业硕士生大多数来自英语专业，没有应对专业性较强的文献的经验，术语翻译是译文问题多发区之一，教师必须给予必要的指导。以下将从笔者指导的往届翻译专业硕士翻译实践报告中选取翻译案例，示例详论术语翻译牵涉的问题，以及相应的解决办法。

英译汉实践中，科技文本翻译占很大比重，往往涉及大量术语的处理。由此，术语翻译是不可忽视的问题。英文中，"terminology" 既可指 "专业术语"（统称），也可指 "术语学"。后者研究 "the structure, formation, development, usage and management of terminologies in various subject fields（各学科领域中术语的结构、构成、演进、使用与管理）"（ISO 1087－1，2000，转引自 Schmitz 2006：578）。需明确的是，和翻译实践关系最密切的问题是，究竟何为术语？英国学者（Rogers 2006：590）指出，术语之所以难以界定，有时是因为人们对同一事物的指称用语未必统一，比如银行提款机的英文指称用语，专业人士用 "automated teller machine"，非专业人士用 "cash machine"；有时是由于专业性程度深浅不同而用语不同。本章所论 "术语"，是任意专业领域中的概念或技术指称用语。

由于许多词语既可用作专业术语，也可用作非专业指称，因此，译者需辨别词语在实际运用中的真实含义。首先，同一术语在不同学科领域中可能具有不同含义，译者需谨慎对待。其次，术语可能尚无广为接受的译法。在跨语言文化沟通过程中，译者需依靠自己的研究和判断，找到可行译法。考虑到上述复杂情况，近年国外的术语研究比较重视文化和语境对术语翻译的影响（Kastberg 2007，Schmitt qtd. in Stolze 2009，Hempel 2009，Hosseinimanesh 2013），以及术语语料库和术语管理问题（Melby 2012，Muñoz 2012）。鉴于术语管理已经成为主流商用翻译辅助工具的功能模块，而语料库又非本书研究对象，相关问题此处从略。

本节从翻译实践出发，将术语分为有可查译文的术语和无可查译文的术语两种，希望通过实际翻译案例的分析示例，帮助读者了解译者在一般情况下如何解决相关问题。

一、有可查译文的术语翻译案例

有可查译文的术语可再分为两类：特定学科领域中，单义且有唯一译法的术语；有两种或多种译法的术语。

若术语为单义且有唯一译法，只需沿用查到的规范译法即可。若使用 Trados 等辅助翻译工具，可酌情考虑其提供的参考译法。如果因学校财力等原因，未能向师生提供相关工具辅助翻译，或因翻译活动涉及的文本创造性较高，或术语群重复性较低，而导致译者无法依赖相关辅助翻译工具（王正、孙东云2009），也可经由互联网途径完成查询。比如，"全国科学技术名词审定委员会官网"提供免费查询规范科技语译法的服务；中国知网及其"工具书馆"也提供术语查询；特定领域还有其专门的与术语规范有关的网站，如"中国ASME 规范产品协作网"。如在上述已有术语库中无法查到公认译法，还可使用谷歌、必应等搜索引擎搜索查询。

表1-1 列举的这些术语便可查证到唯一的规范译法，译者沿用现有译法即可。

表1-1　术语规范译法例表

	术语原文	规范译文
例 1	corrosion allowances	腐蚀裕量
例 2	dumpy level	定镜水准仪
例 3	inspection openings	检修孔
例 4	dimensional tolerances	尺寸公差
例 5	laser ruler	激光测距仪
例 6	arc welded joints	弧焊接头
例 7	pressure-tight joints	压密接头
例 8	chalk line	墨线
例 9	plumb bob	铅垂
例 10	low alloy steels	低合金钢
例 11	cyclic loading	循环载荷
例 12	carbon manganese steels	碳锰钢
例 13	Maximum Allowable Working Pressure（MAWP）	最大许用工作压力

有时，同一术语存在两种甚至多种译法，且往往未经权威机构审定。这时，便需译者自行判断。影响译者决定的因素包括语境影响、行业惯例、业内技术人员采用、公司内部惯例，等等。以下举例说明。

若是用于公司内部使用的译文，术语译名需考虑公司内部惯例。比如，笔者指导的一名翻译硕士同学承接了法雷奥公司某工程报告的翻译。该报告开头的公司简介中提到南京法雷奥工厂主营两种汽车部件："automotive torque converter"和"transmission clutch"。利用中国知网的术语查询功能可查知，"torque"指"扭矩、力矩"，"converter"是"转换器"。由此，"torque converter"就是"扭矩转换器"。不过，根据法雷奥南京分公司官网，法雷奥工厂生产的是"液力扭矩转换器"，也称"液力变矩器"，英译全称为"hydraulic torque converter"。鉴于公司的工程师和员工使用该英文术语时常常省略"hydraulic"，译者遂遵照公司的实际情况，将"torque converter"译为"液力变矩器"。至于"transmission clutch"，知网给出了"传动离合器"和"变速器离合器"两种译法。依照该公司的内部惯例，译者选用第一种译法。

若是术语存在可互换使用的译名，译者通常选用使用频次较高的译名。比如"wind load"，知网提供了"风荷载"和"风载"两种可以互换使用的译名。再查使用频次，前者有近230条查询结果，后者不足30条，故译"风荷载"。同时，根据术语元统一的原则，译者将"snow load"和"rain load"分别译为"雪荷载"和"雨荷载"。

但译者也不能简单地将使用频次作为唯一的取舍标准。有时还要综合考虑语境因素对术语意义选择的影响。比如"dead load"，知网给出的译名包括"静载""恒载"和"自重"。具体译名显然要考虑语境因素。通过查询资料可知，"恒载"指的是自重加上其他永久不变的荷载，"自重"即结构自身重量，"静载"则多用于桩柱或其他建筑结构完成后的测试。在笔者指导的翻译硕士（以下简称"翻硕"）同学负责翻译的文件中，"dead load"后接"plus snow load"，与下文的"live load（动载）"相对，不仅仅是自重，因此译为"恒载"。再如"elbow""tee"和"dead-end"，用在消防领域，分别指管道的"弯头""三通"和"末端"。

还有很多时候，译者需首先考虑行业惯例，其次考虑业内技术人员采用较多的译法。试举例说明如下。

例 14. grounding / earthing plates

已有术语库中查不到该术语的译法，需使用互联网搜索引擎查证。原文中的上下文是"The vessel shall have two *grounding/earthing plates* welded to the vessel support skirt, leg, or fixed-end saddle. The plates shall be 12 mm thickness, 125 mm length, and 75mm width"，意为"容器的裙座、支腿或鞍座上应焊接两个尺寸为厚12毫米，长125毫米，宽75毫米的 *grounding/earthing plates*"。经查，网上有"接地盘"和"接地板"两种译法。在互联网上使用这两个译名分别搜

索，可以发现这种部件的生产商或经销商使用的中文指称是"接地盘"。

例 15. FNPT

该术语出自笔者指导的翻译硕士同学负责翻译的工程文本中"Flanges"词条下的解释："Connections smaller than DN40（NPS 1 1/2）shall be *FNPT* screwed couplings or socket-weld couplings conforming to ASME B16.11. Couplings with a Class 3000 rating are generally acceptable"，意为"比 DN40 焊接管细者应当按照 ASME B16.11 的规定采用 *FNPT* 螺纹管箍或者承插焊管箍"，"FNPT"在已有术语库中查不到译法。

在必应搜索引擎中输入关键词"FNPT 螺纹管箍"，可在"360doc 个人图书馆"查到如下说明："NPT 是 National（American）Pipe Thread 的缩写，属于美国标准的 60 度锥管螺纹，用于北美地区。国家标准可查阅 GB/T12716 - 1991。……FNPT 为内螺纹。"由于网上也有将"FNPT"译为"阴螺纹"的情况，为进一步确认此译的可靠性，笔者通过互联网查到了日本企业米思米株式会社的零件销售网页，该企业称其代售美国某企业的"FNPT 内螺纹接头"。故指导翻译硕士同学采纳"内螺纹"的译法。

例 16. blind flanges

中国知网的工具书馆列出了"blind flanges"的多种译法，"盖［盲］板，法兰盖，管口盖凸缘，盲［堵塞，闷头］法兰"。该术语出现的原句是"All manways, inspection openings, and any other blanked connections shall be furnished complete with studs, nuts, gaskets, and *blind flanges*. When appropriate, manways shall be furnished with grab handles and foot rungs inside the vessel"，意为"所有的人孔、检修孔以及其他封堵式接口都应当装配好螺栓、螺母、垫圈和 *blind flanges*。如果需要，人孔内侧应当设置把手和供脚踩蹬的横档"。同一个术语，译法过多并非好事。事实上，多数法兰或管件生产商都将"法兰盖"作为"blind flanges"的正式译名，而把"盲板法兰"或"（法兰）盲板"作为替代译名。故采用"法兰盖"一译。

例 17. runs and sags

该术语在已有术语库中查无审定译法。原文中的上下文是"*Runs and Sags—Significant irregularities in the paint surface related to the flow of wet paint, caused by excess application quantity*"。破折号后是对该术语的解释，意为"过量使用油漆导致的油漆表面不平整"。

在百度搜索引擎输入"runs and sags 油漆"，出现的第一条词条就是来自百度文库的一份文献："油漆涂层缺陷的分析和处理"，出自湖南某材料公司。其中一页提到"流挂 Runs and Sags"，其解释介绍恰与项目原句中的定义相符，故译者采纳该译。

例 18. touchup

经查询，"touchup"仅出现于中国知网工具书馆提供的《英汉航海轮机大辞典》"scrape"词条下，注释为"scrape and touchup 除锈补漆"。翻译硕士同学承接翻译的原文中，该术语的上下文是"*Touchup—Correction of small defects in the applied paint. Surface preparation and painting of small areas. Also, the field painting after construction of areas left unpainted in the shop for making connections, including field welds, splice plates, fasteners, and pipe threads*"，大意为"*Touchup* 指油漆表面小瑕疵修补。包括表面预处理和小面积上漆。还有，工程结束后，为未经油漆的接头处（焊点、拼接版、紧固件和管螺纹）现场上漆"。为进一步确认该工序在压力容器建造中可否称作"补漆"，译者使用谷歌搜索引擎搜索"touchup 补漆 压力容器"，查到一张压力容器制造过程检验表，其中"表面处理"一栏提到"补漆"，故译为"补漆"。

例 19. Near-White Metal

该术语出自同学承接翻译的文本中，油漆规定的"相关文件"词条中的"Near-White Metal Blast Cleaning"。国内在线词典普遍译作"钢铁表面呈近似白金属色泽"或"接近金属白色"，不似规范的名词译名。

使用谷歌搜索引擎，可搜到某台湾网站的一份题为《低温低压蒸汽管路》的文档，其中译为"净白金属喷砂处理"。但鉴于海峡两岸的术语翻译存在不少差异，国内译者是否可以采用台湾译法，仍然是个问题。使用互联网进一步查询，可以在某公司的"涂装检测设备网"上查到一份名为《金属表面处理等级》的文档。该文档将"Near-White Metal"译为"近白级金属喷砂"，并详细解释道："在不放大的情况下观察金属时，表面应无可见的油脂和污垢，并且没有氧化皮、铁锈、油漆涂层和异物。任何残留的痕迹应仅是点状或条纹状的轻微色斑。"另外，还可以在《NACE 美国全国腐蚀工程师协会标准 2003（中文版)》中查到同样的译法，故采用"近白级金属喷砂"的译法。

例 20. PED

该术语出自"The European Pressure Equipment Directive 97/23/EC（the 'PED'）"，是"Pressure Equipment Directive"的缩略语。根据维基百科，"The Pressure Equipment Directive 97/23/EC"是欧盟提出的承压设备生产商需遵循的一系列标准。国内有"承压设备指令"和"压力设备指令"两种译法。从网络搜索情况看，前者更受业界青睐（比如南京质监局官网有"承压类特种设备检验"的相关介绍），故采用前者。

例 21. nozzle

在翻译硕士同学承接翻译的原文中，该术语的上下文是："Unless otherwise agreed, non-pressure part attachments and *nozzle* reinforcing pads shall be made of the same material as the vessel shell"，大意为，"除非特殊说明，非受压元件的附件和 *nozzle* 的补强圈应使用和容器壳体相同的材料"。翻译硕士同学最初理解为"管口"，经查询，中国石化出版社出版的《ASME 锅炉及压力容器规范：2007版》第 8 卷第 1 册译作"接管"；陈允中译（以下简称"陈译"）的《压力容器设计手册》中，该词被译为"短管接"。由于译名不统一，继续查询其他权威中文文本发现，"nozzle"在压力容器设计中多译为"接管"，故最终采用这一译法。

例 22. heads

中石协 ASME 规范产品协作网公布的"ASME 锅炉压力容器第 VIII 卷部分名词术语译法"中译为"封头"；陈译第三版《压力容器设计手册》中也查到此译法。故最后确定译为"封头"。

例 23. pipe supports

尽管全国科学技术名词审定委员会公布的此术语译法为"管道支座",但其依据为《土木工程名词》一书。因原文资料并非土木工程范畴,故不采信。该术语的上下文是"Unless otherwise stated, no corrosion allowance is required for external surfaces and for external appurtenances such as platforms, ladders, *pipe supports and lugs*",大意为"除非另有注明,否则外表面以及外部附件(如平台、梯子、*pipe supports*、吊耳等)无需考虑腐蚀裕量"。查阅陈译《压力容器设计手册》,该书译为"管子支架"。又查询厂家网站,可知业界常用译法为"管架",故译"管架"。

例 24. insulation

全国科学技术名词审定委员会公布的该术语译法包括"保温、绝缘、保温层、绝缘结构"等,多来自电工、土木工程等学科的术语库。翻译硕士同学承接翻译的原文中,该术语的上下文是:"Nozzles shall project a minimum of three bolt diameters plus the *insulation* thickness measured from the outside surface of the shell to the underside of the flange",意为"接管伸出长度至少是 3 倍的螺栓直径加上 *insulation* 厚度(即从壳体外壁至法兰下表面的距离)"。查阅陈译《压力容器设计手册》,译作"保温层",与上下文语境相合,故采纳此译。

例 25. gaskets

此术语有多种译法,如"衬垫、垫子、垫片、垫圈、密封垫、油封"等。不同词典中出现频率最高的译法是"垫圈"。翻译硕士同学承接翻译的原文中,该术语的上下文是:"Spare *gaskets* and bolting shall be crated and shipped separately from the vessel. The packaging shall be marked both inside and outside with purchase order number and the equipment tag number",意为"备用 *gaskets* 和螺栓螺母应当分箱运输,并且应当和容器分开。包装材料内外均应标注购买单号和设备编号"。查询《ASME 锅炉及压力容器规范:2007 版》及陈译《压力容器设计手册》,该术语均被译为"垫圈",故采用这一译法。

例 26. lifting

翻译硕士同学承接翻译的原文中，该术语出自词条"SUPPORTS AND LIFTING"。"lifting"作为术语，常见译法为"吊环"。但翻查陈译《压力容器设计手册》，"lifting"其实是"lifting lug（吊耳）"的简称，该书还在附录中给出了相应图片。故最终译为"吊耳"。

例 27. reinforcing pads

通过已有术语库只查到"reinforcing plate（补强板）"而"reinforcing pads"未查到固定译法。翻译硕士同学承接翻译的原文中，该术语出现的上下文是："Unless otherwise agreed, non-pressure part attachments and nozzle *reinforcing pads* shall be made of the same material as the vessel shell"，大意为，"除另有约定，非受压元件的附件和接管的 *reinforcing pads* 应使用和容器壳体相同的材料"。经谷歌搜索引擎进一步查询，"reinforcing pads"多译为"补强圈"。在谷歌图片中可以搜到"补强板"和"补强圈"是两种不同的零件，不可混为一谈。考虑到科技语翻译中高使用频率是选择译法的重要指标之一，最后译为"补强圈"。

二、无可查译文的术语翻译案例

有些术语为特定翻译项目文本所特有的新造术语，或者虽为某学科领域广为使用的术语，但尚未有可查证的译文。事实上，翻译硕士同学承接的翻译项目文本中，部分特有术语便于直译，表 2-2 列举的译例。

表 2-2　术语直译例表

	术语原文	中译
例 28	HSSE（Health, Safety, Security & Environment）	健康、安全、安保和环境
例 29	ALARP（as low as reasonably practicable）	最低合理可行原则
例 30	Competence management matrix	能力管理矩阵
例 31	Base Port Facility	基地港口设施
例 32	Overall Emergency Response Plan（OERP）	综合应急预案

由于翻译文本的复杂性，时有术语无法或不适合直译。这就需要译者花费更多精力，广泛查证这些术语的实际含义，学习掌握相关专业知识，以保证译文准确、恰当。

比如，翻译硕士同学承接翻译的风电场项目文件中提及"Marshalling Harbor"，不论使用已有术语库，还是互联网搜索引擎，均无可查证的译法。词典上关于"marshal"一词的注解对翻译也并无启发。译者只能根据文件上下文和运输业习惯，通过咨询行业专家，推断实际意思为"装船或调船港"。

再如，翻译硕士同学承接翻译的工程文件中，与消防有关的一段文字提到"flushing investigations"。经查询，既无官方审定译法，网上也无任何现成译文可以参考。译者根据这一短语拆分的词义，估计是与消防管道有关的试验。咨询实习工厂安全部门的工作人员了解到，消防系统安装完成后要试水，故将此术语译为"过水测试"。又如"perimeter strip"，字面意思是"周长带"，令人费解。翻译硕士同学承接翻译的工程文件中提到"width of the perimeter strip"，下文是"corner width along the roof peak"。通过分析可知，此处指屋顶周边的宽度和屋顶拐角的宽度，故译为"周边带"。至于"width of the perimeter strip"，则译"周边带宽度"。翻译硕士同学向实习工厂员工求证，证实理解正确。

有些新造术语虽然词义理解上并无困难，但译为中文时，需既不失原意，还要在形式上符合中文术语的特点，译者仍需下一番功夫。比如"Finished Floor Elevation"。拆分开来看，三个词分别是"完成""地坪"和"标高"。但组合起来不像术语。翻译硕士同学经反复思考，最后译为"竣工地面标高"。

有些新词可以通过规范化的术语进行推测，根据一致性原则进行组合，构成新术语。比如，尽管"cross main"和"feed main"尚无可查证的译文，但"main"作为"总管、总线"已是广为接受的规范术语，可将其作为术语元基础。这样的话，这两个新术语可分别译为"交叉总管"和"供水总管"。

还有些术语并非翻译项目文本所特有，已经在专业领域广为应用，只是尚未有可查到的译文。这种情况，译者一般先通过互联网查找原语专业文献或资料确认其实际意义，再据此翻译。比如表2-3列举的译例。

表2-3　术语翻译例表

	术语原文	中译
例33	toolbox meeting	班前短会
例34	Marine Warranty Surveyor	船舶检验员
例35	medical fitness certificate	体检合格证
例36	BHV-er（emergency worker）	紧急情况处理员

此处只论及英译汉实践中的术语翻译问题，汉译英实践中的术语翻译问题容后再议。

综上所述，尽管有相当一部分术语可以通过查证找到唯一译法，但还有许多术语存在两种或多种译法，甚至暂无可参考的译法。因此，教师自建案例库应充分体现这些问题，教学中的案例运用也应包括相应的分析示范和课业考核。

第二节　文化专有项翻译案例讲析示例

"文化专有项"这个概念是西班牙翻译研究者 Franco Aixelá①1996 年提出的。他认为，但凡符合下述定义的语言单位就是文化专有项：

> Those textually actualized items whose function and connotations in a source text involve a translation problem in their transference to a target text, whenever this problem is a product of the nonexistence of the referred item or of its different intertextual status in the cultural system of the readers of the target text（文本中的任何语言单位，若因译语读者所处的文化体系中不存在对应表达，或者虽存在对应表达，其互文状况却不同，而导致该语言单位在原文中的功能和含义难以在译文中得以实现）。

Franco Aixelá（1996）还提出，文化专有项可细分为专有名词和习见表达（common expressions）两大类别。专有名词又可再分为无内涵意义的传统专有名词和有内涵意义的表意专有名词（loaded proper nouns）。习见表达则包括"所有无法归入专有名词，但特属于特定文化的物品名、机构名、习惯、观念等"的语言单位（Franco Aixelá, 1996：59）。下面分别讨论。

一、专有名词翻译案例

专有名词包括人名、地名、出版物名、节日名、组织机构名，等等。一般情况下，人名翻译可根据《世界人名翻译大辞典》，地名翻译可依据《外国地名译名手册》，节日名、出版物名和组织机构名可查证参考已有译名。互联网时代为译者提供了便利的查询机会，只有未收录或无可查译文以及存在误译的专名

---

① 很多学者由于不熟悉西班牙语姓氏构成而误将此人姓氏写为 Aixelá。实际上，该学者全名为 Javier Franco Aixelá，Franco 为父姓，Aixelá 为母姓。按照西班牙语惯例，其姓氏全称应为 Franco Aixelá，简称应为 Franco。

才需译者自行决定如何处理。鉴于已有可查证的唯一译法的专名不构成翻译问题，本节只讨论其余构成翻译问题的情况。

外行人士可能认为，人名都可以在《世界人名翻译大辞典》中查到，不构成翻译问题，但实际上并非如此。比如，有翻译硕士同学翻译的英文文本中涉及的一些人名，或者在《世界人名翻译大辞典》中标注有不止一种译法，或者未被人名辞典收录。

前一种情况的常见原因包括以下几点。首先，同一姓名在不同国家有不同发音。此时，译者需进一步确认或查证待译姓名所指称人物的国籍，并进而确认其准确的汉语转写形式。比如姓氏"Gourlay"。根据《世界人名翻译大辞典》，若是英国人名，应译"古尔利"；若是法国人名，应译"古莱"。翻译硕士同学翻译的英文原文仅提及其人全名为"Alex Gourlay"，未涉及此人国籍。笔者当时指导学生通过互联网搜索"Alex Gourlay"，并综合考虑原文提供的此人就职经历等其他信息，最终断定其为英籍，故将其姓氏译为"古尔利"。其次，若同一名字可同时为男子或女子名，《世界人名翻译大辞典》习惯给出不同转写方式，以区分其人性别。此时，译者需进一步确认或查证该姓名所指称人物的性别，才能确认其准确的汉语转写形式。比如"Doris Albisser"的"Doris"，翻译硕士同学翻译的英文原文未说明其人性别，但说此人为"Vice-Chairman & Leading Partner at EurAsia Competence"。笔者当时指导学生通过互联网搜索 EurAsia Competence 公司的官网，找到其人照片，确认为女性，故将"Doris"译为"多丽丝"。最后，由于历史原因，某些知名历史人物的姓名存在不同于现今转写规则，并已成为惯例的特定汉语转写形式。此时，译者需确认或查证该姓名所指称的历史名人，再确认其姓名沿用的惯例汉语转写形式。

至于未被人名辞典收录的姓名，译者需首先通过互联网确认或查实其实际发音。如果能确认、查实，译者可根据实际发音进行汉语转写。比如，"D'souza"虽未被《世界人名翻译大辞典》收录，但能够通过互联网确认其读音。若不能查实，就只能根据一般发音规则进行猜测，然后加注说明了。值得注意的是，若需将日文姓名和中文姓名的罗马拼音形式回译为汉字形式，则首先要经由互联网查实，只有无法查出方可音译。比如日文名"Makiko Hamabe"。笔者指导学生由互联网分别查出，再合并为"滨边真纪子"。

偶尔，专有名词中的特定文件名可使用零翻译，即在汉语译文中直接引用英文原文。比如，翻译硕士同学承接翻译的工程文件中使用"Roof Nav"这一缩略语指称作为屋面安装标准的指南性文件①。这一术语使用了英语通过缩拼新造词语的手法，将"roof"和"navigation"两词组合为新词，以体现"屋顶安装指南"的含义。如译成汉语，虽然更容易理解，但是无法确定所指代的文件名。翻译硕士同学最后选择不译"RoofNav"，而将"RoofNav Assembly"译为"RoofNav 组装"，再在词后增添"指南"二字作为说明，既不造成理解上的障碍，也方便业内人士迅速回查原文件。

　　若是缩写形式的专名，首先要还原全称。有时，同一缩写形式可以对应数种全称，这就需要根据承接翻译项目文本的实际语境来确定其全称。如表 2 - 4 所列译例，括号中全称的查证确实颇费气力。

表 2 - 4　略语翻译例表

	英文缩略语及查证出的全称	中　译
例 37	EMAS（Eco-Management and Audit Scheme）	生态管理和审核计划
例 38	OHSAS 18001（Occupational Health and Safety Assessment Series 18001）	职业健康和安全认证 18001 标准
例 39	EIA（Environmental Impact Assessment）	环境影响评价
例 40	LMRA（Labor-Management Relations Act）	劳资关系法
例 41	HUET（Helicopter Underwater Egress Training）	直升机水下逃生训练
例 42	OSPAR（Oslo/Paris Convention［for the Protection of the Marine Environment of the North-East Atlantic］）	东北大西洋环境保护公约
例 43	MARPOL（International Convention for the Prevention of Pollution from Ships）	国际防止船舶造成污染公约
例 44	STCW（The International Convention on Standards of Training, Certification and Watchkeeping for Seafarers）	海员培训、发证和值班标准国际公约
例 45	SOLAS（International Convention for Safety of Life at Sea）	国际海上人命安全公约
例 46	ISM（International Safety Management Code）	国际安全管理章程
例 47	VCA（SCC）（Veiligheids Checklist Aannemers［Contractors' Safety Checklist］）	承包方安全检核认证
例 48	MSC（Marine Stewardship Council）	海洋管理理事会

①　见 FM 公司官网：Roof Nav puts all the roofing-related information from the Approval Guide and related installation recommendations from relevant FM Global Property Loss Prevention Data Sheets at your fingertips-anytime, anywhere.

若专名的译名不止一种，且未经权威机构审定，译者需谨慎取舍。

例 49. *Official Journal of the European Communities*

本例从字面看是期刊名，未有审定译名。笔者经过查找，网上有三种译法："欧共体官方公报""欧共体公报"和"欧共体公务期刊"。尽管国家商务部官网的"出口商品技术指南"将"*Official Journal of the European Communities*"译为"《欧共体公务期刊》"，但根据对方官网上关于"journal"一词存在误导的解释说明，最终指导翻译硕士同学采纳"《欧共体公报》"这一译法。

例 50. the Victorian Civil and Administrative Tribunal（VCAT）

从字面看，"tribunal"可以译成"法庭""特别法庭""裁判所""法院"等。但是，"Administrative Tribunal"是澳大利亚一项类似司法的行政监督法律制度，我国没有相应的制度设计。曾有人将其译为"行政法院""行政裁判所""行政庭"等，感觉都不很贴切。笔者认为，还是《英汉法律词典》（修订本，法律出版社 1999 年第 1 版）"行政裁判庭"的译法好些，故在课上建议学生译为"维多利亚州民事及行政裁判庭"。相应地，"VCAT deputy president"可译为"维多利亚州民事及行政裁判庭副庭长"。

例 51. Imperial College London

全称为"Imperial College of Science，Technology and Medicine"，是伦敦大学的一个独立学院。国内留学机构网站通常错译为"帝国理工学院"。事实上，本例简称应译为"伦敦帝国学院"，全称应译为"帝国科学、技术与医学学院"或"帝国理工与医学学院"。国内也有译为"帝国理工医学院"者，但容易令读者误会其为"帝国理工大学的医学院"。

还应注意的是，专名的翻译时常要考虑跨文化沟通问题，未必一定要忠于原文的字面意义。这种情况在影视作品的字幕翻译中尤为常见，译者需谨慎处理。如以下几例。

例 52. Dr. Oz says it'll age you backwards.

字幕组译文：奥兹医生说这可以让人重焕青春光彩

改译：专家说它能让你越活越年轻

本例取自美国连续剧 *Drop Dead Diva* 第 2 季第 3 集。"Dr. Oz"源自"The Dr. Oz Show（奥兹医生秀）"。鉴于大多数中国观众对奥兹医生一无所知，所以忠于原文直译"奥兹医生"，反而无助于观众把握原意。如灵活处理，将"Dr. Oz"泛化译为"专家"，表意更为明确。

例 53. They cut the soda budget at Bogert & Markoff?

字幕组译文：你们"博格特＆马尔科夫"缩减了汽水开支吗

改译：你们公司削减饮料预算了吗

本例取自美国连续剧 *Drop Dead Diva* 第 2 季第 3 集。"Bogert & Markoff"为对方供职的公司名称。对国内观众来说，本例的公司名与其直译，不如简单化为"你们公司"，更加清楚明白。

例 54. The most famous was Joseph Rock, a real life Indiana Jones.

字幕组译文：其中最出名的便是约瑟夫·洛克，一个真人版的印第安纳·琼斯

改译：洛克名气最大，堪称探险王

本例取自英国 BBC 的纪录片 *Wild China* 第 2 集。原文提及的"Indiana Jones"是印第安纳·琼斯系列冒险电影的男主角。对不熟悉英语影视文化的国内观众而言，直译人名，显然不如意译。

若专名没有可查译文或者翻译时属于初译，则需译者根据具体情况采取恰当的译法。下面的案例在翻译当时，属于初次翻译，尤见译者的匠心。

例 55. *Waterloo Bridge*《魂断蓝桥》

这部电影描写一对英国男女的悲剧爱情故事。女主人公蒙受战争和社会强加的创伤，在伦敦滑铁卢桥自杀，令男主人公痛惜不已。若直译为《滑铁卢桥》，不仅不能传达影片的情节，还会导致观众误以为故事与发生在比利时的滑铁卢战役有关。中译名将"滑铁卢桥"转译"蓝桥"，是借用中国古书《太平广记》中所写唐代裴航遇仙女云英之处，点明爱情主题，又用"魂断"暗示悲

剧性结局，实为佳译。

例 56. *Rebecca*《蝴蝶梦》

此例历来有争议，其同名小说亦取此译。曾有人写道："不知道是什么人在什么时候给小说 *Rebecca* 取了这么个动听的中文名字——《蝴蝶梦》。它比直接译成《丽贝卡》平添出了多少想象的空间。但稍加推敲，却是谁也说不上什么样的梦是一场'蝴蝶梦'。"无从查考，究竟是先有小说的译名，还是先有电影的译名。但是搞清"什么样的梦是一场'蝴蝶梦'"倒是不难。

译名借用的是"庄周梦蝶"的典故。典出《庄子·齐物论》的最后一段："昔者庄周梦为胡蝶，栩栩然胡蝶也，自喻适志与！不知周也。俄然觉，则蘧蘧然周也。不知周之梦为胡蝶与？胡蝶之梦为周与？周与胡蝶，则必有分矣。此之谓物化。"此典原本用来描述"与物俱化，物我两忘"的境界，后来喻指对往事的追忆或梦境，多暗含人世浮沉变幻无常的感叹。20 世纪 80 年代的香港电视剧《万水千山总是情》中的女主角取名"庄梦蝶"，亦取此意。

不可否认，直译《丽贝卡》有布设悬念之意，但《蝴蝶梦》这个译名则是从小说的叙述者（即曼德利庄园的新女主人）的视角暗示：故事的主线将随着她的回忆展开，最终结局是曼德利庄园被毁，豪华转眼成空。

例 57. *1587，A Year of No Significance*《万历十五年》

作为历史研究著作，原题侧重于表明写作主旨——1587 年的一些易为明史研究者所忽视的历史事件。中译侧重点明研究的时代背景——明朝万历十五年。

二、习见表达翻译案例

习见表达（特定文化的物品名、习惯、观念等）也常需译者充分发挥主观能动性，找到合适的译法。比如：

例 58. Cattle breeds such as the white-faced Hereford are famous for their fine meat.

有些品种的牛，如赫里福德郡白脸牛，以肉质上乘著称

本例中，"the white-faced Hereford"采用混合译法，译为"赫里福德郡白脸

牛"。

又如，中国文化的表意性体现在不少菜名上是词藻华美，如"游龙戏凤""金钩挂银条""蚂蚁上树""红烧狮子头"之类。译成英文，均需遵循菜名英译惯例，除去藻饰，按照实际情况分别译作"Stir-fried Prawns and Chicken""Stir-fried Mung Bean Sprouts with Dried Shrimps""Cellophane Noodles with Spicy Meat Sauce""Stewed Meatballs with Brown Sauce"。反过来，英文菜名或甜品名译为中文，却不能简单直译，需稍作加工，既使其明白易懂，也使其更符合中文读者的期待。如表2-5中译例：

表2-5　英文菜名及甜品名翻译例表

	英文名	中译
例59	mushrooms on toast	蘑菇盖浇面包片
例60	browned roast potatoes	灼烤土豆
例61	Lancashire hot pot	兰开夏郡特色炖锅
例62	hearty autumn hot pot	秋收素炖
例63	cream tea	德文郡奶油茶点
例64	plum pudding	葡萄干布丁
例65	poached fish	奶味鱼排
例66	courting cake	"芳心已许"蛋糕
例67	orange fool	奶油香橙果泥
例68	shortbread	苏格兰奶油酥
例69	singing hinny	"咝咝响"烤饼
例70	bubble and squeak	"嗞嗞冒泡"杂烩

上表中，"mushrooms on toast"的"on"不方便直译，具体做法又是炒蘑菇浇到烤面包片上，故可借用中文"盖浇饭""盖浇面"的说法，将菜名改译为"蘑菇盖浇面包片"。

"browned roast potatoes"的"brown"是指把食物"烤或炸成焦黄色"，也不方便直译。考虑到这道菜需高温烤制，故译"灼烤土豆"。

"Lancashire hot pot"的"hot pot"往往被误解为类似于中国的火锅。根据菜品的实际做法（类似于中国的焖锅、炖锅）、地方特色和知名度，将菜名改译为"兰开夏郡特色炖锅"。

"hearty autumn hot pot"的"hearty"强调菜量丰盛，"autumn"点明食用季

节，也不方便直译。考虑到该菜品是一道配以奶酪口味司康饼的素食炖锅，通常用以庆祝秋收，综合其烹饪特点（纯素炖锅）和时令意义（庆祝秋收），改译为"秋收素炖"。

"cream tea"的字面意义是"奶油茶"，实际上却是源自英国西南部德文郡的下午茶点：司康饼配果酱和德文郡特产凝脂奶油。考虑再三，还是既译出实际意义"奶油茶点"，也增补原产地"德文郡"。

"plum pudding"中的"plum"和"李子"毫无关系，不宜直译。事实是，维多利亚时代之前，"plum"在英语中指"葡萄干"，所以应译实际意义——"葡萄干布丁"。

"poached fish"中的"poach"直译是"水煮"。但这道菜和中国的"水煮鱼"风马牛不相及。由于该菜品的具体做法是把鱼排放入牛奶中，烤箱温度设为190度，中温烤40分钟，再调制酱料浇在鱼排上食用，故改译"奶味鱼排"。

"courting cake"这道甜点源于英国兰开夏郡。女孩子们制作这道甜点送给自己的未婚夫，以表明心之所属，"courting"不便直译，故改译"'芳心已许'蛋糕"。

上表中最后四个译例，即使是懂英语的人，只看原文，也很难明白其真实意思。"orange fool"这道甜品，根据互联网上提供的食谱，创译为"奶油香橙果泥"。"shortbread"根据互联网上的相关介绍，创译为"苏格兰奶油酥"。根据互联网上的相关介绍，"singing hinny"的"singing"指用猪油或奶油揉成的油酥面置于平底锅上烘烤时发出的嗞嗞声，"hinny"是纽卡斯尔地区方言中的昵称，相当于标准英语中的"honey"。考虑到这款点心是流行于英格兰东北部矿区的一种烤饼，译为"'嗞嗞响'烤饼"。根据互联网上的相关介绍及菜品特点，"bubble and squeak"可创译为"'噼噼冒泡'杂烩"。

应该说，此类问题如何处置，很大程度上取决于译者的个人判断，不同译者可能有不同的处理方法。

此外，中国传统食品中的粽子、元宵、年糕等，在译文中出现时，也往往不得不拖着一条释义尾巴，成为"*zongzi*, glutinous rice dumplings wrapped in bamboo or reed leaves with various stuffings"，"*tangyuan* or *yuanxiao*, glutinous rice balls or dumplings with various stuffings"和"*niangao*, glutinous rice flour cakes"。某些英文传统食品名与之类似，直译会令中文读者不知所云，也只好拖上一条释义尾巴。比如表 2－6 中的译例：

表 2-6 英国传统食品名翻译例表

	英文名	中 译
例 71	toad-in-the-hole	"洞中蟾蜍"（即面拖烤香肠）
例 72	angels on horseback	"马背上的天使"（咸肉卷牡蛎，常见开胃菜，因咸肉边缘烤熟后上卷，像天使的翅膀而得名）
例 73	devils on horseback	"马背上的恶魔"（咸肉卷干果）

习见表达的翻译案例不胜枚举，这里不再一一述及。不过，还需要补充介绍一种比较特殊的情况，即仿习见表达造词的翻译。这种情况下，译者需依据自身的知识和判断，决定具体译法。因此，不同背景的译者往往会选择不同的译法。

仿习见表达的造词虽可直译，但很多时候，译者却未必直译。这里仅就《功夫熊猫》（2008）的五个中译版本（大陆普通话配音版、台湾配音版、香港粤语配音版、风软字幕组字幕版、人人影视字幕组字幕版）中造词非直译的情况举例说明如下（详见表 2-7）。

表 2-7 造词翻译例表

专名造词原文	中译策略	
	编译	改换
例 74. Master Shifu	师傅（大陆配音） 师傅（台湾配音） 施福大师（粤语配音） 师傅（人人影视字幕）	无
例 75. the Furious Five	威猛五侠（大陆配音） 盖世五侠（台湾配音） 盖世五侠（粤语配音） 无畏五侠（风软字幕） 盖世五侠（人人影视字幕）	无
例 76. the Tenshu Army	天守大军（大陆配音） 天守义勇军（台湾配音） 天守军（粤语配音） 军队（人人影视字幕）	无

续表

专名造词原文	中译策略	
	编译	改换
例77. Master Flying Rhino	飞天犀牛大师（大陆配音） 飞天铁犀侠（台湾配音） 犀牛大师（人人影视字幕）	无
例78. the Dragon Warrior	神龙大侠（大陆配音） 神龙大侠（台湾配音） 神龙武士（风软字幕） 神龙大侠（人人影视字幕）	无
例79. the Dragon Scroll	神龙秘笈（大陆配音） 神龙秘笈（台湾配音） 天龙诀（粤语配音） 神龙手卷/卷轴（风软字幕） 神龙秘籍（人人影视字幕）	无
例80. the Sacred Hall of Warriors	武士圣殿（风软字幕）	奇侠圣殿（大陆配音） 英雄圣殿（台湾配音） 英雄宝殿（粤语配音） 圣殿（人人影视字幕）
例81. the Invisible Trident of Destiny	隐形天命三叉戟（大陆配音） 迷魂隐形三叉戟（台湾配音） 隐形追命三叉戟（粤语配音） 隐形命运网（风软字幕） 隐形之网（人人影视字幕）	无
例82. Urn of Whispering Warriors	呢喃武士们的灵坛（大陆配音） 幻语英灵神瓮（台湾配音） 英灵神瓮（粤语配音） 武士之瓮（人人影视字幕）	无

由表2-7可见，即便是与人有关的造词，各版本也倾向采用编译法而非直译法。

比如熊猫的教习师傅，英文原文称呼其"Master Shifu"，是"Master（师傅或大师）"加"师傅"一词的拼音音译，除了风软字幕组忽视接受问题直译为"师傅大师"，大陆配音版、台湾配音版和人人影视字幕版直接删减译为"师傅"，粤语配音版将"Shifu"译为姓名"施福"，以符合中文受众期待。

再如教习师傅手下五名弟子的绰号"the Furious Five"，本身已为英语受众做了归化处理，中文更不宜直译。由此，五个中译版本均采用编译法，且均考虑到中国受众的武侠文化偏好，给"five"添加"中心词"，译为"五侠"。至于"furious"的处理，大陆配音版强调战斗力，译为"威猛"；台湾配音版、粤语配音版和人人影视字幕版强调武功水平，译为"盖世"；风软字幕版强调精神品质，译为"无畏"。

熊猫在电影中提到传说中的"Master Flying Rhino"，除了粤语配音版和风软字幕版分别直译为"飞犀牛大师"和"飞行犀牛大师"，其他三个版本仍是采用编译。估计是觉得直译语感较差，人人影视字幕版删减译为"犀牛大师"，大陆配音版则将"flying"编译为"飞天"。台湾配音版为了增强受众的武侠文化感受，不仅将"flying"编译为"飞天"，在"犀"前还添加了形容词"铁"，且将"master"改译为"侠"。

熊猫在电影中还提到传说中的"the Tenshu Army"，除了风软字幕版的"天书军"。因发音相近可算直译外，人人影视字幕版删减译为"军队"，其他三个配音版则均将"Tenshu"换为发音稍有不同的"天守"。粤语配音版再无其他变化，译为"天守军"；大陆配音版为补充音节，添加形容词，译为"天守大军"；台湾配音不知为何会添加"义勇（指为抗暴而自愿组织的武装力量）"一词，译为"天守义勇军"。

熊猫获得的称号"the Dragon Warrior（直译：龙勇士/武士）"已为英语受众做了归化处理。除了粤语配音版直译为"龙战士"，其余四个版本均采用编译法：大陆配音版、台湾配音版和人人影视字幕版均为迎合中文受众期待，在"龙"前加形容词"神"，以"大侠"取代"warrior"；风软字幕版仅在"龙"前加形容词"神"，将"warrior"直译为"武士"，导致其译文"神龙武士"给人日本武士道的感受，与中文受众的期待不符，译者有欠考虑。

熊猫被乌龟大师选中之后，来到"the Sacred Hall of Warriors（直译：武士圣堂）"。五个版本均考虑到语言感觉问题，未采取直译。风软字幕版保留了"warriors"，编译为"武士圣殿"。其余四个版本采用替换法：大陆配音版改译为"奇侠圣殿"，台湾配音版改译为"英雄圣殿"，粤语配音版改译为"英雄宝殿"，人人影视字幕版改译为"圣殿"。

熊猫在"the Sacred Hall of Warriors"看到了"the Invisible Trident of Destiny（直译：隐形命运三叉戟）"和"Urn of Whispering Warriors（直译：低语勇士/武士之瓮）"。就"the Invisible Trident of Destiny"而言，大陆配音版和粤语配音版只是照顾中文受众的感受，或者添加形容词，将"destiny"改译为"天命"，

或者采用动宾词组，将"destiny"改译为"追命"。台湾配音版则不仅照顾中文受众的感受，采用动宾词组，将"destiny"改译为"迷魂"，还将其位置提至最前，以突出该武器的功效。其余两个字幕版则将"trident"改译为"网"，风软字幕版直译为"隐形"和"命运"，而人人影视字幕组估计为简洁计，删去了"命运"。至于"Urn of Whispering Warriors"，风软字幕版直译为"低语武士之瓮"。人人影视字幕版删减加直译，译为"武士之瓮"。大陆配音版将"whispering warriors"直译为"呢喃武士们"，但将"urn"改译为"灵坛"。台湾配音版将"whispering warriors"改译为"幻语英灵"，且依照中文审美习惯在"瓮"字前加形容词"神"。粤语配音版则采用删减加改译法，译为"英灵神瓮"。

原定由熊猫继承的"the Dragon Scroll（直译：龙卷轴）"，所有版本均考虑到语感问题，未采取直译。大陆配音版和台湾配音版借用武侠作品中的常用说法"秘笈"作为"scroll"的译文，且依照中文的审美习惯，在"龙"字前加形容词"神"。人人影视字幕版采用同样译法，但将"秘笈"换作更普通的写法"秘籍"。风软字幕版在"dragon"的处理上与前述三种版本一致，但译"scroll"时采用了两种直译：一种译法是直译为"卷轴"，另一种译法是采用"卷轴"的下义词"手卷"。粤语配音版在"dragon"的处理上虽也依照中文审美习惯添加形容词，但所加形容词（"天"）与其他版本不同，而且，粤语配音版另起炉灶，将"scroll"改译为"诀"。

综上所述，文化专有项除了可查证沿用的部分，还有相当可观的部分需译者发挥主观能动性，基于自身知识背景，创造性地提出可行的解决方案。要确保学生习得相关能力，有待教师在课堂内给予示范，并在课业和相关测试中给予引导和体现。

第三节　术语和文化专有项回译案例讲析示例

术语和文化专有项的回译是一个值得特别注意的问题。回译的首要条件是要对译语文化背景有广泛深入的了解，稍有不慎便会产生遗憾。翻译小说尤其如此。因为小说涉及社会生活的方方面面，其文化内涵亦十分复杂，天文、地理、社会、人生，无所不包，很能考验译者对译语文化的了解程度。即便资深译者有时也难免陷于善游者溺的困境，翻译专业学生多为外语背景，中文程度有限，更需教师妥善引导，让他们了解把握中文语言文化对翻译的重要性。

本节的一部分回译案例选取张振玉翻译的林语堂小说《京华烟云》（*Mo-*

ment in Peking），另一部分回译案例选取陈来元、胡明合译的高罗佩"狄公案"系列小说。《京华烟云》牵涉政治、哲学、宗教、文学、艺术、民俗、中医等领域的文化专有项和术语，"狄公案"系列小说涉及诸多中国古代和近代的文化专有项，其译文值得深入探讨。

当然，翻译教师还可以从其他有关中国文化的文学或非文学作品中选取案例。课堂运用可以考虑组织学生分组讨论，并尝试修订现有译文，教师则着力引导、督促学生逐步掌握发现问题和解决问题的能力。

一、术语回译案例

《京华烟云》中有一段讲中医伤寒，涉及诸多中医术语，译者需谨慎对待，细加斟酌。

例 83. Now *shanghan* was the disease which the doctors most dreaded: the most debated, the most written about, the most obscure and least understood, and the most complicated disease in Chinese medicine. It combined a variety of illnesses, with alternate spells of chills and fever, under the typhus category, being known as *chuanching shanghan*, or a type of fever that passed from one system to another. The modern term for it is "intestinal fever". It was supposed to attack first the three *yang* systems, and might pass on to any of the three *yin* systems or all three. The three *yang* systems are regarded as the alimentary or nourishing systems, being the small intestine, the large intestine, and the entrances to stomach and bladder and the pylorus; at times we speak of the "six *yang* systems" including the bladder, the gall bladder, and the stomach. The lungs, the heart, and the membranes around the heart with the pancreas, the kidneys, and the liver, form the *yin* group, responsible for respiration, circulation, and elimination. The terms *yin* and *yang* are regarded as relative and complimentary, and not as absolute and mutually exclusive. The nourishing systems (*yang*) support and build up body heat and strength while the other exchange systems (*yin*) regulate and secrete liquids for lubricating the body. The kidney, the liver, and the pancreas in particular are regarded as secreting important fluids for balancing the system.

伤寒是医生最怕的病。这个病在中国医学上争论得最多，以这种为主题写的医书也最多，最不易了解，也是人懂得最少的一种非常复杂的病。

这种病里头包括好多种其他的病在内，时而发烧，时而发冷，叫做"仲景伤寒"，现代称之为肠炎。这种病先犯"三阳经"，再可能犯"一阴经"或同时"三阴经"。三阳经是营养系统，指的是小肠、大肠、胃的入口，膀胱、幽门；有时说"六阳经"，则包括膀胱、胆囊、胃，肺、心、心外的薄膜与胰、肾、肝，都属于阴经，司呼吸，循环，排除废物之用。阴与阳则相关相辅，并非独自发挥功能，并非互相排斥。营养系统阳经职司支持身体，发热发力，而其他系统，也就是阴经，职司调和身体各部，分泌汁液，使全身灵活。肾与肝，尤其是胰腺是分泌重要液体，保持全身平衡的。

这段文字涉及中医学上的三个重要概念："伤寒""经络""阴阳"，笔者在这里只讨论"伤寒"和"经络"。

关于"伤寒"，译文中"现代称之为肠炎"似为不妥。因为根据医学理论，"肠炎"是指"肠黏膜的炎症，通常多指小肠黏膜的炎症"，而"伤寒"则是指"急性肠道传染病，病原体是伤寒杆菌……也叫肠伤寒"，故"intestinal fever"当译作"肠伤寒"。

根据经络学说，全身经络主要由十二经脉、十二经别、十二经筋和奇经八脉组成。其中，十二经脉分为六支阳经、六支阴经，循行于脏腑、头面、四肢。根据中医常识，十二经脉中的手足同名经脉相合，成为六经。三阳，即太阳（手太阳小肠经、足太阳膀胱经），阳明（手阳明大肠经、足阳明胃经），少阳（手少阳三焦经、足少阳胆经）；三阴，即太阴（手太阴肺经、足太阴脾经），少阴（手少阴心经、足少阴肾经），厥阴（手厥阴心包经、足厥阴肝经）。由此，依据原文上下文可看出，"three *yang* systems"并非"三阳经（太阳、阳明、少阳的总称）"，而是指手太阳经、手阳明经、手少阳经这"三支阳经"。于是"at times we speak of the 'six *yang* systems' including…"是说"我们有时会谈到'六支阳经'，这就还包括……"。而根据上下文，"any of the three *yin* systems or all three"当译作"太阴经、少阴经、厥阴经中的任一经或全部"。并且，译文中"胃的入口、膀胱、幽门"似应作"胃、膀胱、十二指肠的入口"。而"…with the pancreas, the kidneys, and the liver, form the *yin* group"中的"the pancreas（胰）"，按中医理论当为"the spleen（脾）"之误，故译文中宜加注解释，免得以讹传讹。

二、专有名词回译案例

无论是林语堂的《京华烟云》，还是高罗佩的"狄公案"系列小说，均有多处涉及人名、人物名、地名、节日名、官职名等专有名词。

不过,《京华烟云》的人名为拼音转写,"狄公案"系列则既有拼音转写也有意译;《京华烟云》的地名均为真实地名,"狄公案"系列则既有真实地名也有虚构地名。理论上说,显然是"狄公案"系列的译者发挥余地更大。比如,表2-8列举的"狄公案"系列中提及的部分人物名、人名以及虚构地名,即便有现有译本译名,仍值得翻译师生反思研讨。此处仅提供信息说明问题,译文及相关分析从略。

表2-8　专名翻译例表

人物名	佛僧名	Spiritual Virtue, Complete Enlightenment
	道士名	True Wisdom, Jade Mirror
	绰号	the Crab, the Shrimp, Master Gourd
	文人字号	Hermit clad in Crane-feathers, the Recluse of the Bamboo Grove
人名	男名	Lo Kwan-choong, Feng Dai, Tao Pan-te
	女名	Jade Ring, Gold Lotus, Amber
	妓名	Autumn Moon, Carnation, Silver Fairy
虚构地名	县名	Han-yuan, Poo-yang, Chin-hwa, Lan-fang, Pei-chow
	其他	Paradise Island (a resort), Soul-changing Bridge

就高罗佩的"狄公案"系列小说而言,原作者设定的唐代历史背景对译者构成了挑战。如下例:

例84. The coastal district of Peng-lai, where Judge Dee began his career as a magistrate, was jointly administered by the judge, in his capacity as the highest local civil servant, and by the commander of the Imperial Army unit stationed there. The extent of their respective jurisdiction was fairly clearly laid down; civilian and military affairs seldom overlapped. When Judge Dee had been serving in Peng-lai for just over a month, however, he was drawn unexpectedly into a purely military affair. My novel *The Chinese Gold Murders* mentions the large fort, three miles downstream from the city of Peng-lai, which was built at the mouth of the river to prevent the landings of the Korean navy. It was within the walls of this formidable stronghold that the military murder described in this story took place: a proper men's affair, with no ladies present—but featuring yards and yards of red tape！

本例截取自著名汉学家荷兰外交官高罗佩创作的关于狄仁杰断案的一个短篇故事，英文原题为"The Red Tape Murder"。原文是针对英文读者的，解释性的话比较多，译成中文显然需要做些简化处理。由于目前国内最受欢迎的陈、胡合译本不仅做了简化，还有较多发挥，这里且略过不谈。

特别值得注意的是，高罗佩的故事为虚构，但核心人物狄仁杰却是真实的历史人物，这给译者的翻译带来了更大挑战。据唐代历史记载，狄仁杰（630—700）两度被贬，688 年被贬为复州刺史，入为洛州司马；693 年被贬为彭泽令（江西彭泽的县令）。此外，唐如意元年（692 年）重设登州，州治为牟平。唐神龙三年（707 年），登州治所从牟平迁到当时属黄县管辖的蓬莱镇，由于州治署衙安在蓬莱，唐初设立的蓬莱镇便升格为蓬莱县。高罗佩的短篇小说中狄仁杰被贬至山东蓬莱，明显是将狄仁杰贬官为彭泽令的事搞了个"时空大挪移"，换到了蓬莱。小说虽可虚构，但若将狄仁杰的官职直译为"蓬莱县令"，未免与史实相去太远。笔者以为，译者可以稍稍迁就历史，将狄仁杰的官职定为"黄县县令"，附加说明"驻蓬莱"，后文相关之处的译法也应配合此改动。当然，若译者觉得反正小说允许虚构，即便与历史不符也无甚关系，可仍依原文，直译为"蓬莱县令"。

还有就是"the commander of the Imperial Army unit stationed there"的回译问题。唐代 300～500 人规模戍边军队的首领称"镇将""镇副"，比较符合蓬莱守军的情况。根据唐代历史，"Korean navy"不可以笼统译为"朝鲜水军"，因为唐朝的朝鲜半岛有高句丽、新罗、百济三个王国，根据唐军的海防实情，译为"新罗"。

此外，原文中，"began his career as"和"in his capacity as the highest local civil servant"可省略。"My novel *The Chinese Gold Murders* mentions"提及作者的另一部小说《黄金案》，段末对本故事的评论"a proper men's affair, with no ladies present—but featuring yards and yards of red tape（这故事讲的纯粹是爷们儿的事，还有长长的红带子，没有女性掺和进来）"在中文小说中会被视为多余，也可省略。

综合上述考虑，试译如下：

狄公任黄县县令，驻蓬莱，与蓬莱镇将各理军政事务，原本井水不犯河水。但狄公到任刚月余，便卷入一桩军中案件。此案就发生在距蓬莱城九里之外，为防新罗水军登陆而建的驻防营寨中。

三、习见表达回译案例

《京华烟云》中，孔立夫的一封信包含了民国时期诸多文言或半文言的中文习见表达的英译，如何回译为对应的中文，是对译者中文功底的极大考验。张振玉译本非常切合孔立夫在小说中的身份和教养，引用如下：

例85. Lifu bends his head（*greeting*）. Brother, you are sailing with the long wind over the ten thousand miles of waves. How happy you are！How envious I am！Your younger brother is tied like a pony to a stable post. The summer rain has demolished our house, and my mother and I are staying in your home temporarily. If after the costs of repair, we are able to collect enough money for the college tuition, I shall be indeed lucky. I wish Brother the greatest future. Perhaps my stupid self will forever wag its tail in the mud only.

立夫顿首：吾兄乘长风破万里浪。快何如之！令人美煞！弟局促如辕下之驹。夏雨破屋，弟与家慈舍妹现暂居贵府。付修缮费用之后，如能凑足大学学费，即云幸矣。谨祝吾兄鹏程万里。弟愚钝，恐长将如涸辙之鱼，摇尾沫唾已矣。

译例中的习见表达分别以横线、虚线和波浪线标出。张译本中，"乘长风破万里浪"言他人之得意，"鹏程万里"预祝他人之成功，亦见自身之襟怀广阔、眼光高远。另一方面，以"辕下之驹、涸辙之鱼"状目下为资财所困之情境，但绝不颓唐。"驹""鱼"之喻暗示，一旦有条件，将驰骋千里如驹、遨游万里如鱼。张译本择词甚妥，令人叹服。此信译文生动再现人物性格，"文如其人"，充分显示了译者的文字功力。

例86. By classical education is not meant her knowledge of books, which was only a minor part of it, but knowledge of manners and proper behavior, as embodied in the well-established four phases of woman's training："woman's character, woman's speech, woman's appearance, and woman's accomplishments."

所谓旧式教育并不是指她经典上的学问，经典的学问在旧式教育之中只占一小部分，而指的是礼貌行为，表现在由来已久的女人的四个方面的教育：就是女人的德、言、容、工。

《京华烟云》的这段话讲旧中国对妇女教育的传统观念，张译本将"charac-
ter""speech""appearance"和"accomplishments"分别回译为"德""言"
"容""工"。"德、言、容、工"出自《礼记》中的《昏义》篇，是中国古代
妇女的道德伦理准则。"昏"借为今"婚"。中国古代女子在出嫁前三个月，要
接受"德、言、容、工"教育，即所谓"四德"。后成为封建女子道德标
准——"三从""四德"——的重要组成部分。

还有一种情况译者需留心。即中国特色元素已经是原作者为确保英文读者
理解便利而采取的"归化"处理。此时，译者要为迎合中文读者的阅读期待进
行"反向归化"处理。

例87. "Nonsense!" Judge Dee snapped. "Haven't I explained to you that
in the archives of the fort they have two files marked P, P for Personnel and P for
Purchases? In the latter file, paper P – 405 concerning a purchase of leather belts
is clearly marked:'Refer back to P – 404.'That proves beyond doubt that P –
404 belongs to Purchases, and not to Personnel."

本例出处同例84。原文主要考虑便利英文读者，故公文编号"P – 404"采
用了纯西化的形式。译者译为中文时，不得不考虑中文读者的期待问题。国内
目前最受欢迎的陈来元、胡明合译本翻译如下：

　　狄公道："这甲卷系蓬莱炮台报呈县衙的存档文牍，关乎两类事项：一
是军士职衔变动，人事升黜；二是营寨军需采办，钱银出纳。我见甲卷四
百零五号公文上注明'参阅甲卷四百零四号公文办'，四百零五号公文是有
关戎服甲胄采买的，想来那四百零四号也必是关于军械采办事项的。"

"甲卷"之译，从中文的阅读感受看，总觉得不够理想。试重译如下：

　　"乱讲!"狄公呵斥道，"我先前不是跟你讲过吗？蓬莱营标注为'呈
送有司'的卷宗分别呈报人事升迁和采买备办事宜。'呈送有司'卷宗的四
百零五号公文关乎皮带采买，且标明'参阅四百零四号公文'。想来那四百
零四号公文也是关乎采办事宜，而非人事升迁。"

　　笔者一贯认为，理论上的论述，并非以规律性的原则约束未来的译者或现世的译者的译事。理论的条条框框便如兵书，如若死抠、拘泥，就成了纸上谈兵的将帅，遇到实战，不免损兵折将，甚至溃不成军。理论终究要来源于实践，再指导实践才有意义。若笔者浅见能有助于同行教师或翻译学习者增加一些对语言、文化的敏感和一分操作中的洞察力，那就十分欣慰了。

第三章

语义翻译案例讲析示例

20 世纪 70 年代，语义学被定义为"the study of meaning（关于意义的研究）"（Palmer 1976：1）。数十年后，其定义并无显著变化——"Semantics is the study of Meaning in Language（语义学是关于语言意义的研究）"（Hurford，Heasley，and Smith 2007：1）。不过，应当明确的是（Findlay 1998：163），

[S]emantics describes and analyzes meaning in language as it exists in relationships among words, in sentences, paragraphs, and other extended forms of discourse（语义学所描述和分析的语言意义，包括由词与词之间的关系所决定的意义，还包括存在于句、段或其他篇幅较长的话语形式中的意义）。

鉴于本章面向实务，着眼点不是语义学的系统介绍，而是从语义角度分析探讨翻译实践中的相关问题，在此基础上实践提高，再实践再提高，因此仅探讨语义问题上翻译研究中存在的两个误区和译者在翻译实践中需注意的与语义问题有关的两个方面。

第一节　两个误区与翻译案例讲析示例

一、误区一：以词句意义为枝节问题

曾有译界前辈在谈到翻译批评的时候说："抠语法、准确理解词与词组的含意，这一切，对于文学翻译来说是重要的，但并不是问题的全部。有些批评文章的作者把这方面的问题看得高于一切，以至在他们看来，名译中只要出现一些这类的问题，便'余俱无足论'矣。……语法、词意、事实、典故方面的错

误出现得多是不应该的，数量超过一定限度也会使'矛盾性质转化'。但是文学翻译还有更为宏观的问题：对全书的精神理解得是否准确，译文所用的风格是否贴切，作者的感情是炽烈的还是淡漠的，态度是含蓄的还是外露的，文字口语化的程度又如何……总之，要考虑的方面是很多的。"

无疑，翻译批评要面对的不仅仅是词句意义。但众所周知，再现原文的词句意义是翻译实践的基础。译文的语言再精妙，风神再引人，情感意韵再适度，终究不能脱离原作所要表达的基本意义。而这个基本意义也不能脱离词句意义的再现。翻译过程中的创造之所以不同于其他艺术创造，就在于它不是天马行空的自我发挥，而是以原作为出发点的不逾规矩的发挥。宏观层次的批评固然重要，微观语言层次的分析也不能等闲视之。所谓"一粒沙中见世界"就是这个道理。翻译评论者的治学态度不应如盛世的百姓，满目太平，只享安逸；而应如戍边的将领，明察秋毫，敏于反应。况且，时下商风大炽，译作中问题多多，还不是举酒颂歌的时候。

实际上，把词句意义作为枝节问题将导致以下问题：第一，会助长虚假文饰的学风。有些人以为，译作业已问世，甚至流行一时，译者也因总体上的创造性而名噪于社会，即便发现问题，也不应太过认真地公开讨论。这种为尊者讳的主张体现了不端正的治学态度，只会助长虚浮的学风。事实上，真正的学者均治学严谨，积极追求真理，勇于修正失误，是学界后辈努力仿效的楷模。第二，会放纵目下一些译作中存在的"假连贯"现象——表面看来言之凿凿，畅通无阻，若细加推敲，意义却欠贯通。当前受商风影响，译界出现了一些不良风气。甚至有人批评说，百分之九十的译作粗制滥造。此论虽不免夸张，但粗制滥造的译作确也不是绝无仅有，应该引起充分重视，翻译专业的师生尤其要警惕。当然，好的译作正如公开展出的珠玉，我们偶尔发现几处瑕疵之后，不应仅仅为了发泄一下人人都有的批评欲，就抄起油漆刷子在上面乱涂乱抹一番。可是，发现了瑕疵，却佯装不知，一味夸奖那珠玉的光泽和质地，未免不合"知无不言，言无不尽"的做人道理，也不符合严谨求实的学风。有鉴于此，本章将举例分析、探讨词句意义翻译方面的问题，供翻译专业的师生参考。

词义可谓翻译实践中基础的基础，通常也是问题的多发区域，即便高明的译者也会时不时地绊一跤。究其原因，是对词的地位认识不足。词是语言表达的基本单位，与语法、语义、语用、语境等功能密切相关；它又是文本中最活跃的因子，其基本语义与衍生语义之间常常存在差距。这差距有大有小。往往初看时觉得无甚差距，细细品味又确有差距，而这差距与差距之间的微妙关系，恰恰是语言交际中最细腻、最关键的所在。如果译者自信太过，自我意识渗入过多，对潜在问题的征兆不加深究，就往往会导致判断、处理上的失误。下文将对各种失误进行分类剖析。

（一）把握原意不够深透或准确

例1. I deny not, but that it is of greatest concernment in the Church and Commonwealth, to have a vigilant eye how books demean themselves as well as men; and thereafter to confine, imprison, and do sharpest justice on them as malefactors. For books are not absolutely dead things, but do contain a potency of life in them to be as active as that soul was whose progeny they are; nay, they do preserve as in a vial the purest efficacy and extraction of that living intellect that bred them. I know they are as lively, and as vigorously productive, as those fabulous dragon's teeth, and being sown up and down, may chance to spring up armed men. And yet, on the other hand, unless wariness be used, as good almost kill a man as kill a good book: who kills a man kills a reasonable creature, God's image; but he who destroys a good book, kills reason itself, kills the image of God, as it were, in the eye.

教会与国家，于书之为好书坏书，公民之为好人坏人，不能不表极大关注。此点余亦承认。治坏人，或予禁闭，或投牢中，或处以极刑。然则书非可以致死者也。书之生命力，乃作者灵魂所赋予。书，作家智慧之精华，如炼金丹，升华净化，臻于至纯，乃纳玉壶，以为珍藏。谚言，龙之齿，植地生幼龙。书之孳衍，与龙似。植书于野，异日或生持矛武士。人可以错杀，好书亦可以错毁。是不可不慎也。杀一人，杀一有理性之生命，杀一上帝之子孙耳。若毁一好书，实毁理性本身，无异毁上帝之目。

原文两处用典均为译者所忽视。译文虽具功力，但对原文用典的两次疏忽堪比锦缎上的两块斑点，十分触目。

第一个典故译作"谚言，龙之齿……异日或生持矛武士"。私下推断，译者可能认为"as vigorously productive, as those fabulous dragon's teeth"是说书与龙的"孳衍"，所以想象龙种延续只要种下龙齿就会长出小龙。又看到"fabulous"一词，认为此说可能出自民谚。遗憾的是，译者没有下足考证的工夫。事实上，"armed men"即为龙齿所生之物。典出希腊神话"金羊毛"的故事。伊俄尔科斯国的伊阿松为夺回王位，到科尔吉斯国取金羊毛。科尔吉斯国国王要他先驾铜脚铜嘴的喷火公牛犁地，播种龙齿，待地里长出甲士后，把甲士杀死，看他是否勇敢过人，然后才让他取走金羊毛。原文旨在用此典比喻坏书的破坏力。

第二个典故"God's image"语出《圣经·创世记》。据 Thomas Nelson 公司 1982 年版的钦定本圣经（the New King James Bible）第一页的叙述——"So God created man in his own image; in the image of God he created him; male and female he created them"——可知，译文的最后两句将"kill…God's image"和"kill the image of God…in the eye"分别译成"杀一上帝之子孙"和"毁上帝之目"，显然有违原意。

至于其他枝节问题，诸如"玉壶"的中文味道过于明显之类，权且略去不谈。试重译如下：

> 书之用意不良者，形同罪犯。教会与国家警觉以察其形迹，并处之以查禁、没收、销毁。无可否认，此举事关重大。书非死物，有非凡的生命力，一如其著述者。不仅如此，书籍还能容纳著述者的智慧精华，不含杂质，浓缩有效。据我所知，书籍生机勃发，正如神话中的龙齿，四处播种之后，许会衍生武装之士。尽管如此，除非慎之又慎，否则，毁好书几近于杀人：杀人者毁了有理性的生命，杀了上帝仿照自己形象造的人；毁好书者消灭的是理性本身，如同毁了人们心目中上帝的形象。

> 例 2. …when I see kings lying by those who deposed them, when I consider rival wits placed side by side, or the holy men that divided the world with their contests and disputes, I reflect with sorrow and astonishment on the little competitions, factions, and debates of mankind.
>
> 当我看见国王们躺在那些废黜他们的人身边，当我想到竞争的才子们并肩而卧，那些以他们的争斗而分裂世界的僧侣，我就悲伤而惊讶地反思人类的那些微不足道的竞争、内讧和争论。

首先，译文被原文束缚得过紧，让人几乎感受不到原文所说的"sorrow"和"astonishment"。其次，"rival wits"和"holy men"的译文也有欠斟酌。试改译如下：

> 当我看见国王们被葬在那些废黜他们的人身边，想到那些龙争虎斗的智者在死后墓穴相连，还有那些争斗不休、使世界四分五裂的宗教领袖，就禁不住伤感而且诧异。人世间的明争暗斗、派系纷争和口舌之辩是多么

的微不足道啊！

例 3. …are apt to fill the mind with a kind of melancholy, or rather thought-fulness, that is not disagreeable.

无不给人的心里注满一种忧郁，或不妨说令人深思，令人欣然。

首先，"not disagreeable"的双重否定用法，在翻译中，有保留原形式和改为肯定形式两种译法。考虑到与"melancholy"一词的对应，以保留原双重否定形式为好。此外，"melancholy"一词的汉语意义选择为"忧郁"稍嫌严重，与"not disagreeable"明显不相称。至于"rather"所体现的轻度转折和递进的语气，"不妨说"也没能承担起语尽其意的责任。改译如下：

虽然会给我心里平添一丝伤感，但却更引我深思，所以并非令人不快。

例 4. …they found, that every act of virtue or friendship was attended with a secret pleasure; whence they concluded, that friendship and virtue could not be disinterested.

他们发现每个体现美德或友谊的行为都伴随着一份窃喜；他们于是得出结论：友谊和美德不可能无关利害。

译者将"secret pleasure"和"disinterested"译为"窃喜"和"无关利害"，稍嫌囿于字面。前者的贬义略重，后者的含义稍显模糊。笔者以为，不如改译作："秘而不宣的快乐"和"心底无私"。

例 5. For these people have fallen into a needless and endless way of multiplying ceremonies, which have been extremely troublesome to those who practice them, and insupportable to everybody else…

因为，这些人已习惯于无必要和无休止地增加种种繁文缛节。这些繁文缛节使遵守执行的人无所适从，使所有别的人不敢赞同。

译文中将"troublesome"处理为"无所适从"似乎不妥。"无所适从"的意思是"不知按哪个办法做才好"，而此句中的"troublesome"是说礼仪中的繁文缛节实行起来很麻烦。而且，把"insupportable"译为"不敢赞同"也不太合适。事实上，"insupportable"相当于"unbearable"，宜译为"不堪忍受"。改译如下：

> 因为，这些人已养成积习，虽然毫无必要，仍不停地增加种种繁文缛节，让循规蹈矩者烦不胜烦，而让其他人觉得不堪忍受。

例 6. …at the same time, you are under the necessity of answering a thousand apologies for your entertainment.

与此同时，你不得不成百上千次应答他们的种种道歉，叫你无法消受。

译作"道歉"失之于泛泛。既然"entertainment"是指招待，那么"apologies for your entertainment"就相当于我们中国"招待不周，请多包涵"之类的客气话。改译如下：

> 同时，你还不得不应付他们那无数诸如"招待不周"之类的客套话。

（二）译语选择不够谨慎

有时，译文出现问题，是译者一时大意，因为汉语是母语而掉以轻心，导致译语选择不够谨慎。如下面几例。

例 7. I have seen a duchess fairly knocked down, by the precipitancy of an officious coxcomb running to save her the trouble of opening a door.

我曾看见一个过于殷勤的蠢小子，急匆匆奔上前去，为一位伯爵夫人开门，以免除她的举手之劳，那时候伯爵夫人几乎为之厥倒。

"厥倒"一词，据《现代汉语词典》的解释，是指："失去知觉，不省人事；晕倒；气闭。"以其对译"knocked down"，失之夸张。不如"结果伯爵夫人几乎被他撞倒"来得简单明白。由此看来，译者在"知彼"（了解译入语）的同时还必须"知己"（掌握译出语）。

例 8. "Put down the letter," Dobbin replied; "no gentleman readth letterth."

都宾习嘴咬舌地说："把信放下来。君子不看人家私信。"

原文的"readth"和"letterth"表示都宾发不好咬舌音。"刁嘴咬舌"这个词不仅没有表达出这个意思，反而让人不明所以。改译如下：

都宾说："把信放下。君只（子）不看师（私）信。"

例9. The carp originates in Africa and has been transplanted to beds of waters of China's inland provinces.

那种鲤鱼发源于非洲，现在已在中国内地几省的水乡移植。

关于此例，一本书中有这样一段译文分析："'发源于'符合 originates 的本义。但'发源于'多用于指河川、语言及民俗。与动、植物呼应时，可以用替代词繁殖。'移植'常用于植物，用于动物时可用替代词接种成活。"笔者觉得如此修改，仍不够理想。

事实上，如果不囿于生活经验，多考虑一下广播电视中的用语，完全可以找到更自然贴切的词语。比如改译为：

那种鲤鱼原产于非洲，现在已在中国内地几省的水域养殖成功。

例10. Our hearts, frequently warmed in this manner by the contact of those whom we wish to resemble, will undoubtedly catch something of their way of thinking…

我们的心灵在同我们乐于效颦的大师手笔的接触中，时常激动不已，毫无疑问，我们将捕捉到一些他们的思维方式……

"效颦"一词有非常明显的贬义色彩。而原文的"we wish to resemble"不仅没有贬义，还有尊敬和仰慕的味道。究其原因，译者大概以为模仿大师与抄袭献丑相类，却忽略了以高手为师模仿行事的学徒阶段是任何追求高标准的人的出发点，同时也正是本文的论述起点，与孔子所说的"见贤思齐"相仿。因此，"效颦"应改为"仿效"。并且，"大师手笔"中的"师"字多余，去掉反而更自然。由此可见，译者要警惕以自己的经验看法去代替原作意图的倾向。

尽管文字的表面形式所引发的误断也许算不上什么大是大非的问题，但对译文可读性的影响却不可否认。

例 11. In the poetical quarter, I found there were poets who had no monuments, and monuments which had no poets.

在一个诗人墓区里，我发现一些人没有纪念碑，有些纪念碑上没有诗人。

英文为了照顾文字对仗，两次使用借代手法，第一个"poets"代指诗人之墓，第二个"poets"代指诗人之名。英文以文法上的变异达成新颖独特的效果已经司空见惯，读者早就不以为怪。而汉语文法相对地不太欢迎变化，此处的借代手法直译出来，终究不够自然，不如译成：

……我发现有些诗人的墓前没有竖碑，有些墓碑上没有刻诗人的名字。

例 12. I know that entertainments of this nature are apt to raise dark and dismal thoughts in timorous minds and gloomy imaginations；…

我知道，这种形式的消遣，很容易使那些精神脆弱、想象力忧郁的人产生阴暗绝望的念头；……

"阴郁的想象"忠于原文，但在中文里属于搭配失当，试改译作："……很容易使那些胆小、悲观的人郁郁寡欢。"

例 13. …where a man must reckon upon passing an hour without doing any one thing he has a mind to；unless he will be so hardy to break through all the settled decorum of the family. She determines what he loves best, and how much he shall eat…

在那里，一个男子必须甘心枯坐一个钟头而无所事事，除非他铁了心敢打破这家的全部成规礼仪。这位女主人决定男人应该最喜爱吃什么和吃多少。

虽然原文用词为"man"，但译为"客人"更合适。译文以同义词复现的方式来保证行文的连贯性，不如采用主语复现的方式紧凑。改译如下：

在那里，客人必须甘心枯坐一个钟头而无所事事，除非他铁了心要打破这家的全部成规礼仪。他得听凭女主人决定他应该最喜欢吃什么和吃多少。

以上这类问题并不引人注目，可在语感方面的影响却值得译者深思。方寸之间的得失也不可掉以轻心。

有时，词典也会在远离目的地的地方点一盏灯，让夜行者误以为已经到了终点。

例 14. The white walls of the house coldly reverberate the lunar radiance.
房屋的粉墙凛冽地使明月的光辉回荡。

"reverberate"译作"回荡"，难免让人觉得太拘泥于词典的释义了。"凛冽"一词虽可从修辞变异的角度理解，但考虑到中文不太欣赏变异的传统，可把"coldly"的含义融入句中，以"隐"对"显"。中文的"粉"字作颜色形容词时，给人的联想往往不是"白"，所以不合适作"white"的对应词。改译如下：

房屋的素壁映射着明月的清辉。

例 15. Summer's intertidal zone collects and gathers us as much as we collect and gather what the tides deposit.
夏日的潮间区将我们集聚，一如我们集聚潮汐留下的"宝物"。

原文的前半句可视为拟人。问题是，若按词典所列出的意义直译为主动句"集聚我们"令人难以接受。译文变通了一下，译成"将我们集聚"，仍不能使人满意。还有，"我们"为什么能聚集到潮间区呢？译者应考虑有助于增强语义连贯的译法。另外，顾名思义，"潮间区"应该是海滩上涨潮的最高点和落潮的最低点之间的地带，一般说来就是"海滩"。海滩虽然可能比潮间区宽一些，相差亦不致太过。用"潮间区"既生硬，又缺少活气，过分拘泥，不如就用常见的"海滩"使人有亲切之感。试改译如下：

夏日的海滩会集着我们这些度假的人，正如我们收集潮水留下的"宝贝"。

（三）虚与实、具体与抽象的转换之难

词义翻译中还有一个难点，就是虚与实、具体与抽象间的转换。比如下文选自《名利场》杨必译本的例 16、17、18、19 和 20。

例 16. Not that the parting speech caused Amelia to philosophize，or that it armed her in any way with a calmness，the result of argument；…

倒并不是平克顿小姐的临别赠言使她想得通丢得开，因此心平气和，镇静下来……

这句话中的"philosophize"指"think or argue as or like a philosopher"，语义抽象。译作"想得通丢得开"，就具体得多了。

例 17. Emotion prevented her from completing either sentence.

她的感情起伏得太厉害，因此两句话都没有说完。

描写 Sharp 小姐不领情，把 Jemima 送给她的词典扔出车外后，Jemima 的反应。译者将"emotion"具体化，译为"她的感情起伏得太厉害"，自然可以。但还可以进一步具体化，译为"她气坏了"。

例 18. He was a clever man；a pleasant companion；a careless student；…

他是个聪明人，谈吐非常风趣，可是不肯用苦功。

本例描述的是 Sharp 的父亲。原文的"a pleasant companion"比较虚，中译具体化为"谈吐非常风趣"，实为佳译。"a careless student"中的"careless"，在此处指"inattentive"，语义宽泛；由于 Sharp 的父亲是学校的美术老师，"student"显然是泛用，指他虽习绘画，但尚未成为画家。译作"不肯用苦功"，比较妥当。不过，"a careless student"若译为"只是对绘画并不上心"，更加明确。

例 19. Indeed，for my own part，though I have been repeatedly told by persons for whom I have the greatest respect…

就拿我来说吧，有几位我向来尊敬的太太小姐曾经几次三番告诉我……

句中的泛称词"persons"就是指"太太小姐",译者因而将其还原为真实面目。

例 20. … "and as for the money, old boy, you know if I wanted it you'd share your last shilling with me."

"……至于银钱的事情呢,好小子,到我为难的时候你当然肯跟我同甘共苦的。"

原文的"you'd share your last shilling with me"直译,应为"你就是只剩下一先令,也会和我分着花的"。这样一来,对不熟悉英国货币的读者,译者就有义务解释"先令"的含义。为避免添加注释影响读者的阅读感受,译者采取抽象化的翻译技巧,将原句改译为"你当然肯跟我同甘共苦的",比直译好得多。顺便插一句,"old boy"作为男子对多年朋友的称呼,相当于中文里的"老弟/兄",译为"好小子",不太妥当。鉴于这句话是 Dobbin 对 George 说的,故"old boy"可考虑译为"老弟"。

例 21. 白天里一定要做的事,一定要说的话,现在都可不理。
All daytime duties could be disregarded. (《中国文学现代散文卷》)

"白天里一定要做的事,一定要说的话"简化为"all daytime duties",既无伤原旨,还显得简洁利索。

例 22. Stores' music, lighting, "deals" and pricing ranges can all influence what you buy. And if you want to spend less, pay in cash so you can see what you're losing.

商场的音乐、灯光、"特价销售"和价位都能影响人们购物。如果不想多花钱,就用现金付账——可以亲眼看着自己花了多少。

为使本例中的"deals(口语用法,指'a sale favorable especially to the buyer; a bargain')"和"what you're losing"意义更加明确,笔者分别译为"特价销售"和"自己花了多少"。

(四)句义翻译的偏差

至于句义翻译,得失在于译者心细与否。切不可"艺高人胆大""运笔如

飞"不假思索",如以下译例:

例 23. …because the methods are easy and many for a wise man to avoid a quarrel with honour, or engage in it with innocence.

因为,明智的人可以有许多简洁的办法避免体面的决斗或无知的搏杀。

这个省略句可还原为,"…because the methods are easy and many for a wise man to avoid a quarrel with honour, or for a wise man to engage in a quarrel with innocence"。"with honour" 和 "with innocence" 应当看作介词词组作状态状语修饰动词。原译的问题在于,不应把 "avoid a quarrel with honour" 理解为 "avoid a quarrel of honour",也不应按照译者个人的思维逻辑翻译 "engage in it with innocence"。改译如下:

因为有许多简单的办法,可以让聪明人体面地避免争吵,或即便卷入争执,也错不在己。

例 24. "Yes, and after I had cut the tassels off his boots too. Boys never forget those tips at school, nor the givers."

"对了,他倒不计较我铰他靴子上的流苏,真是难得。孩子们在学校里拿到零用钱,一辈子都记得。给钱的人自己也忘不了。"

原文的后一句话应该理解为 "Boys never forget those tips at school, nor do they ever forget the givers" 的省略句,而不应理解为 "Boys never forget those tips at school, nor do the givers ever forget those tips they gave away" 的省略句。因为后者存在小句主语的改变,省略成分时,除了要有新主语外,至少还要保留动词成分或宾语成分,才能构成这种省略的合理暗示。这时,后半句就当为 "nor do the givers" 或 "nor the givers that",而不是 "nor the givers" 了。所以,原译的最后一句应改为:

"孩子们一辈子都忘不了在学校里拿到的零用钱,也忘不了那些给钱的人。"

例 25. Of all virtues, magnanimity is the rarest. There are a hundred persons of merit for one who willingly acknowledges it in another.

　　所有美德之中，宽宏大量最为难得。倘若乐意承认别人身上的优点，那么有德之士还是大有人在的。

　　显然，译者对第二句的理解出现了偏差。文中的"for"应理解为"as the equivalent for"，也就是说："There is only one in a hundred persons of merit who willingly acknowledges magnanimity in another（直译：一百个有德之士中，也不过一人肯承认某人宽宏大量）"。改译如下：

　　所有美德之中，宽宏大量最为难得。有德之士中的宽宏大量者也是百里挑一。

　　谈到句义表达，有两个语感问题常为译界轻视。一是在通常情况下，中文的语义重点一般位于句子的后半部，而英文正好相反，语义重点一般位于句子的前半部。英译汉时，语义重点的位置可以适当后移。二是汉语中由"和""与"等连接起来的前后词语，前者有时可能是语义重心，翻译时应加以注意。

　　例 26. Life ebbs and flows with the rhythm of tides and daylight, versus the clock or jobs that govern the rest of the year.

　　生活随着潮涨潮落、昼夜更替的节奏而流逝，不似一年中其余的日子要受时钟或工作的摆布。

　　原文意在强调此时的生活节奏不同于其他日子。译文照原文顺序翻译，读者的注意力被分散到后一句，原来的语义重点在中译文里就得不到突出。改译为：

　　一年到头都得听命于时钟或工作的摆布，只有此刻，生活节拍才随潮水的涨落和昼夜的更替而律动。

　　这样一来，把两层意思分为前后两部分，在体现语义重心的后一句之前，加上一个限定性时间状语"只有此刻"，突出和加强了语义的重点。

　　例 27. When we learned that it was only the old town dump sunken 100 yards offshore, we felt cheated. All our porcelain was trash, not treasure.

当得知那不过是距岸边 100 码处被淹没的小镇旧垃圾场时，我们觉得上当了。我们捡到的只是一堆垃圾，而不是什么宝贝。

英文引文的第二句语义重心是"trash"，汉语译文处于重心位置的词是"宝贝"。虽然没有意义上的改变，表达效果却减弱了。并且，英文引文第一句中"it"的含义相当宽泛，是说原以为拾到的"worn china"和"blue glass"来自水下的沉船，后来才知道水下不过是个旧垃圾场。译文处理成"那不过是……"，与上文间没有清晰的所指照应，表意不够明确。此外，为中文读者考虑，"yard（码，相当于 91.4 厘米）"应换算为读者熟悉的公制计量单位"米"。改译为：

当得知离岸近百米处的水下只是小镇的旧垃圾场时，真有受骗上当的感觉。原来被我们视为至宝的东西，不过是垃圾而已。

例 28. …wherein the authority of the maids of honour must indeed be allowed to be almost equal to that of a favourite actress.
……这方面，宫廷侍女的权威之见应该与走红女演员的意见受到同等的重视。

中文里，"宫廷侍女的权威之见应该与走红女演员的意见受到同等的重视"含义是：不仅要重视走红女演员的意见，还要重视宫廷侍女的权威之见。表意重点与原文正好颠倒过来了。所以，宜改为"走红女演员的意见应该与宫廷侍女的权威之见分量相当"。

（五）忽视细节

上文种种"抠语法、准确理解词与词组的含意"和准确把握句意的做法，如果不能引起译者的充分重视，大段译文成形之后，会引发更多问题。其结果会导致比这些细节重要得多的"宏观"找不到依托和归宿，成为无家可归的流浪儿。忽视细节的译文，即便译者的语言驾驭能力不弱，也还是有明显不足。

例 29. Every object that returns to our imagination raises different passions, according to the circumstance of their departure. Who can have lived in an army, and in a serious hour reflect upon the many gay and agreeable men that might long have flourished in the arts of peace, and not join with the imprecations of the fatherless and widow on the tyrant to whose ambition they fell sacrifices? But gallant men, who are cut off by the sword, move rather our veneration than our pity; and we gather relief enough from their own contempt of death, to make that no evil, which was approached with so much cheerfulness, and attended with so much honour. But when we turn our thoughts from the great parts of life on such occasions, and instead of lamenting those who stood ready to give death to those from whom they had the fortune to receive it; I say, when we let our thoughts wander from such noble objects, and consider the havoc which is made among the tender and the innocent, pity enters with an unmixed softness, and possesses all our souls at once.

　　每件回到我们想象中的东西，由于消失的具体情形不同，便产生出不同的激情。经过戎马生涯的人，遇到心情沉重的时候，谁能够回想许许多多快乐可爱的人们，他们本可以在和平事业中大有可为，不必与孤儿寡母一起去诅咒，痛骂暴君，竟由于后者的野心而变成牺牲品？但是死于刀剑之下的勇士，更能引起我们的崇敬，而非怜悯；他们蔑视死亡，我们从中得到了足够的宽慰；能够如此欣然地看待而又如此光荣地接受，我们认为这绝非邪恶。但是遇到这类场合，当我们让思绪避开人生的重大职责，不去哀悼那些准备献身的人，而是想到那些有幸面对死亡的人，我是说，当我们让自己的思绪游离这些崇高的目的，同时考虑一下战争给幼小者和无辜者造成的灾难，这时纯粹温柔的怜悯之情便油然而生，顿时占据了我们所有人的灵魂。

　　根据上下文，英文起首句中的"object"是指"person to whom some feeling or thought is directed"，而"every object that returns to our imagination"是指"回忆起的每个故人"。第二句的实际意义是："How can a person not join with the imprecations of the fatherless and widow on the tyrant, if he has lived in an army, and in a serious hour reflect upon the many gay and agreeable men that might long have flourished in the arts of peace yet fell sacrifices to the ambition of the tyrant?"译者显然没有理清原句的语义推演脉络。

　　此外，"能够如此欣然地看待而又如此光荣地接受，我们认为这绝非邪恶"也颇让人费解。第一，"如此欣然地看待而又如此光荣地接受"省略了宾语，读起来很不自然；第二，"这"指的究竟是什么？译文只有明确立场才能再现原作意图。

最后，还有四个疑点有待解决："the great parts of life"，"those who stood ready to give death"，"those from whom they had the fortune to receive it"和"noble objects"。根据上下文来看，"the great parts of life"和"noble objects"均指"gallant men who are cut off by the sword"或"those who stood ready to give death"。因为"part"可以指"member of something"，而"object"的意义前面已有陈述。需要明确的是，"those who stood ready to give death"并不等于"those who stood ready to give up their lives"。因为"give death"是"cause somebody to receive death"。至于"those from whom they had the fortune to receive it"中的"fortune"是多义词，既可以指"good luck"，也可以指"bad luck"。既然"receive it"指的是"receive death"，那么"fortune"自然是指"bad luck"。改译如下：

> 一旦我们追忆起当初失去每个故人的情形，心中就会激起情感的大小波澜。在重要关头，回想起那些本可在和平时期大有作为的风趣友好的战友，不幸成了暴君的野心的牺牲品，曾经在军中服役的人，有谁能无动于衷，而不去和他们的孤儿遗孀一起诅咒呢？但夭折于剑下的勇士们往往不是令人同情，而是让人肃然起敬。他们藐视死亡，那么心甘情愿地迎接死亡，又那么光荣地慷慨赴死，让我们甚感宽慰，觉得战争并非邪恶。但遇到此类场合，如果让思绪离开这些非凡的人物，不去想那些随时准备杀敌的将士，而去想一下那些因此而不得不面对死亡的人，我的意思是说，如果不让思绪贯注于崇高的对象，而是去想想战争给弱小者和无辜者所带来的浩劫，我们的灵魂会立刻被至纯至柔的怜悯之情所占据。

二、误区二：极端异化

有种误解可称为"左派激进观点"。该派学者大多是"异化（foreignization）论"的代言人。他们反"归化（domestication）"心切，主张译品必须有"洋味"。这"洋味"便是西式句法、修辞和用语。有人甚至提出，西式句法初读起来也许不舒服，但读久了就习惯了。关于这点，笔者以为，译者应该像海关的检查人员，好的语言形式尽可以放行，"带菌"或"带病"的污染物绝对要拦在关外。偏向异化的翻译观念所引发的问题在句法方面最为突出，导致了所谓的"翻译腔（translationese）"的泛滥。这方面的问题，有些译者往往视而不见，以为只要把原文的意思表达出来就达到了目的，却没有想到表达方式也有适用与不适用的差别。所以，译者宜慎重下笔。下文诸例集中反映此种问题。

例 30. …and makes it beat with due time, without being quickened with desire, or retarded with despair, from its proper and equal motion.

让它适时地跳动，不会由于欲望而加快跳动，或由于绝望而放慢跳动，没有超出它固有的均匀的运动。

改译：让心脏按照适宜的节拍跳动，平稳均匀，既不会因欲望的驱使而心动过速，也不会因绝望的重压而心动过缓。

例 31. The virtuous sentiment or passion produces the pleasure, and does not arise from it.

有美德的情操或热情产生出这份快乐，而不是由此而来。

原文的意思是"The virtuous sentiment or passion produces the pleasure, but the virtuous sentiment or passion does not arise from the pleasure"，故改译如下：

是高尚的情操使人快乐，而不是快乐使人情操高尚。

例 32. That disposition, which is so strong in children, still continues with us, of catching involuntarily the general air and manner of those with whom we are most conversant…

自然而然地为周围熟悉的人的神情和举止所潜移默化，这种孩提时的天性始终不变……

改译：小孩子最容易耳濡目染周围熟人的举止神态，这种倾向会持续伴人一生……

例 33. And in this discourse it will be necessary to note those errors that are obvious, as well as others which are seldomer observed, since there are few so obvious, or acknowledged, into which most men, some time or other, are not apt to run.

在文中有必要将那些明显的错误，连同较少受人注意的，一齐加以披露，因为这些错误无论如何明显或公认，却很少不为大多数人偶尔触犯。

改译：本文列举那些显而易见的，以及其他不太引人注意的毛病，还是有必要的。因为不论那些毛病有多么明显，大家心里多么明白，不少人时不时还是会沾染上的。

例30、31、32、33 的原译读来语感怪异，句式生硬，语意不明，中文的明白晓畅损失殆尽，可归于余光中先生所谓的"恶性西化"。

此外，我们应当区别对待译文的"难懂"。若译文行文顺畅，意思仍然难懂，读者需反复思考才能明白，可看作思想高深的正常效应。若原文意思并不难懂，译文却行文晦涩，译者就该反省一下自身驾驭语言的能力，或者是否有急于事功的隐忧。如下例。

例34. Of such mighty importance every man is to himself, and ready to think he is to others; without once making this easy and obvious reflection, that his affairs can have no more weight with other men, than theirs have with him; and how little that is, he is sensible enough.

每一个人对自己都如此重要，而且都愿意认为自己对别人也是同样重要；竟然连一次也没有想到这样一个浅显明白的道理，那就是他的事情之于别人，不可能比别人的事情之于他更有分量；而那分量有多么小，他是充分意识到的。

改译：每个人都认为自己很重要，而且认为自己在别人心目中也同样重要。竟然没有人认识到这样一个浅显明白的道理：自己的事情对别人而言不值一提，正如别人的事情对自己而言也不值一提。后面这种情况显而易见。

第二节　两重陷阱与翻译案例讲析示例

一、陷阱一：原文未点明的已有意义

译者在语义方面需要格外注意的一点，就是把握和翻译好"原文未点明的已有意义"，这种意义不同于"含蓄意义"或者"言外之意"，这是翻译的陷阱之一。所谓"原文未点明的已有意义"，是作者觉得文中已有其意，因而不必赘述；或者仅仅是作者的语言习惯或偏好的一种表现。汉语文字简约，讲求含蓄，这种情况十分常见，理应引起译者的重视。所谓"含蓄意义"或"言外之意"，是作者觉得最好不挑明，抑或希望读者自行猜度而有意隐去的意义，属于语用学范畴，这里不做讨论。"原文未点明的已有意义"形式多样，有表示连接的词语，有逻辑暗示语，有语义补足语，凡此种种，不胜枚举。敏感的译者除了要有敏锐的眼力，还要能洞悉作者的用心。这类翻译往往是靠长期经验的积累和观察力的磨炼所造就的直觉。

例 35. 公子留赵十年不归。秦闻公子在赵，日夜出兵东伐魏。

The lord of Xinling remained for ten years in Zhao, during which time the king of Qin took advantage of his absence to send many expeditions eastward to attack Wei.

中文是说信陵君窃符救赵之后，怕魏王怪罪，留在赵国，秦王因而趁机出兵伐魏。既然秦王出兵伐魏是因听说信陵君留赵不归，"during which time（在此期间）"便是"原文未点明的已有意义"，译文补上，增强了行文的逻辑性。

例 36. 宾客皆背魏之赵，莫敢劝公子归。毛公、薛公两人往见公子……

…whereupon all his protégés left Wei and came to Zhao, and none ventured to speak to him of returning. One day, however, his two friends, Mao and Xue, called to see him…

原文先说宾客没有敢劝信陵君回去救魏国的，然后讲毛公、薛公两人进言的情况。自然包含了转折语气，"一日/某日"也是不言而喻。所以，英译文补上了"one day, however"这部分。

例 37. 欲自杀以激荆卿……

Accordingly he decided to kill himself, to spur Jing Ke on…

中文原文中，上文讲述田光替燕太子传话给荆轲，下文写其遗言及自刎的情形。故原文可理解为"因欲自杀以激荆卿"，英译增补"accordingly"理由充分。

例 38. These and similar questions, as with "what makes an American" or "who is a Jew", are freighted with emotional sensitivities and political conse-quences. People tend to hold very strong opinions, some of them at times self-contradictory.

<u>正如要问</u> "怎样算是美国人" 或 "哪些人是犹太人" <u>一样</u>，上述问题以及其他类似的问题会挑动人们的敏感神经，造成政治后果。<u>面对此类问题</u>，人们往往立场强硬，有时却又自相矛盾。

例 39. At the 14th Party Congress in March［注：原文之误，应为十月］he was praised as the chief architect in building "socialism with Chinese characteris-tics", and at the National People's Congress in 1993 China was officially designat-ed a "socialist market economy".

同年十月，中共十四大赞扬他是建设 "有中国特色社会主义" 的总设计师。1993 年，全国人民代表大会正式将中国<u>经济</u>定名为 "社会主义市场经济"。

例 38 和 39 译文的划线部分为 "原文未点明的已有意义"，不补出会影响译文的行文连贯，故笔者在译文中补出。

二、陷阱二：译文语言含混

译文语言含混，为翻译陷阱之二。凯普森（Kempson 1980：124）曾指出，英文有四种 "语义含混（vagueness）"：

(i) referential vagueness, where the meaning of the lexical item is in princi-ple clear enough, but it may be hard to decide whether or not the item can be ap-plied to certain objects; (ii) indeterminacy of meaning, where the meaning itself of an item seems indeterminate; (iii) lack of specification in the meaning of an i-tem, where the meaning is clear but is only generally specified; (iv) disjunction in the specification of the meaning of an item, where the meaning involves an ei-ther-or statement of different interpretation possibilities（第一，所指含混，即词语的意义从理论上讲很清楚，但可能很难断定它是否用来指代某些特定事物；第二，无法判断的意义，即某词语的意义看来无法断定；第三，词语的意义不够确定，即尽管表意清楚，但只能大体上确定；第四，意义确定

的困境，意义的选择面临或此或彼的局面）。

据笔者观察，英文汉译更容易出现语言表达含混的情况。而且，译文的含混集中于两种类型：表述含混和逻辑含混。

（一）译文表述含混

例 40. Man falls much short of perfect wisdom, and even of his own ideas of perfect wisdom, than animals do of man; yet the latter difference is so considerable, that nothing but a comparison with the former can make it appear of little moment.

人距离完满的智慧，甚至距离他自己对完满的智慧的想法，远甚于动物与人的智慧的差距；然而后者的差距甚大，所以唯有跟前者进行比较，才能够使它显得无足轻重。

中译的含混之处在于两点。第一，分号前面那一句的主语与其他组成部分不和谐。将译文简化一下，省去"甚至"引导的递进成分，就可看出问题："人距离完满的智慧，远甚于动物与人的智慧的差距"这样的句子未能清楚达意。第二，"后者的差距"和"前者"并不能与"the latter difference"和"the former"对应。清楚的表达至少应该是："后一种差距"和"前一种（差距）"。若不过分拘泥于字面，文字上可稍作变通。改译如下：

人远不能做到绝顶聪明，甚至连自以为的绝顶聪明也达不到。其间的距离，比人兽间的智力差距还要大。后一种差距再大，比起前一种，也显得微不足道。

例 41. The public admiration which attends upon such distinguished abilities, makes always a part of their reward; a greater or smaller in proportion as it is higher or lower in degree.

公众对这种杰出才能的艳美总构成他们所得回报的一部分，大小同程度高低成正比。

坦率地说，"大小同程度高低成正比"有些让人不知所云。依据原文，"a

greater or smaller in proportion" 指的是 "the part of their reward made up by public admiration","higher or lower in degree" 指的是 "public admiration"。改译如下:

> 公众对这种杰出才能的艳羡是他们所得回报的一部分。招致的艳羡越多,所占回报的比例越大。

例 42. The tram that used to sail along like a ship with all its lights burning was certainly a prettier thing to see than the dismal bus of these days, packed like a doss-house, charging into obscurity.

> 在这些日子里,电车比起凄凉的汽车当然成了更为美观的东西,过去它像船只那样行驶,车厢里灯火通明的,而汽车拥挤得像个廉价客栈,冲向昏暗。

译文中,"它"字出现得不太明智。前面有"电车"和"汽车"两个指代对象,意义含混是意料之中的事。译文不仅表述含混,而且没有理清原文的语法意义。仅就"used to"和"of these days"来说,已经清楚地表明了对比关系:过去的"tram"和今日的"bus"。"在这些日子里,电车比起凄凉的汽车当然成了更为美观的东西"只能归结为表意不清。改译如下:

> 过去,电车像船一样翩然前行,车厢里灯火通明,好看多了。不像现在的公共汽车,挤得像个廉价客栈,一头扎进黑暗之中。

(二) 译文逻辑含混

例 43. Neither must we think that the life of a man begins when he can feed himself, or walk alone, when he can fight or beget his like; for so he is contemporary with a camel or a cow: but he is first a man, when he comes to a certain steady use of reason, according to his proportion; and when that is, all the world of men cannot tell precisely. Some are called at age of fourteen, some at one-and-twenty, some never; but all men late enough, for the life of a man comes upon him slowly and insensibly. But as when the sun approaches towards the gates of the morning, he first opens a little eye of heaven, and sends away the spirits of darkness, and gives light to a cock, and calls up the lark to matins, and by and by gilds the fringes of a cloud, and peeps over the eastern hills, thrusting out his golden horns, like those which decked the brows of *Moses* when he was forced to wear a veil, because himself had seen the face of God; and still while a man tells the story, the sun gets up higher, till he shows a fair face and a full light, and then he shines one whole day, under a cloud often, and sometimes weeping great and little showers and sets quickly: so is a man's reason and his life.

　　当一个人能够饮食自理，或是独自行走了，当他能够拔拳相向或生儿育女了，我们切莫以为，这个时候人的生命开始了；因为这样他便跟一头骆驼或一头牛相差不多。等到他渐渐力所能及，稳当地运用理性了，这时才初次为人。什么时候达到这个程度，天底下的人都休想说个明白。有人十四岁可以说成年了，有人要到二十一岁，还有人终生都没有长大成人。不过所有的人都成熟得较晚，因为人的生命降临时，慢慢悠悠而且不知不觉：恍若朝阳移近清晨的门扉，先透出天堂的一点眉目，驱散了黑暗的邪气，给雄鸡送去曙光，唤醒云雀一鸣晨歌，不一会儿一团云彩的四边涂上了金色，从东山冉冉露出脸来，伸出金灿灿的触角，犹如摩西迫不得已蒙上面罩时装点在眉宇之间的尖角，因为摩西亲眼看见了上帝的尊容。人在讲故事的时候，太阳高高升起，露出一脸姣容，光芒粲然，照耀了一天：不时躲进云端，偶尔洒落大大小小的雨点，骤然夕阳西坠了——人的理性和生命，亦如太阳朝起夕落……

　　本例中译文属于逻辑含混，主要症状是没抓住原文的逻辑脉络。英文原文的逻辑脉络如下：从人生的开端着笔，谈到人之为人，然后讲到所有的人都成熟得比较晚，因为人生的历程是缓慢的，就像太阳在一天中的变化。

　　看清楚这个逻辑走向，就可以知道"the life of a man"不是指"人的生命"，而是指"人生"；"the life of a man comes upon him"不是指"人的生命降临时"，而是指"人生的开端"。

　　还应明确的是，"a camel or a cow"仅仅是随便举出的两个例子，意在表明，如果那样，人就和动物没什么分别。既然"camel"和"cow"不是具有代表性的动物，就完全可以对它们进行"泛化"处理，译成"动物"。这样既不损害原意，又简洁明了。

　　鉴于原文描述了太阳的变化和行程，故而，"and still while a man tells the story"应视为表示时间长短的概念，不是指"人在讲故事的时候"，而是指"不到讲完一个故事的工夫"。这句话之前描述太阳的语句均应按动作发生的时间顺序组句，并应体现出时间上的先后次序。

最后几个小句的安排要考虑主题与句中成分的衔接与连贯。改译如下：

我们不能以为，成人，就是可以自己吃东西，或是独自走路，或是能够打架，或是能生儿育女。如果这样，人就和动物没什么区别了。人只有能不断地正确运用理性时，方可算是成人。什么时候才能做到这一步，世人都说不明白。有些人十四岁就可说是成年，有些人要等到二十一岁，还有些人到老也不行。但人都成熟得比较晚，因为人生的脚步总是轻悄而缓慢的。好比朝阳移近清晨的门扉，先在天空里开启一只小小的眼睛，驱走黑暗的精灵，给雄鸡送去光明，唤云雀来唱晨曲。不一会儿，他又为云彩镀上金边，然后渐渐从东山之上露出脸来。他探出金色的触角，仿佛摩西因看见上帝的尊容而被迫带上面罩时装饰在眉间的尖角。不到讲完一个故事的工夫，太阳已经越升越高，直到现出俊美的面容，放射出全部的光芒。这以后，他会普照一天。当然他也时常会钻入云朵，有时也不免会大雨瓢泼一阵或小雨轻洒一回。之后，他骤然西沉。人的理性的成长和人生的历程亦如太阳朝升夕落的变化过程……

例44. The true test of maturity is not how old a person is but how he reacts to awakening in the midtown area in his shorts. What do years matter, particularly if your apartment is rent-controlled? The thing to remember is that each time of life has its appropriate rewards, whereas when you're dead it's hard to find the light switch. The chief problem about death, incidentally, is the fear that there may be no afterlife—a depressing thought, particularly for those who have bothered to shave. Also, there is the fear that there is an afterlife but no one will know where it's being held. On the plus side, death is one of the few things that can be done as easily lying down.

Consider, then: Is old age really so terrible? Not if you've brushed your teeth faithfully! And why is there no buffer to the onslaught of the years? Or a good hotel in downtown Indianapolis? Oh, well.

真正检验成熟的方法并不是看一个人有多大年纪，而是要看他穿着短裤时在市中心区醒来有什么反应。岁月有何关系？特别是你的公寓要交房租的话。要记住的是，每一次生命都有其相应的报偿，而当你死的时候，连发现电灯开关都困难。顺便说一句，死亡主要的问题在于害怕可能没有来生了——一种令人心寒的意念，特别是对于那些刮脸也要费心的人来说。再则，还有一种害怕：来生是有的，可是谁也不会知道在哪儿托生。从正面来看，死亡是可以像随便躺下那样完成的少数事情之一。

那么来思忖一下：老年果真如此可怕吗？要是你一直认真刷牙的话，就不可怕！为什么没有缓冲之物抵挡岁月的侵袭呢？在印第安纳波利斯城内找家好旅馆怎么样？哦，好吧。

英文原文看破红尘，逍遥洒脱。遗憾的是，译者却没有在轻松随意上做足文章。关键还是忽视了英文逻辑脉络的交织与演进。一点含混就相当于有人说的"那一桶蜂蜜里的一勺柏油"，量虽不大，却足以坏事。

原文以"how he reacts to awakening in the midtown area in his shorts"的奇想作为衡量人成熟的标志。这里面包含的噱头，凭借"要看他穿着短裤时在市中心区醒来有什么反应"这样循规蹈矩的句法，无法得其风神。

接下来的一问，也很有意思："What do years matter, particularly if your apartment is rent-controlled?"属于明知故问。"rent-controlled"是美国政府专门针对低收入阶层提供的优惠租房政策，相当于我国所谓的"廉租房"。由于各州自治，所以各州政策有所不同。不过，大体说来，租金并不会逐年提高。这里的"years"一语双关，既可理解为承上指"年龄"，又可理解为指"年月"，或者说"日子"。这种"双关"属于译者的无奈，可以退而求其次，考虑加个注解，聊作补偿。

要引起重视的是：下文里"each time of life"的"time"不是"occasion"或"instance（次）"，而是"period of time（时期）"。不然，就和"when you're dead"扯不上联系了。至于"On the plus side, death is one of the few things that can be done as easily lying down"这一句，译文也处理得过于一本正经，风趣不足。

另外，笔者曾问过几位不懂英文、也不了解西式幽默的朋友，看他们是否明白为什么"费劲刮了胡子的人"比其他人更介意没有来生，以及"要是你一直认真刷牙的话，就不可怕"。答案是否定的。所以，在括号里添加注解，更有助于读者理解原意。

最后一块绊脚石是"Or a good hotel in downtown Indianapolis"。笔者浅见，该句可以视为"Or a good hotel in downtown Indianapolis can be considered as one example of the buffer to the onslaught of the years"的省略句。而"Oh, well"可以

视为为了阻止话题继续下去，表达无可奈何或厌倦情绪的说法。由此，改译如下：

> 要检验一个人是否成熟，不是看他有多大年纪，而是看他一觉醒来发现自己身着短裤躺在市中心后有什么反应。况且，要是你住廉租房，年纪也无关紧要（反正租金也不会轻易上涨）。要记住，人生的每个阶段都各有所得。可要是死了，就连电灯开关都摸不着了。顺便说一句，关于死的一大问题，就是害怕没有来生——这真让人沮丧。对那些费劲刮了胡子的人来说（死了给谁看呀），更是如此。还有件可怕的事，就是即使有来生，也不知道要在哪儿过。但死也有一样好处，就是只要躺倒就行。世间没有几件事有这么容易。
>
> 那么，想想吧：上了年纪真的很可怕吗？如果你用心刷牙就不觉得可怕了（老了就不会掉牙）。那为什么世间没有什么东西能抵挡岁月的猛攻呢？没准儿印第安纳波利斯闹市区一家不错的旅馆就开了许多年呢？这可就不好说了。

本章之所以如此细致甚至是烦琐地进行例证分析，目的是要证明语义问题在翻译实践中的重要性。语义再现是翻译实践最基本的环节，而最基本的环节恰恰最容易因疏忽而导致失误，故而是目前译作中失误最多的环节之一。

古人说，一屋不扫，何以扫天下？一个有责任感和敬业精神的译者，不可以因某环节属于"枝节"而等闲视之，更不可怀有姑息之意，或疏忽之心。文字是人类思想的载体，译者是文化交流的使者，责任重大，不可不慎重从事。翻译专业的师生更应充分重视语义问题。

第四章

语境翻译案例讲析示例

有关语境问题的研究成果多年来绵延不绝，颇不乏真知灼见。笔者无意在理论方面再做续貂之论，故本章将直接列举翻译案例，分析探讨语境问题对翻译实践的影响。译界通论，语境分为三种：语言语境（linguistic context）／上下文语境（co-text）、情景语境（situational context）、文化语境（cultural context）。本章循此分类及相关问题解析翻译实例。

第一节　上下文语境与翻译案例讲析示例

上下文语境在翻译中的功用是帮助译者确定疑难语义，以及解决原文的衔接与连贯方面的问题。特定的上下文语境中，原语文本单位所体现的特定语义，译者如不注意分辨和把握，就会出现失误。这个问题在翻译教学中应引起足够重视。

例 1. The hero of the film and television drama：cool，violent，sensuous，fugitive，free.

电影和电视剧中的英雄：冷酷、强暴、敏感、亡命和自由。

译文来自某参考书。非常遗憾，"hero""cool""violent""sensuous""fugitive"的译语均为误选，"free"的译语也有失贴切。

考虑上下文，既然是谈论影视作品，"hero"当指"男主角"；既然是描绘男主角的样貌，"cool"自然是指外形特点，即"酷"或"帅"；"violent"并非指人有暴力倾向，而是"showing intense emotion"；"sensuous"并非"敏感"，而是指能使人的感官愉悦；"fugitive"指停留时间短；"free"指不受约束。

考虑到词义的感情色彩，以及中文词汇的音节结构多倾向于使用 2 + 2 的均衡形态，改译如下：

> 影视剧中的男主角：潇洒帅气、激情洋溢、魅力十足、漂泊不定、狂放不羁。

例 2. In 1898 a struggling author named Morgan Robertson concocted a novel about a fabulous Atlantic liner, far larger than any that had ever been built.

1898 年，一个叫摩尔根·罗伯特逊的勤奋作家，虚构了一部关于一艘寓言式的大西洋定期航船的小说，这艘寓言式的船比当时所建的任何一艘船都大得多。

译文来自某参考书。考虑上下文的内容，译文中有几处明显的择词失误：首先，"struggling" 指迫于生计，而非 "勤奋"；其次，"concoct" 的贬义很重，相当于 "编造、捏造"，而小说基本来自虚构，"虚构" 的褒贬色彩就比 "concoct" 弱得多；最后，"fabulous" 则是指 "incredibly great（极为巨大的）"，并非 "寓言式的"。改译如下：

> 1898 年，摩尔根·罗伯特逊，一个迫于生计的作家，炮制了一部小说，写一艘在大西洋上航行、硕大无朋的客运班船的故事。

例 3. Consider the bank of switches and light bulbs pictured in Fig. 2.3.
考虑如图 2.3 中所示的开关和灯泡板。

将 "bank" 译为 "板" 有点牵强。考虑上下文，"bank" 当指 "a set of apparatus or equipment laid out together"，其实就是物理学中所谓的 "电路组合"。改译如下：

> 考虑如图 2.3 中所示的由开关和灯泡组成的电路组合。

例 4. A sharp programmer might be able to modify one of those programs to give free access to certain accounts.
一个敏锐的程序员可能会修改其中的某个程序，以使自己能自由地存取某些账目。

首先，"access（opportunity or right to use something）to certain accounts"是指从某些账户中盗用钱款，只是"取"，不是"存取"，"accounts"指"户头、账户"而非"账目"。其次，由上下文看，程序员居心不良，"sharp"当为贬义，意为"unscrupulous（不择手段的）"。改译如下：

> 一个不择手段的程序员会修改其中的某个程序，以使自己能经由某些账户随意盗取钱款。

例 5. I do not mean that one should be without interest in them, but one's interest should be contemplative and, if possible, philanthropic, but not unduly emotional. Animals become indifferent to their young as soon as their young can look after themselves, but human beings, owing to the length of infancy, find this difficult.

本段文字中，"philanthropic"和"infancy"两词的实际意思和词典释意稍有出入。若照搬词典释意会有因辞害意、破坏译文语篇连贯性之嫌。

放在上下文语境中看，此例引文所出自的段落以及原文的下一段，论述的是老人对成年子女的正确态度。原文指出，过于感情用事不仅于事无补，反而会使亲情更加疏远，不如冷静明智一些，一方面用正确的方式关心子女；一方面为自己寻找新的精神寄托。所谓正确的关心方式是"contemplative"性质的，如有可能，还可以"philanthropic"一点。显然，"contemplative"是指要多体谅理解，这一点没有问题。而"philanthropic"在这样的上下文语境中，按人之常情来看，应是指父母对成年子女的物质帮助。家兄于英国高校执教三十年，据他讲，英国父母与我国相似，如果可能，在子女独立门户之时，总要给予一定的资金支持。由此可以确定"philanthropic"的含义。至于"infancy"，是在比较人类抚养子女与动物哺育幼仔的上下文语境中出现的，应理解为人类从出生直至能够照顾自己的这段时间。有译文如下：

> 我不是说一个人不应当关心孩子，而是说这种关心应该主要是体谅，如果可能，再给予一些经济支持，而不是一味动感情。动物，一旦幼崽能自己照顾自己，就会任其自然；而人类，由于抚养子女的时间长，很难做

到这样。

例 6. Perhaps the quickest way to understand the elements of what a novelist is doing is not to read, but to write; to make your own experiment with the dangers and difficulties of words.

虽然"difficulties of words"容易理解，"dangers"却有点麻烦。考虑到上下文的连贯性，既然原文的核心意思是说只有开始就抱着认同的想法才能从书中获益，并且提到，最好自己动笔试试，才有助于真正体会作家著书的个中甘苦，故而"dangers"应当与"difficulties"含意相近，是形容"创作的艰辛"。故有如下译文：

　　了解小说创作的个中滋味，最有效的途径不是读而是写；最好亲身体验一下推敲文字的艰辛。

例 7. But when you attempt to reconstruct it in words, you will find that it breaks into a thousand conflicting impressions.

有学者说，"The more co-text there is, in general, the more secure the interpretation is（一般说来，提供的上下语境越充分，意义的解读就越容易确定）"（Brown & Yule 1983：50）。此言不虚，若没有上文，此例的后半句就不好把握。

与本例有关的上文是，"Recall, then, some event that has left a distinct impression on you—how at the corner of the street, perhaps, you passed two people talking. A tree shook; an electric light danced; the tone of the talk was comic, but also tragic; a whole vision, an entire conception, seemed contained in that moment"。由此可知，"it"是指"some event that has left a distinct impression on you"。而"you will find that it breaks into a thousand conflicting impressions"所描绘的就是大家都有过的一种生活经验：我们本以为对某事的经过、场景、人物等印象精确，了如指掌，可是一开口才发现，自己的印象其实支离破碎，乱七八糟，根本没办法清楚地陈述出来。理清原文的头绪后，可有如下译文：

　　可是当你想用文字来重现此情此景的时候，头脑中的印象却变得千头万绪，乱七八糟，无从下笔。

例 8. Now we are properly primed—I to tell a curious history, and you to listen to it. It has been a secret for many years—a secret between me and three others; but I am going to break the seal now. Are you comfortable?

这段话有两处地方要放在上下文语境中加以分析：一是"Now we are properly primed"一句里的"prime"，一是"Are you comfortable"这一问句的语用意义。

据词典，"prime"指"give sb plenty of food and drink（in preparation for sth）"，而上文又提到"At ten that evening I ran across Smith, and he asked me up to his parlor to help him smoke and drink hot Scotch"，所以"prime"在此处专指"give sb plenty of drink"。

至于"Are you comfortable"这一问句，处在上下文语境中，就是问"你准备好听我讲故事了吗？"故有如下译文：

> 现在我们喝得差不多了——我来讲一段有趣的往事，你听就行了。这是保守多年的秘密——只有我和另外三个人知道。不过，我现在想把封条撕开。你愿意听吗？（刘建刚、阎建华译，笔者略做修改）

例 9. For the first two years, the war was largely left to the soldiers, whose only objective was victory without regard for political considerations, because these they did not understand.

一见"soldier"这个词，译者通常会想到"士兵"。但在本例的上下文中，可以发现，该词在此处的含义为广义，指"member（usu. male）of an army"，与政府的文职人员相对。故翻译如下：

> 头两年，战事基本交由军人处置。他们一心只想打赢，而不考虑政治因素，因为他们不精于此道。

例 10. Haig was planning a new attack but the Germans beat him and launched theirs on 21 March.

翻译新手往往受制于思维定式，会把"beat"等同于"挫败""战胜"等。这样一来，就与开始的过去进行时态所描述的情形冲突了：进攻计划尚在酝酿，还未来得及实施，怎么会已经挫败了呢？考虑句子所设定的语境因素，"beat"应为"do better than"之意。有如下译文：

就在海格计划新一轮进攻时，德国人棋高一着，抢先于3月21日发起了进攻。（《英汉翻译基础》，笔者略做修改）

例 11. I haven't had a chance to prepare any notes, so all I can do is start talking and play it by ear.

习语"play it by ear"可指"act without preparation according to the demand of the situation; improvise"，意思比较宽泛。而依据本句提供的上下文语境，既然是讲话之前的开场白，那就是指讲话内容是"依照兴之所至"了。有如下译文：

我今天没有什么准备，所以就只好讲到哪儿算哪儿了。（美国之音中文部译）

例 12. "I'd really like to fire this man tomorrow. But if I fire him, his brother will probably leave with him. His brother is one of our best people, and I don't want to throw the baby out with the bath water."

"To throw the baby out with the bath water"的字面意思是"倒洗澡水时，把孩子也一起泼掉"，其实是比喻"在把不想要或不需要的东西扔掉的同时，也愚蠢地抛弃了有价值的意见、计划等"。在本例的上下文语境中，"the bath water"指的是"this man"，"the baby"自然指的就是"his brother"了。有译文如下：

"我真想明天就解雇这家伙。可我要是解雇他，他哥哥也许会和他一起走。他哥哥是我们这儿最好的雇员之一，我可不想因为解雇弟弟而失去哥哥。"（美国之音中文部译，笔者略做修改）

例 13. Algernon. I'm sorry for that, for your sake. I don't play accurately—any one can play accurately—but I play with wonderful expression. As far as the piano is concerned, sentiment is my forte. I keep science for Life.

亚吉能真为你感到可惜。我弹琴并不准确——要弹得准确，谁都会——可是我弹得表情十足。就弹琴而言，我的长处在感情。至于技巧嘛，我用来对付生活。

本例原文体现的是 Algernon 在男仆面前耍嘴皮子。在上下文语境中，"expression" 指的是 "the showing of feeling when you are acting, singing, or playing a musical instrument"，"science" 指的是 "domestic science（家政学）"。因为接下来 Algernon 又说，"And, speaking of the science of Life, have you got the cucumber sandwiches cut for Lady Bracknell?（啊，说到家政，布拉克内尔夫人的黄瓜三明治你给她切好了吗?）" 由此，原译未能充分体现原作的韵味。试重译如下：

阿尔杰农，你没听可太可惜了。我弹琴从不求准——要弹得准，任谁都能做到。我弹琴却倾注了丰富的情感。就弹琴而言，我擅长抒情；就生活而言，我讲究家政。

第二节　情景语境与翻译案例讲析示例

情景语境在语篇学中有时被称为实际语境（the actual context）。其含义包括（Van Dijk 1977：192）：

the period of time and the place where the common activities of speaker and hearer are realized, and which satisfy the properties of "here" and "now" logically, physically, and cognitively（讲话者和听话者共同经历的时间或地点。无论在逻辑上，在事实上，还是在认识上，都有'此时此地'的特质）。

由此，情景语境特别适用于翻译过程中对影响全局问题的总体把握。

比如，有出戏剧名为 "Tradition"。内容是母亲原先放弃了事业上的追求，转而相夫教子，心中却不免遗憾空虚。多年后，女儿涉足演艺事业，虽然屡屡受挫，却绝不放弃。父亲不支持她，想劝其回故乡，以便早日成家，与家人共享天伦。母亲有感于当年轻易放弃的错误决定，全力支持女儿，并助其说服父亲，准其回伦敦继续闯荡。"Tradition" 为一语双关，既指母女俩对事业的追求，又指父亲的保守观念。原译为《家教》，不能传达事业心代代相传这个寓意。考虑到剧本所牵涉的情景语境，可考虑改译为《一脉相传》。

又如，有部电影名为"*It Happened One Night*"。其情景语境如下，20 世纪 30 年代，美国富家女埃莉执意要嫁给一个花花公子，被其父禁足。埃莉趁机逃走，路遇失业穷记者彼得，结成欢喜冤家。但彼得没及时表明心迹，致使埃莉误会，差点误嫁花花公子。影片题目中的"one night"指的是埃莉和彼得两人到达纽约前相处的最后一夜。旧译《一夜风流》容易让人产生错误的联想，与实际情节不符。联系情景语境，埃莉对彼得的感情在最后一夜发生了实质性的变化，可考虑改译为《一夜倾心》或《一夜倾情》。

不仅如此，情景语境在协助译文选词、构句、谋篇方面也有无可比拟的优势。

例 14. If you are a man, you can point out that most poets and men of science are male; if you are a woman, you can retort that so are most criminals.

本例涉及性别偏见，根据其情景语境，有关性别的词语，诸如"man""male""woman""so（指代 male）"，需要选择中性或具有褒贬倾向的词语进行翻译。"Man"和"woman"针对读者，理当选择中性词语；"male"表现男性的自傲心理，应选倾向于褒义或较为礼貌的词语；用以指代"male"的"so"，为女性的反唇相讥，自然要择一贬义或不太礼貌的说法。有如下译文：

如果你是男性，你可以指出，大多数诗人和科学家都是男子；如果你是女性，你可以反驳说，大多数罪犯也都是男人。(《英汉翻译基础》，笔者略做修改)

例 15. Oh death! Thou hast right to the bold, to the ambitious, to the high, and to the haughty; but why this cruelty to the humble, to the meek, to the undiscerning, to the thoughtless?

呜呼，死亡！你有权处置鲁莽者、野心家、高位者、自大者，但对待卑微、温顺、不会辨别、不会思考的人们何以如此残酷。

考虑本例的情景语境，原文饱含激情，有奔腾激荡之势，译文在这点上稍显薄弱。译者将"hast right to"译作"有权处置"稍显抽象，译得具体一点更有助于体现激情色彩。至于"the bold…the haughty"译作"鲁莽者……自大者",音节上为2+1结构,不如按照汉语音节平衡的倾向,变作2+2结构。且"bold"作贬义讲时,既可指"without feelings of shame",也可指"immodest",存在选择词义的问题。考虑到"high"和"haughty"在后,可断定"bold"的含义为前者。而"the humble…the thoughtless"译为"卑微……不会思考的人们",音节结构为2、2、2+2、2+2,不如译为四个2+2结构有气势。另外,此处的"thoughtless"是指"not aware of the possible effects/consequences of one's actions,etc",译作"不会思考的"未免显得过于绝对。改译如下:

> 呜呼,死亡!你尽可以铲除那些厚颜无耻、野心勃勃、高高在上、不可一世的人,但对待地位卑微、性情温顺、是非不辨、头脑简单的人何以也如此无情。

例16. Our hosts hovered over us. Did we like the carviar? How was the Khachapuri (a kind of bread)? Why weren't we eating more roast chicken? We were finally saved from certain *crise de foie* by Aleksandro, just before the shashlik arrived.

这段描述异国客人参加一家格鲁吉亚人的家宴的感受。主人一家热情好客的形象跃然纸上。不过,有几处需要译者格外留心:"hovered over""*crise de foie*",以及两个问句里的第一人称代词。

根据情景语境,"hovered over"形容主人对客人的热心照顾,后面接的三个问句都是转述主人的问话。因此,要么按中文惯例只保留主要信息而省略人称代词,要么译为"问我们……又问我们……"。显然,后一种处理方式过于烦琐了。

至于法文"*crise de foie*",意为"severe indigestion",指主人盛情款待,客人吃得快要撑着了。有译文如下:

> 主人一家一直在我们身边照应。喜不喜欢鱼子酱?加查普利(一种奶酪面包)好吃吗?为什么不多吃点烤鸡呀?上烤肉串前,多亏亚历山德罗解围,我们才总算没吃撑。(《英汉翻译基础》,笔者修订)

例17. Recall, then, some event that has left a distinct impression on you——

how at the corner of the street, perhaps, you passed two people talking. A tree shook; an electric light danced; the tone of the talk was comic, but also tragic; a whole vision, an entire conception, seemed contained in that moment.

译者应注意的是："A tree shook…"一句是"two people talking"的场景，"that moment"指代前面事件的发生时刻。故有译文如下：

回想一件你记忆犹新的事吧。比方你在街道的拐角见到两个人谈话。当时，树影婆娑，灯光摇曳，两人的语气悲喜交加。那一瞬间似乎蕴含了完整的意境，全面的构思。（《英汉翻译基础》，笔者略做修改）

例18. Bex Simon：Bex Simon.
     I've heard a lot about your gallery.
     I wasn't expecting a piece like this from a former rock star.
  Rufus：I prefer "one-hit wonder".

本例来自电视剧 *Gossip Girl* 第一季第四集。情景语境是 Bex Simon 来 Rufus 经营的画廊看画。她对 Rufus 说，没想到 Rufus 以前是摇滚明星，竟然能选这幅画来卖。意思是恭维 Rufus 有艺术眼光。Rufus 自谦说，自己算不得摇滚明星，只是"one-hit wonder（指某个乐队或歌手仅凭一首单曲知名，之后就再无有影响的歌曲）"而已。考虑到文化差异和字幕翻译的特点，Bex Simon 说的第二句恭维话和 Rufus 的自谦接话按中文习惯译出，更符合情景语境，也更有利于观众理解。故应译为：

贝克斯·西蒙：（我叫）贝克斯·西蒙。
     你这画廊我久闻大名，但想不到前摇滚明星这么有眼光。
鲁弗斯：承蒙抬举。

例19. Back off—tiger mom！

本例来自 2 *Broke Girls* 第一季第九集。情景语境是卡洛琳看了韩写的歌，说

"This is a lovely start, but". 韩截住她的话头说，"I know what you are saying. You need to practice more, Han. You never will be as good as your sister, Han. Whole family going on vacation without you while you practice, Han. Back off—tiger mom!" 中间那些话，显然是韩小时候他妈嫌弃他的话。他最后冲卡洛琳吼的这句，意思是卡洛琳还真当她自己是"tiger mom（管教孩子特别严厉的母亲）"，竟然敢嫌弃自己老板写的歌。考虑到情景语境、上下文的连贯，以及说话人的语气，不宜直译。笔者建议字幕译为："边儿去，你又不是我妈！"

例20. It was on one of these occasions that I met the Cartwrights. I was staying with a man named Gaze who was head of the police and he came into the billiard-room, where I was sitting, and asked me if I would make up a four at a bridge-table.

英文描写动作、事件的发生顺序一般是通过语法手段。上述段落仅凭时态变化就能把事情的发生经过介绍得一清二楚。译者却需要借助相关的情景语境，找出并补足适当的时间状语，才能使译文的叙述变得同样清楚明白。考虑到情景语境因素，有如下译文：

就是在一次这样的场合，我遇到了卡特赖特一家。当时我住在警察局长盖兹家里。那天我在弹子房坐着，盖兹进来问我想不想打桥牌，他们三缺一。（《英汉翻译基础》）

例21. "Say, young fellow, take my line a spell, and change my luck for me."

"How do you know I won't make it worse?"

"Because you can't. It has been at its worst all night. If you can't change it, no harm is done; if you do change it, it's for the better, of course. Come."

"All right, what will you give?"

"I'll give you the shark, if you catch one."

"And I will eat it, bones and all. Give me the line."

"Here you are. I will get away, now for a while, so that my luck won't spoil yours; for many and many a time I've noticed that if—there, pull in, pull in, man, you've got a bite! I knew it would be. Why, I knew you for a born son of luck the minute I saw you. All right—he's landed. "

"嗨，小伙子，替我拿会儿鱼线，好改改我的<u>霉运</u>。"

"你怎么知道我不会把运气搞得更糟呢？"

"不会更糟啦，因为昨夜里已经糟透了。如果你改变不了我的坏运气，也没什么大碍；如果你真能让它改变，就是往好处变。来吧。"

"好吧。那你给我什么好处呢？"

"我把鲨鱼给你，如果你能逮住一条的话。"

"我会把它整个儿吃下去，刺儿也不吐一根。把<u>鱼线</u>给我。"

"拿着。我现在要走开一会儿，这样，我的晦气就不会冲了<u>你的好运</u>。好多好多次我都发现，要是——你看！往上拉，往上拉，小伙子，鱼上钩了！我就知道会这样。怎么样，我一见你就知道你是个天生的<u>幸运儿</u>。好啦——拉上来了。"（刘建刚、阎建华译，笔者略做修改）

本例原文是一个暂时时运不济的青年和他在海边遇到的一夜没钓到鱼的渔人之间的部分谈话内容。其中，有数个词语（已用横线标出），需通过情景语境判断究竟是正面词义还是负面词义，再据以选择合适的译文（已用横线标出）。

例 22. There's a little battle going on right now that ought to pretty well fix things—one way or another.

这是电影《乱世佳人》中男主人公 Rhett 对葛底斯堡（Gettysburg）战役的评论。所谓 "one way or another" 指战役解决问题的两种方式——"胜利"或"失败"。有如下译文：

现在正在打一场小小的决定性战役……不管谁胜谁败总会有个结果。（王志民译）

例 23. I'm angry. Waste always makes me angry! And that's what all this is. Sheer waste.

这是《乱世佳人》中男主人公 Rhett 针对女主人公 Scarlet 说 "I've never heard you talk like that before" 的回答，反映了他对南北战争的看法——"waste"。既然讲的是不应当发动的战争，那么就不再是指物质的浪费，而是指对人生命的浪费。有译文如下：

> 我很生气。我向来痛恨人浪费生命。而这一切就是浪费，纯属浪费生命。（王志民译，笔者略做修改）

例 24. Well, look your head off—but don't bustin' in here. This isn't a public park.

原句是电影 *It Happened One Night* 中，男主人公 Peter 为了误导侦探，打消他们的怀疑而故意说的话。上文侦探说 "We're looking for somebody"，Peter 就根据口语惯用法 "laugh, scream, talk, etc one's head off" 杜撰了 "look your head off"，意思是 "使劲儿找"。本例中，"bustin'" 为 "busting" 的口语变体，略去了鼻音，其动词原形 "bust" 是指 "(of the police) raid (a house) or arrest sb."。考虑到特定的情景语境，有如下译文：

> 哼，你爱咋找咋找——但别在这儿撒野，这儿不是公园。（魏淑花译，笔者略做修改）

例 25. Presently a strange whisper began to be heard about the palace. It grew louder; it spread farther. The gossips of the city got hold of it. It swept the dukedom.

联系情景语境，原文描写的是流言的传播情况和方式：从宫廷，到都城的市井小民，到公国全境；从小范围的议论，到尽人皆知。译文必须有所体现。有如下译文：

> 不久，一个小道消息在宫廷附近悄悄传开了，越传越广，越传越远。这消息先是被都城里专爱搬弄是非的人知道了，再后来，就传遍了整个公国。（刘建刚、阎建华译，笔者略做修改）

第三节 文化语境与翻译案例讲析示例

文化语境包括原文所依托的文化及社会背景。若译入语文化有对应表达，可考虑借用。若译入语文化无对应表达，宜直译者可直译；不宜直译者，可考虑加上文内注释，以便利读者阅读。当然，如果情况复杂，也可考虑添加脚注或尾注。

例 26. 老公寄存处

据美媒 2014 年的一篇报道①，有些南方城市（深圳、长沙、武昌、镇江、贵港等）的购物场所开设了"老公寄存处"，为那些不愿陪妻子逛街的丈夫提供休息之处。据该报道刊载的图片，目前国内采用的英译主要有两种："Husband Cloakroom"和"Husband Restroom"。这两种译法的问题显而易见，此处就不赘述了。

事实上，欧洲一些国家（如英国）和澳大利亚均有类似的处所。据柯林斯词典，此类处所在英式英语的口语表达中应为"man crèche"。澳大利亚英语也采用此种说法。近年来，国外的此类处所逐渐使用"husband crèche"的称呼。鉴于美媒记者认为此类处所的设置很有新意，可推断其为美国所无。笔者认为，此例英译可直接借用国际上通行的英语说法。

例 27. The Chinese zodiac is used to reference years, in much the same way that Westerners make reference to the Gregorian calendar.

中国的属相是用来纪年的，正如西方人使用格里高利历（即公历）纪年。

"The Chinese zodiac"是借用西方占星术用语以解释中国的"属相"，不宜译成"中国的黄道十二宫"，因为"黄道十二宫"是西方占星术的概念，很多中国读者未必了解；也不能译为"用干支纪年"，因为这并非原意。另外，中译"格里高利历"后面括号内的注解是为了中文读者阅读便利而添加。

---

① 报道题为 *China Has Daycare for Husbands Who Hate Shopping*。

例 28. "I am an earth pig" is a well understood answer, giving common reference not just on age, but also on character and preferences. It even influences your love life, as some signs are meant to be more compatible than others.

若答"我是土猪年生人",大家都听得懂。这个回答不只提到年纪,还点明了性格和喜好,而且可能影响到爱情生活。因为有些属相更加般配。

"土猪年"的"土"是五行所属,现在较少有人提及。但原文既然写了,译者理当还原。至于"more compatible"涉及姻缘婚配,自然要按中国文化惯例,笔者译为"更加般配"。

例 29. "If you look at the relationship between parent/child and grandchild—what I call the vertical family as opposed to the horizontal family—those family bonds are as strong as ever and may, in fact, have increased in strength in recent generations," argues Apter, who points to young people staying at home for longer, people living longer, and more and more grandparents looking after grandchildren.

原文中,"the vertical family"和"the horizontal family"分别对应中国文化中所谓"三代同堂的大家庭"和"仅由父母孩子构成的小家庭",故应采用中文对应说法,而不应直译为"垂直家庭"和"水平家庭"。笔者译文如下:

阿普特博士指出,"如果看看父母/儿女和孙辈的关系,三代同堂的大家庭与仅由父母孩子构成的小家庭相比,亲情并不见淡薄,近年还可能更浓厚了"。她还提到年轻人独立门户的时间延迟,人类寿命延长,祖父母照顾孙辈的情况越来越多。

例 30. My brother Dick is a smart, good-looking guy. But none of my friends want to go out with him because he's such a cheapskate. His idea of showing a girl a good time is to take her to MacDonald's for a hamburger and then to the zoo because admission is free.

不熟悉美国文化的读者也许不明白,为什么女孩子会对迪克请她们去麦当劳吃汉堡包表示不满。原因很简单：麦当劳是快餐连锁店，几个美元就可打发一顿；而请人到正式的饭店吃饭，起码要付麦当劳一倍以上的饭钱。所以，如果在英美请人吃饭，一般要去正规餐馆品尝法国菜、意大利菜等异国风味的菜式。由此，"to take her to MacDonald's for a hamburger" 的译文要充分体现上述文化背景。故有如下译文：

> 我弟弟迪克人聪明，长得也英俊。可我的朋友没人愿意跟他一起出去玩儿，因为他是个小气鬼。他认为带女朋友出去好好玩玩，就是在麦当劳吃汉堡包，因为便宜；再去动物园转转，因为不要门票。（美国之音中文部译，笔者略做修改）

例 31. "Our history teacher is a good talker but there isn't much real meat about history in what he says. I'd like to ask him, 'Where's the beef?' because we sure don't learn much from him."

"我们的历史老师很能夸夸其谈，但是他讲的课没有实质性的内容。我真想问问他，实质性的内容在哪里，因为我们真是没有从他那里学到多少东西。"（美国之音中文部译，笔者略做修改）

"Where's the beef?" 来自美国某快餐店的电视广告：一位老太太在别家快餐店里买了个汉堡包。打开一看，里面只有小小的一块肉。老太太惊讶又生气地说："Where's the beef?" 意思是嫌弃汉堡包里的牛肉太少。因为牛肉饼是汉堡包的实质性内容，"Where's the beef?" 就被用在口语中，质问实质性内容在哪里。由此，"Where's the beef?" 不可直译，而要译出其实际含义。

第四节　文化语境的读者期待与翻译案例讲析示例

总地说来，与上下文和情景语境有关的意义再现问题多属于语义选择的范畴，与文化语境有关的意义再现问题还常需顾及读者的心理期待。有学者（Fawcett 1997：124）将与文本读解有关的期待称为 "presupposition（预设）"，并提出，"预设" 可分为两种：与语言使用有关的 "linguistic presupposition（语言预设）"，与语境、知识和文化有关的 "non-linguistic presupposition（非语言预设）"。毋庸置疑，我们认识客观世界，理解事物，需借助以往的生活经验。这些经验在我们的潜意识中积淀下来，就是我们判断、认识新事物的出发点。正是这种积淀在潜意识中的经验最终形成了影响读者解读的预设或期待。语言学家已经注意到，文化预设影响着读者的解读策略，可能会导致误解误读（Byram 2000：495）。而对译文读者而言，他们也不可避免地对译文怀有特定的预设或期待。在这种情况下，译者不能无视读者的期待，需令译文照顾到读者的期待。

例 32. …yet，as it sometimes happens that a person departs this life，who is really deserving of all the praises the stone-cutter carves over his bones；who is a good Christian，a good parent，child，wife，or husband；…

本例的最后一部分如果直译为"……好教徒、好父母、子女、妻子或丈夫"，就会与中文读者对小说语言文采的基本期待大相径庭，其译文的阅读效果可想而知。译者必须要顺应读者的文化期待，有译文如下：

不过，也有辞世的人确实当得起石匠刻在墓碑上的好话，真的是虔诚的教徒，慈爱的父母，孝顺的儿女，贤良的妻子，尽职的丈夫……（杨必译，笔者略做修改）

例 33. He halted in the district where by night are found the lightest streets，hearts，vows and librettos.

原文中，"lightest"一贯到底，接管了一串名词。译文却不能无视中文读者的语言文化期待而译得过于单调，应采用不同的形容词来修饰不同的名词。笔者译文如下：

他跑到一处停了下来。每逢夜晚，在这儿都能找到最热闹的街道、最欢愉的心情、最草率的誓言和最轻快的歌声。

例 34. According to Apter's research，60% of mother-in-law/daughter-in-law bonds are described by some strong negative terms such as "strained" "uncomfortable" "infuriating" "depressing" "draining" "simply awful". But surely this is no surprise? The Roman satirist Juvenal，in 100AD，wrote，"Domestic accord is impossible as long as the mother-in-law lives." The 18th-century English novelist Henry Fielding observed, "The word mother-in-law has a terrible sound." To say nothing of all those mother-in-law jokes: "My mother-in-law's an angel. Reply: Oh, you're lucky, mine's still alive."

本例的翻译，特别是例中划线的引语部分，要注意译语选择应考虑中文读者的阅读感受。笔者译文如下：

> 根据阿普特博士的研究，六成人描述婆媳关系用了"紧张""拘束""惹气""压抑""耗人""一团糟"这类非常负面的词语。但这没啥可奇怪的吧？古罗马的讽刺作家朱文纳尔在公元 100 年写道，"岳母健在则家无宁日"。18 世纪的英国小说家亨利·菲尔丁评论说，"丈母娘这词儿的发音很难听"。关于配偶母亲①的种种笑谈就更不用说了。比如，"我婆婆简直是天使。② 答曰：你真幸运，我们家那位可还没升天呢"。

例 35. "Do you know, I have seen every movie with Madonna in it at least five times. Just seeing her picture in a magazine gives me goose bumps—she's such a beautiful woman!"

美国俚语中的"goose bumps"与"goose-flesh"和"goose-pimples"意义相近。不过，后两者基本等同于中文的所谓"鸡皮疙瘩"，形容人的皮肤因受冷或害怕而产生的反应。如翻译后两者，完全应当译为"鸡皮疙瘩"而不是"鹅皮疙瘩"，以顺应中文读者的期待。但"goose bumps"就不可一概而论了。它除了表示人见到讨厌的东西或觉得寒冷时的反应外，还可以描述情绪激动的状态。比如，本例原文是出自 Madonna 的某崇拜者之口，他所说的"goose bumps"是表示他每次看到偶像时的激动心情。如果译为"鸡皮疙瘩"，反而会背离译文读者的期待，所以只能放弃形象意义。由此，可考虑这样翻译：

> "你知道，麦当娜演的每部电影我都至少看五遍。哪怕看到她登在杂志上的照片，也让我激动不已。她真是漂亮。"

---

① 英文中婆婆和岳母是同一个词，翻译时需根据具体情况判断实际所指。
② 意思是说话者的婆婆人特别好。

例 36. On Sept. 22, members of Hollywood royalty, including Leonardo Di-Caprio, Harvey Weinstein, and Nicole Kidman, flocked to the seaside Chinese city of Qingdao for the opening of a cinema complex owned by developer Wang Jianlin, whom Bloomberg calls China's richest man.

9 月 22 日，好莱坞的显赫人物云集青岛，参加被彭博公司称为中国首富的王健林拥有的某电影城的开建仪式。

一般而言，外媒报道被译为中文时，要根据中文读者的兴趣点做编译处理。此例中列举的好莱坞名人——男星 Leonardo DiCaprio，制片人 Harvey Weinstein，女星 Nicole Kidman，并非多数中文读者耳熟能详的人物，故译者可考虑略去这些人名。此外，译文也可将 "a cinema complex" 的实际所指（即 "东方影都影视产业园"）写明。

例 37. China's Internet users labeled the event an "Extravaganza of Tuhao" and a celebration of "Haollywood" [sic] because while Wang's company spent a considerable amount of cash to lure the big names to Qingdao, the event's fusty Chinese flavor reduced its glamour factor.

中国网民将该活动称为 "土豪盛会" 和 "豪莱坞" 庆典。尽管为吸引名流前来青岛参加活动，王健林的公司花费不菲，但中国风味却削弱了这次活动的吸引力。

本例英文报道中提到的 "Extravaganza of Tuhao" 和 "Haollywood" 都是西方记者根据中国的说法翻译过去的，译者译成中文时需要进行还原。尤其是 "Haollywood"，需在网上查证相关中文报道，确认原来的中文说法。

第五节　多语境并存与翻译案例讲析示例

译者面临的原语文本复杂多样，远不像语言学家们拿来做个案分析的语段那么典型而统一，有时可能出现两种或两种以上语境协同动作，共同影响译者活动的情况。

例 38. "How funny, how supremely, wonderfully funny! I'll be the perfect mother just as I've been the perfect wife, and no one will ever know. "

本例为电影中的男主人公 Maxim 行为放荡的前妻 Rebecca 在得知自己身患绝症，且已病入膏肓之后，为了激怒 Maxim，促使其杀死自己，以免受病痛折磨所说的话。她谎称与他人有了孩子，并说这孩子将来就是 Maxim 的合法继承人，谁也无法证实孩子的非正当身份。因此她将不仅是 "the perfect wife"，还必然成为 "the perfect mother"。她称这一切是 "supremely, wonderfully funny"。有了这样的情景语境作为翻译的背景，就可以确定语言的基调——"挖苦"加"无礼"。

除此之外，"the perfect wife"，"the perfect mother" 和 "How funny, how supremely, wonderfully funny" 的翻译还存在一个迎合中文读者心理期待的问题。如果把 "the perfect wife" 和 "the perfect mother" 直译为 "完美的妻子" 和 "完美的母亲" 固然可以，但对于中文习惯来讲，终究不那么顺眼顺耳。所以，译者可以考虑采用中文的习惯说法——"贤妻""良母"。这段文字是电影对白，因而，"How funny, how supremely, wonderfully funny" 一句在设定的情景语境中，从选择 "funny" 的对译，到句子结构的组织，都需要考虑读者或观众对此类场合的对话所形成的文化期待或预设。有译文如下：

"真可笑，太可笑了，可笑之极！我将会成为良母，就像我一直都是贤妻一样，没人会了解内情。"（缪雪如等译，笔者修改）

例 39. We didn't know much about each other twenty years ago. We were guided by our intuition; you swept me off my feet. It was snowing when we got married at the Ahwahnee. Years passed, kids came, good times, hard times, but never bad times. Our love and respect has endured and grown. We've been through so much together and here we are right back where we started 20 years ago—older and wiser—with wrinkles on our faces and hearts. We now know many of life's joys, sufferings, secrets and wonders and we're still here together. My feet have never returned to the ground.

译文 a：20 年前我们相知不多，我们跟着感觉走，你让我着迷得飞上了天。当我们在阿瓦尼举行婚礼时天在下雪。很多年过去了，有了孩子们，有美好的时候，有艰难的时候，但从来没有过糟糕的时候。我们的爱和尊敬经历了时间的考验而且与日俱增。我们一起经历了那么多，现在我们回到 20 年前开始的地方——老了，也更有智慧了——我们的脸上和心上都有了皱纹。我们现在了解了很多生活的欢乐、痛苦、秘密和奇迹，我们依然在一起，<u>我的双脚从未落回地面</u>。

译文 b：二十年前，未相知时。然郎情妾意，梦绕魂牵。执子之手，白雪为鉴。弹指多年，添欢膝前。苦乐相倚，不离不变。爱若磐石，相敬相谦。今二十年历经种种，料年老心睿，情如初见，唯增两鬓如霜，尘色满面。患难欢喜与君共，万千真意一笑中。便人间天上，痴心常伴侬。

此例原文为 2011 年 3 月乔布斯结婚 20 周年之际写给妻子的情书。这是情景语境。同时，译者的译文需满足中文读者对情书的阅读期待。

《乔布斯传》的译文，即译文 a，显然没有很好地做到这点。虚线标出的部分文字轻佻，横线标出的部分显然属于翻译腔，且整体阅读效果很不理想。于是，网友们纷纷自己动手，译文 b 据称是互联网上最受欢迎的文言译文。但以内行人的眼光审视，译文 b 应属受激发的创作，并非通常意义上的翻译。理由是，译文 b 虽有所本，却未严守原意，中文行文也有诸多欠妥之处。比如，"未相知时。然郎情妾意"的逻辑衔接问题，"白雪为鉴"应为"白雪为证"，"弹指"和"多年"的搭配问题，"添欢膝前"与当时乔布斯三个婚生子女的年龄不匹配，"年老心睿"为实情而非"料"想，"侬"的歧义问题，等等。译文 b 既然是网友的随兴之作，自然不必苛责其行文方面的缺失。但这也从另一个方面说明，读者对《乔布斯传》中欠缺情书味道的译文有多么不满意。由此，译者万不可轻视读者期待问题。

试重译如下：

20 年前，你我相知尚浅。但两情相悦，我情不自已。我们在加州阿瓦尼酒店举行婚礼时，漫天飞雪相随。光阴飞逝，我们已为人父母，经历过欢乐美好，也有过坎坷艰辛，仍旧情深意笃。你我互敬互爱，情意历久弥深。我们共历风雨，如今故地重游，脸上的皱纹虽然泄露了年纪，心上的皱纹却昭示了智慧。我们体会了人生的悲喜、奥妙，依然相伴相依，我心依旧为你痴狂。

例 40. HOP: So this is what has been happening during my illness! (*She smiles unpleasantly.*) Tennis lessons, my foot! I suppose I've got to hand it you for a fast worker. How did you manage it? Still waters certainly run deep! (*Suspi-*

ciously.) Tell me, have you been doing anything you shouldn't?

这段话是所谓上流社会的典型语言。尽管太太夫人们摆出一副骄傲高贵的姿态，语言背后却透露出附庸风雅、浅薄庸俗的真实嘴脸。

霍珀太太知道自己雇的"companion"即将与富豪 Maxim 结婚，并觉察出自己不受欢迎以后，恼羞成怒，说了这席话。表面上，温文尔雅，没有一句话包含了不雅之词；实际上，含沙射影，旁敲侧击，锋芒毕露。她自己一肚子不干不净，反倒以小人之心度君子之腹，讽刺挖苦起别人来了。这样的情景语境为"my foot"，"I suppose I've got to hand it you for a fast worker"，"How did you manage it"以及"have you been doing anything you shouldn't"的翻译处理设定了背景和方向。译者只要联想到平常的生活经验，就一定会找到合适的解决办法。

需要注意的是，不可忽视本段对话的社会特色，即"语言要与所谓上流人士的身份相称"，不宜采用太过直白或不雅的词句。比如"I suppose I've got to hand it you for a fast worker"这句，有译文将其译为"看来我应称你为勾引男人的老手"，就有点过头了。套用一句老套的话说，就是"剥下了温情脉脉的面纱"，过于露骨，因而有悖原文。另外，"Still waters certainly run deep"固然可以保留形象译成"可真是静水流深"，但作为影视作品，直译的效果就不如满足人们文化期待的译法——"真是真人不露相呀"——来得直接、强烈。

综合上述因素，有如下译文：

> 霍珀：这就是我生病期间你干的事。(她不痛快地笑了笑) 网球课，骗人！你的动作可真不慢！你怎么得手的？真是真人不露相呀！(猜疑地) 告诉我，你该不是做了什么不该做的事吧？(缪雪如等译，译文有改动)

例 41. When you were ten years old a daughter was born to Ulrich. We grieved, but hoped for good results from measles, or physicians, or other natural enemies of infancy, but were always disappointed. She lived, she throve—Heaven's malison upon her!

为了篡权夺位，克卢根斯坦男爵杀死其女出生时的所有知情者，以女儿冒充儿子养大。这是其女将作为男性合法继承人前往其兄的公国协助管理政务而离家前，克卢根斯坦男爵秘密对她讲明事情原委时所说的话。

根据上下文语境，男爵的语言里饱含恨意，"good results from measles, or

physicians, or other natural enemies of infancy" 实际上是描述了他希望其兄之女夭折的种种设想。译者处理时，不可以只按字面译作"希望她最好因为麻疹、医生或其他幼儿期的意外而丧命"。如果那样翻译，第一，体现不出当时男爵言语中泄露的刻骨仇恨；第二，语气平淡，不符合中文读者的心理期待。此情此景中，"She lived, she throve"的含义就不单单是"她活下来了，健康地长大了"。这样译，男爵强烈的不满和嫉恨就无形中被淡化了，与情景语境所展示的语气存在较大差异。有译文如下：

> 你长到十岁的时候，乌尔里克生了个女儿。我们很痛苦，只希望她最好染上麻疹夭折，或断送在庸医手里，或遭遇其他幼儿期的意外而丧命。不过结果总让人失望。她不仅活了下来，还健康地长大了——天杀的东西！（刘建刚、阎建华译，笔者略做修改）

下面一例关于棒球运动的文字，是三种语境交互出现的情形：

> 例 42. There may never have been another baseball con man like Dizzy Dean, the great St. Louis Cardinals pitcher, who often used the sport for his own amusement. One day the New York Giants put runners on first and second with two out, and Dean intentionally walked Hughie Critz to load the bases. It seemed like a dumb move as the dreaded Bill Terry, the last National Leaguer ever to hit 400 was next up.
>
> But Dean walked down from the mound and confronted Terry at the plate. "Bill," he said, "I'm sorry to do this to you, but I promised a girl I'd strike out with the bases loaded."
>
> And he did—on three pitches.

第一行中的"con man"为口语习惯用语，意为"person who swindles others into giving him money, etc"。若直译为"骗子"，显然会破坏译文的连贯。联系上下文，可以考虑译为"捣蛋/捣鬼/耍花招/耍花样"。再揣摩原文的语气，不仅不含贬义，反而有称道欣赏的意思。所以可筛除几个贬义倾向明显的译法，而选用"捣蛋"。因为"捣蛋"在口语中可带有"爱称"色彩。

第一段第二句中的"one day""first""second""two"，以及第二段第一句中的"the mound"和"the plate"需要联系情景语境来确定其所指意义。其中，

"one day" 指 "一次比赛的某日"；"first" 和 "second" 指 "the first base（第一垒）" 和 "the second base（第二垒）"；"two" 指两名队员；"the mound" 指 "pitcher's mound（投球区土墩）"；"the plate" 指 "home plate（本垒）"。

第一段第二句中的 "out" 和 "walk" 则需要联系相应的文化语境，即棒球比赛方面的知识，才能确定其实际内涵。"out" 的含义是 "If a batter（击球手）fails to advance in an appropriate manner to at least the first base（第一垒），he is 'out'"，即 "出局"。"walk" 的含义是 "Whenever the batter does not swing at a pitched ball（投出的球），and the ball does not cross the plate inside the strike zone（击球区），the umpire（裁判）standing behind the catcher calls the pitch a ball（一投）. If four balls are thus called in a turn at bat（某击球手执棒期间）—that is，before the pitcher（投球手）has thrown three strikes and before the batter has hit the ball into fair territory—the batter is entitled to go to first base，the recipient of a base on balls，also known as a walk"，即 "投出四个坏球使击球手上一垒"。

综合考虑上述各种语境因素，可有如下译文：

再没有比迪恩更能捣蛋的棒球运动员了。他效力于圣路易斯队，是个出色的投球手，常借比赛之机取乐。一次，对方纽约巨人队的跑垒队员已经占了一垒和二垒，另有两名队员出局。迪恩故意投出四个坏球让克里茨上垒。这一招看来很不明智，因为接下来上场的击球手是上届全美联赛打满负荷 400 分的名将比尔·特里。

可迪恩从投球区的土墩上下来，走到本垒上的比尔面前，说："比尔，对不起啦。我答应了一个姑娘，要在你们队满垒的时候，让你三击不中出局。"

真是说到做到——他投出三个好球，比尔却三击不中。（《英汉语篇翻译》，笔者略做修改）

由前述翻译案例分析可见，翻译实践是灵动、变化、复杂的存在，译者必须要有开放的眼界和时刻警醒的头脑。翻译教师应该让学生充分认识到这一点，并努力帮助学生开阔眼界，训练头脑。

第五章

语用翻译案例讲析示例

语言学名家利奇（Geoffrey N. Leech）指出，关于语义研究和语用研究存在三种看法，图示如下（Leech 1986：6）：

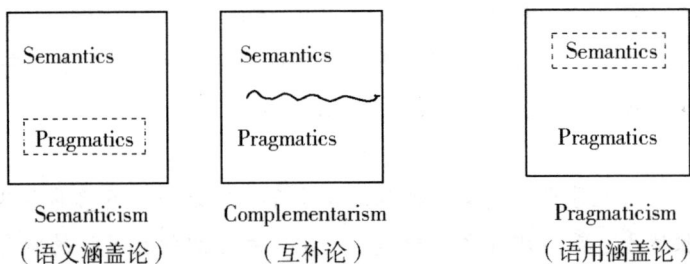

Semantics Pragmatics	Semantics 〜〜〜〜〜 Pragmatics	Semantics Pragmatics
Semanticism （语义涵盖论）	Complementarism （互补论）	Pragmaticism （语用涵盖论）

利奇（Leech 1986：6）认为，语义和语用是相关且互补的研究领域，并提出：

Semantics traditionally deals with meaning as a dyadic relation…while pragmatics deals with meaning as a triadic relation…Thus meaning in pragmatics is defined relative to a speaker or user of the language, whereas meaning in semantics is defined purely as a property of expressions in a given language, in abstraction from particular situations, speakers, or hearers（就学术传统而言，语义学研究二维意义关系，而语用学研究三维意义关系。因此，语用学对意义的界定要考虑讲话者或语言使用者，而语义学对意义的界定不考虑特定情境、特定讲话者或听话人，纯是某语种表达方式的特质）。

莱文森（Levinson 1987：24）也强调语用学对语言使用者和语境的关注，他认为："Pragmatics is the study of the ability of language users to pair sentences with the contexts in which they would be appropriate（语用学研究的是语言使用者将句

子与其相应的语境搭配使用的能力）。"依据莱文森的论述，语用学的研究范围
包括："deixis（指示语）"，"implicature（语用含意）"，"presupposition（前提关
系）"，"speech acts（言语行为）"，以及"aspects of discourse structure（话语结
构的各个方面）"（Levinson 1987：27）。在莱文森（Levinson1987：27）看来，

> the upper bound of pragmatics is provided by the borders of semantics，and
> the lower bound of pragmatics is provided by the borders of semantics，and the
> lower bound by sociolinguistics（and perhaps psycholinguistics too）（语用学的上
> 限由语义学的范围来界定，下限则由语义学的范围和社会语言学［或许还
> 有心理语言学］的下限共同界定）。

根据多年的教学和实践，笔者认为，语用学研究领域对翻译行为影响最为
直接的包括"person deixis（人称指示）"，格赖斯提出的"cooperative principle
（合作原则）"，利奇提出的"politeness principle（礼貌原则）"，以及"illocution-
ary force（言外之力）"。本章将重点讨论上述问题如何左右译者的选择与决断。
需要说明的是，本章所援引的翻译案例译文均经笔者修订，出处列入参考书目，
不再一一注明。

第一节　人称指示语翻译案例讲析示例

人称指示语中，第二人称指示语的英译汉问题较为棘手。何自然先生
（1997）在其著述中谈到，中文和英文中都有下面的用法：第二人称指示可泛指
任何人，也可指代第一人称指示语"我"。英文依据的衔接手段复杂多样，
"you"的上述用法出现在行文之中，其功能推断可依靠其他衔接手段的联合作
用，不仅不会对文字的连贯性构成不良影响，还会以其偏离常规的面貌吸引读
者的注意，从而造成特定的修辞效果。译成汉语时，由于汉语习惯上多依赖词
汇衔接手段，如果把上述第二人称指示的用法照搬到文字中，会打破以代词复
现达成衔接的惯例，继而可能由于不同人称代词的交叉使用导致连贯性的丧失，
影响了文字的修辞效果。译者应格外重视这个问题。

以下三例能较典型地反映此方面的问题，其原文均取自海明威的短篇小说
The Snows of Kilimanjaro（《乞力马扎罗山上的雪》）。

例1. You kept from thinking and it was all marvelous. You were equipped with good insides so that you did not go to pieces that way, the way most of them had, and you made an attitude that you cared nothing for the work you used to do, now that you could no longer do it. But, in yourself, you said that you would write about these people; about the very rich; that you were really not of them but a spy in their country; that you would leave it and write of it and for once it would be written by someone who knew what he was writing of. But he would never do it, because each day of not writing, of comfort, of being that which he despised, dulled his ability and softened his will to work so that, finally, he did no work at all. The people he knew now were all much more comfortable when he did not work. Africa was where he had been happiest in the good time of his life, so he had come out here to start again. They had made this safari with the minimum of comfort. There was no hardship; but there was no luxury and he had thought that he could get back into training that way. That in some way he could work the fat off his soul the way a fighter went into the mountains to work and train in order to burn it out of his body.

本例的前半部分所用代词是"you"，后半部分是"he"。根据上下文可以断定，前半部分是男主人公的心理活动，"you"实际上是指"我"。可是，不管是将"you"照搬过来译成"你"，还是按照实际意义译成"我"，都免不了因为代词的对比而破坏文字的连贯。如果能先考虑清楚"you"的修辞意图，就能找到妥当的译法。

海明威的这篇小说描述了一位作家沉迷物质享受，痛感才思枯竭、精神窒息，想通过狩猎旅行使自己重新振作，以挽回其艺术生命的倾颓之势。所以，展现在读者眼前的是交织在一起的种种反差：主人公往昔经历的片段与目下生活的片段，深刻的自省与堕落的无奈，奋斗的愿望与现实的无所作为，对目前生活的极度厌倦与对重新开始的强烈渴望……"you"与"he"的对比所体现的正是这种愿望与现实的巨大差距，所反映的正是主人公对自己目前的生活方式和精神状态的深刻反省。这里面包含了复杂的情感，能给读者以深深的触动。

考虑到中文多用词汇衔接手段的传统，再加上中文惯用无主句，少用代词的倾向，完全可以把前半部分用无主句译出，辅之以轻度自嘲的口吻，与后半部分作者所采用的旁观者式冷静客观的议论笔调相对。译文如下：

不让自己思考，真是妙极了。天生一副好内脏，所以就没垮下来，像绝大多数人那样垮下来。总以为既然现在不干了，对以前做的工作也就不当回事了。但在内心深处，却对自己说，要写写这些人，这些富人。自己不是他们中的一员，而是像密探一样观察他们的圈子。以后离开那圈子，就可以写一写。这样，就头一次会由一个知道自己在写什么的人来执笔了。可他不可能再写了。他每天不动笔，过着舒适的生活，扮演着自己所鄙夷的角色，已经磨去了才能的锋芒，消磨了工作意志。结果，他干脆什么也不干了。如果他不工作，现在与他交往的人们会觉得更舒服些。在一生的快乐时光中，非洲曾是使他最开心的地方，所以他现在到这里来想重新开始。他们尽量把这次狩猎旅行搞得不那么舒适。虽不艰苦，但也绝不奢侈。他以为这样可以重新锻炼自己。就像拳击手到山里去工作、训练，消耗掉体内的脂肪一样，他想通过这么做来除掉自己灵魂中的脂肪。

例 2. We must all be cut out for what we do, he thought. However you make your living is where your talent lies. He had sold vitality, in one form or another, all his life and when your affections are not too involved you give much better value for money. He had found that out but he would never write that, now, either. No, he would not write that, although it was well worth writing.

本例中，第一、二、三人称指示语交叉使用，翻译难度较大。本例原文中，"you"的作用相当于"one"。人称指示语的混合运用，主要是为了区分主人公的心理活动和作者的评论，造成对比的效果。

与英文不同的是，中文的行文可以通过文字含义的内部暗示来达成此种修辞意图，而不必采用代词混用。译文如下：

他想，人生来是什么材料，就做什么事。人人都凭那份天赋谋生。他一生都在以这种方式或那种方式出卖生命力。要是感情上不太投入，就会更看重金钱。虽然发现了这一点，但他现在不会写，以后也不会去写。不，他不会去写的，虽然这很值得一写。

例 3. He had been contemptuous of those who wrecked. You did not have to like it because you understood it. He could beat anything, he thought, because no thing could hurt him if he did not care.

本段文字的上文写了 Julian 原先对富人抱有浪漫的想法，当他了解了富人生活的真相之后，就精神崩溃了。本段是写主人公对这件事的看法。"you"在这里相当于"one"，可译为泛称名词"人"。译文如下：

他一向看不起那些崩溃的人。人不一定非要去喜欢自己了解的东西。他觉得自己是打不倒的，因为只要他不在乎，就没有东西能伤害他。

第二节　语用原则与翻译案例讲析示例

语用含义领域里，最重要的理论当属格赖斯（H. P. Grice）的"合作原则（co-operative principle）"。莱文森（Levinson 1987：101）将其核心观点概括为：

Make your contribution such as is required, at the stage at which it occurs, by the accepted purpose or direction of the talk exchange in which you are engaged（按照交谈的既定的目的与走向的要求，在适当的时候讲该说的话）。

格赖斯还在合作原则名下划分出四条"会话准则（maxims of conversation）"（Levinson 1987：101 – 102）：

1. The maxim of Quality（质的准则）
try to make your contribution one that is true, specifically：
（i）do not say what you believe to be false
（ii）do not say that for which you lack adequate evidence
2. The maxim of Quantity（量的准则）
（i）make your contribution as informative as is required for the current purposes of the exchange
（ii）do not make your contribution more informative than is required
3. The maxim of Relevance（关系准则）
make your contributions relevant
4. The maxim of Manner（方式准则）
be perspicuous, and specifically：

（ⅰ）avoid obscurity

（ⅱ）avoid ambiguity

（ⅲ）be brief

（ⅳ）be orderly

另外，利奇（Leech 1986：132）提出了"礼貌原则"作为"合作原则"的补充，其内含准则如下：

（ⅰ）Tact Maxim （得体准则）

　　（a）Minimize cost to *other*

　　（b）Maximize benefit to *other*

（ⅱ）Generosity Maxim（慷慨准则）

　　（a）Minimize benefit to *self*

　　（b）Maximize cost to *self*

（ⅲ）Approbation Maxim （赞誉准则）

　　（a）Minimize dispraise of *other*

　　（b）Maximize praise of *other*

（ⅳ）Modesty Maxim （谦逊准则）

　　（a）Minimize praise of *self*

　　（b）Maximize dispraise of self

（ⅴ）Agreement Maxim （一致准则）

　　（a）Minimize disagreement between *self* and *other*

　　（b）Maximize agreement between *self* and *other*

（ⅵ）Sympathy Maxim （同情准则）

　　（a）Minimize antipathy between *self* and *other*

　　（b）Maximize sympathy between *self* and *other*

一般来说，人们在谈话时会遵循"合作原则"，但有时也会故意违反其中的某一准则，由此而产生会话含意。利奇（Leech 1986）认为，人们在对话中违反"合作原则"，常常是为了遵守"礼貌原则"。凡语言学领域论述这两种原则的著述，其语言素材均为日常生活或社交语言，并均支持上述观点。

不过，译者面对的是文学语言，即小说、戏剧或影视作品中的人物对白，与日常生活或社交语言相比较，情况更为复杂。笔者拙见，文学语言中，除了偶尔存在一段话中同时违反一种以上"合作原则"准则或次准则的现象而外，还常出现有意违反一种或一种以上"礼貌原则"准则的情形。译者需认真思考，努力再现。下面，笔者将主要选取戏剧对白和电影剧本作为例证，来说明上述原则对翻译的影响。

例 4、例 5、例 6 的引自英国作家米尔恩（A. A. Milne）的独幕剧 *The Boy Comes Home*。

例 4. Emily. Philip, your uncle is waiting to see you before he goes to the office. Will you be long, dear?

Philip (*from the dining-room*). Is he in a hurry?

James (*shortly*). Yes.

Emily. He says he is rather, dear.

Philip. Couldn't he come and talk in here? It wouldn't interfere with my breakfast.

James. No.

Emily. He says he'd rather you came to him, darling.

Philip (*resigned*). Oh, well.

本例中，Emily 婶婶的问话"Will you be long"是问 Philip 吃完早饭还要多长时间，译文应当清楚地体现这个意思。Philip 答非所问，违反了关系准则，表明他不再是一个对大人唯命是从的孩子，而是一个成熟的退伍军人，译者必须注意采用从容不迫的语气。

Philip 建议 James 叔叔到餐厅来跟自己谈话，委婉地违反了一致原则。由上文的语境可以看出，James 叔叔很有一家之主的架子。由此推断，他不太可能理会这个建议。Philip 紧接着补充的那句话表示，他也想到自己的建议会被 James 叔叔拒绝，可他不打算立即收回建议做出让步，反映了他已经长大成人，不想再被长辈的意见所左右。译文理当体现这种隐藏在彬彬有礼的句式后面的张扬个性。

Emily 婶婶的话可以看成违反了方式准则，她之所以把句子拖长，是为了遵循同情准则。她喜欢 Philip，不想让他不高兴。

考虑到上述因素，译文如下：

爱：腓力，你叔叔等着和你说话，说完了还要去办公室呢。你还要很长时间吗？

　　腓（从餐厅里）：他着急吗？

　　詹（简短）：嗯。

　　爱：他说有点儿。

　　腓：他能不能到这边来谈？反正又不影响我吃早饭。

　　詹：不。

　　爱：他说他愿意你上他那边去谈。

　　腓（无可奈何）：唉，好吧。

例 5. James (taking out his watch). A *bit* late! I make it just two hours.

Philip (pleasantly). All right, Uncle James. Call it two hours late. Or twenty-two hours early for tomorrow's breakfast, if you like.

本例中，Philip 的后一句话违反了质的准则，表面上是在遵守一致准则和同情准则，实际上也违反了这两条准则，所表达的是 Philip 的反叛情绪。体现写作意图的译文如下：

　　詹：晚了点儿！整整俩钟头了！

　　腓（和悦地）：好吧，叔叔，就算是两个钟头吧。如果您高兴，说成提前二十二个钟头吃了明天的早饭也行。

例 6. James (coldly). You come into your money when you are twenty-five. Your father very wisely felt that to trust a large sum to a mere boy of twenty-one was simply putting temptation in his way. Whether I have the power or not to alter his dispositions, I certainly don't propose to do so.

Philip. If it comes to that, I am twenty-five.

James. Indeed? I had an impression that that event took place in about two year's time. When did you become twenty-five, may I ask?

Philip (quietly). It was on the Somme. We were attacking the next day and my company was in support. We were in a so-called trench on the edge of a wood—a damned rotten place to be, and we got hell. The company commander sent back to ask if we could move. The C. O. said, "certainly not; hang on." We hung on; doing nothing, you know—just hanging on waiting for the next day.

Of course, the Boche knew all about that. He had it on us nicely… (Sadly.) Poor old Billy! He was one of the best—our company commander, you know. They got him, poor devil! That left me in command of the company. I sent a runner back to ask if I could move. Well, I'd had a bit of a scout on my own and found a sort of trench five hundred yards to the right. Not what you'd call a trench, of course, but compared to that wood—well, it was absolutely Hyde Park. I described the position and asked if I could go there. My man never came back. I waited an hour and sent another man. He went west too. Well, I wasn't going to send a third. It was murder. So I had to decide. We'd lost about half the company by this time, you see. Well, there were three things I could do— hang on, move to this other trench against orders, or go back myself and explain the situation… I moved… And then I went back to the C. O. and told him I'd moved… And then I went back to the company again… (Quietly.) That was when I became twenty-five… or thirty-five… or forty-five.

本例中，James 叔叔开始的那段谈话违反了赞誉准则（"a mere boy of twenty-one"）和同情准则，一副专制家长的架势，口气强硬。Philip 的回答违反了质的准则，反映了他决心对抗叔叔的意志。

James 叔叔接下来的话违反了方式准则，说了那么多，其实是为了体现嘲讽的口吻。Philip 的回答则违反了量的准则的第二条和方式准则的第三条，大力描绘战争过程，目的是向叔叔表明自己已经成人，已具有决断的能力，暗示叔叔应该放权。反映这些内涵的译文如下：

> 詹（冷冷地）：你年满二十五就能拿到那笔钱。你父亲是个明白人，知道把一大笔钱交给一个才二十一岁的毛孩子就等于引他做坏事。不管我是否有权力改变他的安排，我都不打算违背他的意愿。
>
> 腓：说到这事儿，我可是满二十五了。
>
> 詹：当真？我怎么记得这事儿还得等两个年头呢。请问你什么时候满的二十五？
>
> 腓（平静地）：在松末河。第二天要进攻，我们连是预备队。我们待在一个不成战壕的战壕里，在一个树林边儿上——他妈的简直不是人待的地方。连长派人回去请示能不能挪个地方。指挥官回话说："不行；守住阵地。"我们守在那儿；无所事事，您明白吧——只是钉在那儿等到第二天。

德国鬼子自然了解我们的意图，打得我们伤亡惨重……（伤心地）可怜的比利！那么好的人——您知道，他是我们的连长，被他们打死了。可怜的家伙！结果就轮到我做代理连长了。我派了个通信兵去请示能不能换个地方。因为我自己去侦察过，发现右边五百码远处有一个类似战壕的东西。当然比不上真正的战壕，可比起那个树林子来——嗯，简直就是天堂了。我让通信兵说明地势情况，请示可不可以换到那儿去。可是我的通信兵一去不复返了。我等了一个钟头，又派了一个人去。他也上了西天。嗯，我不打算再派人了。那简直是让人去送死。我只好自己拿主意了。您知道，这时候我们连已经损失了一半弟兄。嗯，我们有三条路可走——要么原地不动，要么不顾上头的命令挪到另外那个战壕里去，再不然就是我自己上指挥部去讲明我们的处境……我命令转移……然后去指挥部报告已经转移……然后又回到连里……（平静地）就在那天我变成二十五岁……或者三十五……或者四十五。

例7、例8、例9、例10引自美国作家米德尔顿（George Middleton）的独幕剧 *Tradition*。

例 7. Mary.　Yes; I know. How's he doing?

Ollivant.　He's commencing to get on his feet. Takes time and money for any one to get started these days.

Mary.　But he's still in partnership with Bert Taylor, isn't he?

Ollivant.　Yes. He'd have been somewhere if he'd worked in with me as I did with *my* father. Things should be handed down. I offered him the chance, tried to make him take it, as your mother knows; but that college chum—nice e-nough fellow, I've heard—turned his head another way. (Lighting his pipe and puffing slowly.) It's best to humor a young fellow's ideas if he sticks them out, but I'd like to have had us all here together now. the place is big enough even if he should want to marry. Your mother and I came here, you know, when your grandfather was still alive.

本例中，Ollivant 对 Mary 的头一个问题的回答违反了量的准则和方式准则，体现了父亲对长子的偏爱。他对 Mary 的后一个问题的回答则违反了关系准则、量的准则和方式准则，一方面仍旧反映了对长子的偏爱与宽容的心理，不理会女儿关于其兄是否已独立谋生的问话中所包含的轻微责问语气；另一方面则表明了自己的愿望和观点。翻译父亲的话，语气应当体现慈祥、和蔼的口吻。译文如下：

> 玛：我明白。他混得怎么样？
> 欧：他开始站得住脚了。这年头，一个人想创业总得费点儿工夫、花点儿钱的。
> 玛：可他还在给伯特·泰勒打工，对吗？
> 欧：对。他当初要是跟着我干，像我从前跟你们爷爷干一样，他早就干出个样儿来了。代代相传嘛。我当时给他机会，劝他接受，你妈都知道。可他大学里的朋友——听说人倒不坏——把他的心引到别的路上去了。（点着了烟斗，慢慢地吸）年轻人要是坚持己见，还是顺着他的好。可我真希望全家人现在能聚到一块儿。房子这么大，你哥结婚都够用。你知道，你妈和我搬到这儿来的时候，你爷爷还在世呢。

例 8. Ollivant (persistently). But what will you do when you get there?

Mary. What I've done before：hunt a job, tramp the streets, call at the offices, be snubbed and insulted by office-boys—keep at it till I get something to do.

Ollivant. Come, come, Mary; don't make me lose patience. Put your pride in your pocket. You've had your fling. You've tried and failed. Give it all up and stay home here where you can be comfortable.

本例中，女儿 Mary 的回答违反了量的准则的第二条和方式准则的第三条，列举了种种艰难情形，显示了她不为所动，打算坚持到底的决心。父亲 Ollivant 接下来的话违反了得体准则、赞誉准则、一致准则和方式准则，反映了他急于使女儿改变主意，宁可使用较为激烈的言辞。译文如下：

> 欧：你回了纽约又能干什么呢？
> 玛：过去干什么还干什么：找工作，来回奔走，到办公室登门拜访，去听办事员的冷言冷语——直到我找到事儿做。
> 欧：哎呀，玛丽，你可别惹我发火。别太讲面子了。你也过了瘾了。你试过，结果不成。还是别干了，待在家舒舒服服过日子吧。

例 9. Ollivant. Well, you seem to think it's mighty important, Mary, whatever it is; but it's too much for me. If you had something to show for it I wouldn't mind. But you're just where you started and you might as well give up.

本例中，父亲 Ollivant 的话违反了赞誉准则、一致准则和同情准则，态度强硬，一心想打消女儿从事演艺行业的念头。译文如下：

欧：哎，玛丽，不管你说的是什么，你好像以为那很重要。可我就是弄不明白。要是你能搞出点儿名堂来给我们看，我倒也没意见。可你又没什么进展，何苦硬撑呢？

例 10. Ollivant. Well, if you ever get a husband with those ideas of yours you'll see what a wife has to do. (*He goes to her.*) Mary, it isn't easy, all this you've been saying. But your mother and I are left alone, and perhaps we *have* got different views than you. But if ever you do see it our way, and give up or fail——well, come back to us, understand?

Mary (*going to him and kissing him*). I understand how hard it was for you to say that. And remember I may come back a success.

Ollivant. Yes. I suppose they all think that; it's what keeps them going. But some day, when you're in love and marry, you'll see it all differently.

Mary. Father, what if the man does not come——or the children?

Ollivant. Why—— (*He halts as though unable to answer her.*) Nonsense. He'll come, never fear; they always do.

本例开始时，父亲 Ollivant 回答女儿 Mary 的问题——"Dear mother, what has she to do"——的一段话违反了量的准则第二条和方式准则第三条，但遵循了同情准则，表现了他虽然持不同看法，却愿意向女儿让步，不失慈父之心。Mary 的回答违反了一致准则，却没有背离同情准则，表明她理解父亲的想法，但不放弃对成功的期望。Ollivant 紧接着的话语违反了量的准则第二条和方式准则第三条，表明他还是希望女儿最终能放弃对事业的执着，去追寻家庭的天伦之乐。Mary 的问题间接地违反了一致原则，是对父亲的老派观念的质疑。Ollivant 的回答违反了质的准则，表示他虽然对自己的旧式思维产生了怀疑，却不愿就此彻底改变立场。译文如下：

欧：好，要是你满脑子这种想法嫁了人，你就知道身为人妻该怎么过日子了。（他走近她）玛丽，你说这些话也不好受。你妈和我孤零零地留在家里，可能跟你看法不同。要是有一天，你回心转意，不想干了，或者干不下去了——就回家来，记住没有？

玛（走近父亲，吻他）：我知道您这么说不容易。别忘了，我也许会得胜回家的。

欧：是啊，人人都这么想；这是动力。可是有一天，你恋爱了，结婚了，想法就不同了。

玛：爸爸，要是没有丈夫——没有孩子呢？

欧：嗯？——（他停住了，好像回答不了这句话）胡说。会有的，不用担心；一定会有的。

例11、例12、例13 引自美国作家莫利（Christopher Morley）的独幕剧 *Thursday Evening*。

例11. Gordon (looks at her cautiously, and suddenly seems to realize that they are on the edge of an abyss). Now, honey, you're tired. You go and rest, I'll finish up here.

Laura. No, thank you. I like to see that everything gets cleaned up properly. Someone might come snooping out here, and then there'd be hints about my housekeeping. Of course, I'll admit I wasn't brought up to be a cook—

本例中，Laura 说的话违反了量的准则第二条，方式准则第一、三条和得体准则，体现了一个从小娇生惯养的少妇对婆婆挑剔家事的反感，用语尖酸，含沙射影。译文如下：

戈（小心地看了她一眼，忽然好像醒悟过来他们已经站在深渊的边缘）：宝贝儿，你累了，去休息吧。我来收拾。

劳：不了，谢谢。我得亲眼看着所有的东西都擦干净。不然有人又要偷偷检查，好来影射我的理家能力了。自然，我得承认我没准备长大了做厨娘——

例 12. Gordon. Great Scott, what did you think marriage was like, anyway? Did you expect to go through life having everything done for you, without a little hard work to make it interesting?

Laura. Is it necessary to shout?

Gordon. Now let me tell you something. Let's see if you can ratify it from your extensive observation of life. Is there anything in the world so cruel as bringing up a girl in absolute ignorance of housework, believing that all her days she's going to be waited on hand and foot, and that marriage is one long swoon of endearments—

Laura. There's not much swooning while you're around.

本例中，丈夫 Gordon 开始的措词违反了同情准则，显示了他对妻子 Laura 的不满。Laura 的回答违反了关系准则，她要么是从丈夫的话中发觉了自己的观点不切实际，要么就是不愿任由这场口角继续升级。不论如何，Gordon 觉得还不解气，又说了一段话来讥讽 Laura 家没有把她教好，违反了得体准则和同情准则，引得 Laura 反唇相讥，打断他的话。Laura 违反了赞誉准则和同情准则，激得 Gordon 在下文中使用了更为尖刻的语句。译文如下：

戈：哎哟，你以为结婚是怎么回事，到底？难道你以为可以活一辈子，什么事都有人替你做，自己不出一点力，就过得有滋有味？

劳：你非得大声嚷嚷不可吗？

戈：我来跟你说几句。你见过世面，你来评评理。你看世界上有没有比这更让人吃不消的事——把个女孩儿养大，却不教她如何居家过日子，以为她一辈子都会给伺候得无微不至，以为结婚就是沉醉于卿卿我我之中——

劳：跟你这种人，想醉也醉不了。

例 13. Mrs. Sheff. Poor children, they have such a lot to learn! I really feel ashamed, Mrs. Johns, because Laura is an undisciplined little thing, and I'm afraid I've always petted her too much. She had such a lot of attention before she met Gordon, and was made so much of, it gave her wrong ideas.

Mrs. Johns. I wish Gordon was a little younger, I'd like to turn him up and spank him.　He's dreadfully stubborn and tactless—

　　Mrs. Sheff.　But I'm afraid I *did* make a mistake.　Laura was having such a good time as a girl, I was always afraid she'd have a hard awakening when she married.　But Mr. Sheffield had a good deal of money at that time, and he used to say, "She's only young once, let her enjoy herself!"

　　Mrs. Johns.　My husband was short-sighted, too. He had had to skimp so, that he brought up Gordon to have a terror of wasting a nickel.

　　Mrs. Sheff.　Very sensible.　I wish Mr. Sheffield had had a little more of that terror.　I shall have to tell him what his policy has resulted in.　But really, you know, when I heard them at it, I could hardly help admiring them.　(*With a sigh.*)　It brings back old times!

　　Mrs. Johns.　So it does!　(*A pause.*)　But we can't let them go on like this. A little vigorous quarreling is good for everybody.　It's a kind of spiritual laxative. But they carry it too far.

本例中, Laura 的母亲 Sheffield 女士的自责遵守了谦逊准则和同情准则, 语气谦和。Gordon 的母亲 Johns 女士谈论 Gordon 的话遵守了同情准则, 口气直率。

Sheffield 女士从 Laura 的父亲身上找原因的话, 仍是遵守了谦逊准则和同情准则, 体现了反省和自责的倾向。Johns 女士从 Gordon 的父亲身上找原因的话, 违反了得体准则, 但遵守了同情准则, 贬抑自己丈夫的生活态度和教子方式是为了缓和气氛。

Sheffield 女士接着话茬说的前半段话遵循了一致准则和同情准则, 后半段话则违反了关系准则, 是老太太常有的怀旧情绪的正常流露, 赋予这段戏剧对白以生活的真实感。Johns 女士的话先遵守了一致准则, 接着又违反了一致准则, 因为她意识到必须终止小两口的争吵。她接着说的话违反了量的准则和方式准则, 目的是提醒亲家母警惕这次龃龉的严重性。译文如下:

　　薛: 这两个孩子, 还要学多少事呀! 真是不好意思, 亲家, 劳拉一点不懂规矩, 都怪我一直宠着她。她认识戈登之前, 让人照顾惯了, 跟个宝贝似的, 她都不知道自己是谁了。

　　钟: 我恨不得戈登小上几岁, 好按着他打一顿屁股。他脾气特倔, 一点儿不会来事儿——

　　薛: 我的的确确犯了错误。劳拉小时候事事称心, 我一直担心她婚后要大失所望。可她父亲那时手头宽裕，总是说，"一辈子也就年轻一回，让她快活快活吧"。

钟：戈登他爸爸目光短浅。自己要省吃俭用，就把儿子教得一个铜子儿也不敢乱花。

薛：这是对的啊。我恨不得孩子他爸也手紧一点儿。我回去得跟他说说他那放任政策的后果。可是，说真格的，听他们小两口拌嘴，我还真美慕。（叹了口气。）叫人想起从前哪！

钟：可不是！（小停。）可咱们不能让他们再这么吵了。偶尔拌个嘴也不坏，算是一种发泄呗。可他俩闹得太厉害了。

例14、例15、例16、例17引自电影 *Casablanca*。

例 14. ST（Strasser）：What's your nationality?

［Rick looks at him a moment before replying.］

RI（Rick）：I'm a drunkard.

［Strasser looks closely at him.］

RE（Renault）：Ha, ha! That makes Rick a citizen of the world.

RI：I was born in New York city, if that'll help you any.

ST：（to Rick—very amiably）I understand that you came here from Paris at the time of the Occupation.

RI：There seems to be no secret about that.

ST：Are you one of those people who can't imagine the Germans in beloved-Paris.

RI：Not particularly my belovedParis.

Heinze：（slightly laugh）Can you imagine us inLondon?

RI：When you get there, ask me.

本例中，夜总会老板 Rick 对德国少校 Strasser 的问题避而不答，违反了关系准则，目的是要避免惹来不必要的麻烦。中文若直接译为"我是酒鬼"，则：第一，会因为"酒鬼"一词贬义太重，失掉故意言不及义的调侃味道；第二，会因为"酒鬼"与国籍在关联层面上相差过于悬殊，致使观众觉得语言跳跃太大，从而影响接受效果。所以，要考虑用词汇衔接而意义不连贯的行文来体现原文意图。

　　继警长 Renault 的话之后，Rick 说出了自己的出生地，其语言违反了质的准则（因为由出生地可以推知国籍，这个信息等于回答了提问，Rick 很明白却故作糊涂），显示了玩世不恭的态度。Strasser 看出 Rick 有意回避问题关键，所以接下来的话违反了方式准则，采取了旁敲侧击的方式。他进一步的问话违反了同情准则，想要逼 Rick 表态。

　　Rick 再度违反关系原则，转而去谈巴黎，又一次避开了问题的关键。德国军官 Heinze 的问题违反了谦逊准则，既是继续追问，又反映了德国人当时的自大心态。Rick 仍抱定不介入政治的立场，又一次违反了关系准则，避免了直接表态。译文如下：

　　　斯特：你是哪国人？
　　　[里克打量了他一会儿才说]
　　　里克：酒场中人。
　　　[斯特拉瑟盯着里克]
　　　雷诺：哈哈！里克因此变成世界公民了。
　　　里克：我生在纽约，没准儿你想知道这个。
　　　斯特：（很温和地对里克说）据我所知，你是在巴黎被占领的那天，从那儿过来的。
　　　里克：这好像不是什么秘密。
　　　斯特：你是不是和有些人一样，不愿德国人占领他们心爱的巴黎？
　　　里克：我并不特别爱巴黎。
　　　汉斯：（微微一笑道）依你看，我们能占领伦敦吗？
　　　里克：等你们到了那儿，再来问我。

　　例 15. RE：Well drinking. I'm very pleased with you. You are getting to live like a Frenchman.

　　RI：That was some going-over, your men gave my place this afternoon. We just barely got cleaned up in time to open.

　　本例中，Rick 的回答背离了关系准则和方式准则第三条，表现了抱怨和挖苦的口气。译文如下：

　　　雷诺：喝得不赖。我对你非常满意。你过得越来越像法国人了。

里克：这儿给翻了个底儿朝天。今天下午你的手下干得不错呀！我们收拾得差点儿不能按时开门儿。

例 16. LA（Laszlo）：Isn't it strange that you always happened to be fighting on the side of the underdog?

RI：Yes, I found that an expensive hobby, too. （Rick thinks a moment）But then I never was much of a businessman.

本例中，Rick 答非所问，违反了量的准则第二条和方式准则第一、三条，绕来绕去，就是不入正题。译文如下：

拉兹：你每次都站在被压迫者一边，不是太巧了吗？

里克：就是，我也发现这种嗜好花钱不少。不过呢，我做生意从来都不精明。

例 17. RI：What of it? Then it'll be out of its misery.

LA：Do you know how you sound, Mr. Blain? Like a man who's trying to convince himself of something he doesn't believe in his heart. Each of us has a destiny, for good or for evil.

RI：（drily）I get the point.

LA：I wonder if you do. I wonder if you know that you're trying to escape from yourself and that you'll never succeed. What you're meant to do will follow you wherever you go. That is what I mean by your destiny.

本例中，Laszlo 的两段话都违反了量的准则第二条和方式准则第三条，他急于说服 Rick 面对自我，但尚未决定是否该实话实说，语气十分急切。译文如下：

里克：那有什么不好？那样就可以摆脱苦海了。

拉兹：你知道你这话给人什么感觉吗，布莱恩先生？听起来像是在自欺欺人。我们每人都有自己的命运，不论吉凶。

里克：（干巴巴地）我明白了。

拉兹：真不知道你懂是不懂！也不知道你知不知道自己是在逃避，而且无处可逃。不论走到哪里，你都得去做命中注定要做的事。这就是我所说的命运。

例 18. A：Your son's really taken to Annette.

B：He used to like playing with snails when he was a child.

B 的话违反了关系原则，表明了说话者认为儿子现在喜欢安妮特就和小时候喜欢玩蜗牛一样，纯属反常行为。同时，也表达了说话者对此事非常不满。译者必须按照口语中表达不满语气的方式，对 B 所使用的"一般过去时"陈述句进行处理。译文如下：

A：你儿子很喜欢安妮特。

B：他小时候还喜欢玩儿蜗牛呢。

例 19. A：Beirut is in Peru, isn't it?

B：And Rome is in Romania, I suppose.

B 的回答背离了质的原则，体现了嘲讽的口气。译者应该格外注意。译文如下：

A：贝鲁特在秘鲁，是吧？

B：照这么说，罗马就在罗马尼亚了。

例 20. A：How do you like my painting?

B：I don't have an eye for beauty, I'm afraid.

B 为避免让 A 丢面子，其回答违反了关系原则，以自贬的方式间接表示了"不喜欢"的含义。译文如下：

A：喜欢我的画儿吗？

B：我这人怕是没有艺术眼光。

第三节　言外之力与翻译案例讲析示例

语用理论中对翻译构成影响的理论还有所谓"illocutionary act（以言行事［言外之力］）"所体现的"force（用意）"。莱文森（Levinson 1987：236）将"以言行事"解释为：

> the making of a statement, offer, promise, etc. in uttering a sentence, by virtue of the conventional *force* associated with it（or with its explicit performative paraphrase）.（凭借相关的习惯用意，或明确的行动释意，构句以陈述观点、给出提议、做出许诺等）

上述概念给予实际翻译操作的启示是：原文的字面意义被直接译入目的语后，若不能充分表达原文意图，则可看作具有"用意"。此时，译者往往要对行文进行"显化"处理，尤其在注重观众反应的影视对白中更是如此。以下将举例说明。

例21和例22的原文引自电影 *Tossie*。

例21. "You get me out of this. I don't care how you do."

此例是影片中的男主角 Michael 在男扮女装反串角色走红后，想要引退时，对朋友说的话。后一句字面上是"我不管你怎么做"，其实是说"随便你用什么办法"。译文如下：

"你得帮我脱身。用什么办法都行。"

例22. "He sees pretty simply. You are happy; you are unhappy; married and not married. There is nothing in between. I try to get him to take another woman after my mother died, but…"

此例中，"you"为泛指。"You are happy; you are unhappy; married and not married"是举例说明 Julie 的父亲看事情的方式——非此即彼。译者要注意其内

在的选择关系。

应注意的是，不论是把"I try to get him to take another woman"译成"我曾劝他再找一位"，还是"我想让他再找个女人"，都不合适。首先，中国讲究长幼之别，这两种译法不合乎人们对影片中女儿的话语期待。其次，这两种译法违反了中文的礼貌原则，显得对谈话所涉及的第三方缺乏必要的尊重。

基于上述考虑，译文如下：

> "他看问题很简单：不是高兴，就是不高兴；不是结了婚，就是没结婚。从不模棱两可。妈妈过世后，我想让他再找个伴儿，可是……"

例 23. "…What about me? You think anybody is gonna to believe I was living out of this. I mean…I mean…they will kill me."

"You think anybody is gonna to believe I was living out of this"非常口语化。这种语言体现了朋友之间的随意口吻，中文译文也要相应地口语化。至于"they will kill me"当然是夸大其词，仅仅是指"不会有好果子吃"罢了。译文如下：

> "再说我怎么办？你以为有谁会相信我没掺和进来吗？我是说……是说……他们也不会饶了我。"

例 24. "What's the matter, old cock?" Compton said.

"Bad leg," he told him. "Will you have some breakfast?"

"Thanks. I'll just have some tea. It's the Puss Moss you know. I won't be able to take the Memsahib. There's only room for one. Your lorry is on the way."

Helen had taken Compton aside and was speaking to him. Compton came back more cheery than ever.

"We'll get you right in," he said. "I'll be back for the memsahib. Now I'm afraid I'll have to stop at Arusha to refuel. We'd better get going."

"What about the tea?"

"I don't really care about it, you know."

此例选自海明威的短篇小说 *The Snows of Kilimanjaro*，是主人公 Harry 幻觉中的情景。人物对话的语言非常随便，属于生活口语，其逻辑连贯靠的是语境的暗示联系。Compton 回答是否吃早饭的那句"Thanks"应当看作婉言谢绝。"I won't be able to take the Memsahib"中将"memsahib"的首字母大写，致使有译者误以为"the Memsahib"为飞机名。其实，本例中已先提及，搞到的飞机名为"the Puss Moss"，接着又说飞机小，除了飞行员只能搭载一名乘客，中间又使用了"一般将来时"的否定式，可以断定此处首字母大写只是表示强调语气，不是指飞机的名字。并且稍后还有这样一句话："I'll be back for the memsahib"，可以确定不是飞机。实际上，"memsahib"是对欧洲已婚女性的尊称，大体相当于中文的"太太"。"What about the tea"的译文也值得斟酌，应当与上文 Compton 说"I'll just have some tea"联系起来考虑。译文如下：

"怎么了，老兄?"康普顿问道。

"腿坏了"，他告诉他。"来点儿早饭吗?"

"不啦。喝点儿茶就行。那个'天社蛾'飞机吧，只坐得下一个人，不能带你太太一起走。你的卡车还在路上。"

海伦把康普顿领到一边，和他说了几句。康普顿回来时兴致更高了。

"我们马上抬你进飞机"，他说。"我待会儿再回来接你太太。可能还得在阿鲁沙停一下加油。最好立刻就走。"

"你不是要喝茶吗?"

"噢，我不是特别想喝。"

例25、例26、例27 选自海明威的短篇小说 *The Short Happy Life of Francis Macomber*。

例25. This same columnist had reported them *on the verge* at least three times in the past and they had been.

本例中的"on the verge"实际上就是"on the verge of breakup"，"they had been"是肯定那并非专栏作家信口胡说，而是事实。译文如下：

就是这个专栏作家曾至少三次报道说他们"濒临决裂"，事实也确实如此。

例26."Cleans out your liver，"said Wilson."Damn funny things happen to people. "

本例中，Wilson 惊讶于 Macomber 身上发生的变化，所以用了"damn"以增强语气。"Cleans out your liver"是指 Macomber 获得了勇气。译文如下：

"换了一副胆儿"，威尔逊说。"真他妈什么怪事儿都有。"

例 27. "But you *have* a feeling of happiness about action to come?"

"Yes," said Wilson. "There's that. Doesn't do to talk too much about all this. Talk the whole thing away. No pleasure in anything if you mouth it too much. "

本例用"happiness"来形容行动之前的精神状态，确切的意思是指"兴奋"。"There's that"表示肯定。"Doesn't do"表明 Wilson 对 Macomber 津津乐道自己的变化的态度，有轻微的规劝口吻。后面的两句话带有否定意味。译文如下：

"可你要行动时不是很兴奋吗？"

"对"，威尔逊回答说。"确实。但多说无益。把个事说来说去的。什么事老挂嘴边儿都没意思了。"

例 28. "Do you like school, Tom?"

"It's just one of those things you have to take. I don't think anyone likes school, do they, that has ever done anything else?"

"I don't know. I hate it. "

"Didn't you like art school either?"

"No. I liked to learn to draw but I didn't like the school part. "

"I don't really mind it," Tom said. "But after you've spent your life with men like Mr. Joyce and Mr. Pascin and you and Mr. Davis, being with boys seems sort of juvenile. "

"You have fun, though, don't you?"

"Oh yes. I have a lot of friends and I like any of the sports that aren't built around throwing or catching balls and I study quite hard. But papa, it isn't much of a life."

"That was the way I always felt about it", Thomas Hudson said. "You liven it up as much as you can, though."

"I do. I liven it up all I can and still stay in it. Sometimes it's a pretty close thing, though."

本例选自海明威的短篇小说 *Islands in the Stream*，是体现父子间交流的对话。父亲耐心体贴、循循善诱，儿子无话不谈、坦诚直率。其对话有很浓的生活气息，非常真实。译者应注意体现这些特色。译文如下：

"喜欢上学吗，汤姆？"

"不得不去而已。要是有别的事儿做，谁喜欢上学呢？"

"不知道。我讨厌学校。"

"你也不喜欢艺术学校？"

"对，我喜欢学画画，但不喜欢上学。"

"我倒并不在乎"，汤姆说。"不过跟乔伊斯先生、帕斯辛先生、你，还有戴维斯先生处惯了，总觉得混在孩子堆里很幼稚。"

"可你玩得倒也开心，对吧？"

"那是，朋友不少。只要不是扔球、接球一类的运动我都喜欢。学习也用功。不过爸爸，这么生活不怎么样。"

"我也常有同感"，托马斯·赫德森答道。"但你可以尽量享受生活。"

"我是这么做的。我尽量享受生活来着，而且坚持这样。可有时很难做到。"

例29、例30、例31选自电影 *Casablanca*。

例29. "My dear Rick, you should realize, in this world today, isolation-ism is no longer a practical policy."

若将"isolationism"译成"孤立主义政策"，则不能算切中要害。事实上，它指的是夜总会老板 Rick 不肯与 Ferrari 合伙的态度。译文如下：

"我亲爱的里克，你应该明白，如今这世道，独来独往可是不切实际的呀。"

例 30. RE（Renault）：Now, what in heaven's name brought you to Casablanca?

RI（Rick）：My health. I came to Casablanca for the waters.

RE：The waters? What waters! We are in the desert.

RI：I was misinformed.

警长 Renault 的问话语气较强。Rick 的回答轻描淡写，而且口气随便。两人随后的应答基调是上文的延续。译文如下：

雷诺：告诉我，你到底干吗要到这儿来？
里克：来休养。我以为这儿滨海。
雷诺：滨海？哪有大海！我们是在沙漠里。
里克：我搞错了。

例 31. RE（Renault）：（Who has caught the look）If you are thinking of warning him, don't put yourself out. He can't possibly escape.

RI（Rick）：（starting up the steps）I stick my neck out for nobody.

RE：Wise foreign policy. We could have made the arrest earlier at the Blue Parrot. Because of my regard for you, we are staging it here. It may amuse your customers.

RI：Our entertainments are enough.

警长 Renault 的语气总的来说是在讨好 Rick，表示关切和友好。如果直接把 "warning him" 译为 "警告/提醒他" 是不合乎语境的；而把 "wise foreign policy" 译成 "明智的外交/对外政策" 同样也不合适。Rick 的前一句话漠然，后一句话含有轻微的抱怨和不满。这些问题，译者均需谨慎处理。基于上述考虑，译文如下：

雷诺：（发现了里克关注的目光）你要是想给他通风报信，就等于自找麻烦。他绝对跑不掉。
里克：（一边上楼梯一边说）我从不为别人冒险。

雷诺：明哲保身。本来我们可以在"蓝鹦鹉"咖啡馆逮捕他。既然咱们关系不错，还是在你这儿显显身手吧。你的顾客肯定高兴。

里克：我们的娱乐节目够多了。

例 32. W：It's password protected.

H：In a manner of speaking.

Took me less than a minute to guess yours,

not exactly Fort Knox.

本例出自 BBC 改编悬疑剧 *Sherlock* 第一季第二集开始 6 分钟左右，华生医生和福尔摩斯的对话。华生从外面购物回来，发现福尔摩斯正在使用自己已开启密码保护的电脑。福尔摩斯提到的"Fort Knox（诺克斯堡）"，是美国肯塔基州的一处军事重地，是美国陆军装甲兵司令部（the U. S. Army Armor Center）和美国国家金库（the United States Bullion Depository）的所在地。诺克斯堡金库的安保措施非常严密，大门密码由数名工作人员各自掌握一部分，同时输入方可开启。福尔摩斯的意思是，华生设的密码太过简单。考虑到专业影视字幕不能添加注释，还有福尔摩斯那种满不在乎的语气，可翻译如下：

华生：我的电脑设了密码。

福尔摩斯：告诉你吧，我

一分钟不到就猜出来了。

又没多难。

例 33. C：Now that I have no money or health insurance,

I have to get used to this third-world situation.

M：Third-world situation?

This is an underworld situation.

本例出自美国电视剧 2 *Broke Girls* 第一季第四集。卡洛琳说，"I have to get used to this third-world situation"，是指要学着改变自己富家小姐不计较金钱的态度，适应小餐馆打工妹的节俭生活。麦克斯说"underworld（冥界/阴间）"的语用意义是，讽刺卡洛琳为了省钱，竟然非要到贫民区的破诊所，简直是不要命了。由此，字幕译文应充分体现语用意义：

卡洛琳：我现在没钱没医保

得习惯做穷人

麦克斯：还做穷人？

这是要做鬼魂啦

例34、例35、例36选自 Oscar Wilde 的童话 *The Remarkable Rocket*。

例34. Only true lovers could drink out of this cup, for if false lips touched it, it grew grey and dull and cloudy.

这里的 "false lips" 是 "提喻"，指人的爱情 "false"。译文如下：

只有真正相爱的人才能用这个杯子喝酒。如果是虚伪矫情，嘴唇触杯会使杯子变得黯淡混浊。

例35.　　"… Indeed, the Court Gazette called him a triumph of Pylotechnic art."

"Pyrotechnic, Pyrotechnic, you mean," said a Bengal Light; "I know it is Pyrotechnic, for I saw it written on my own canister."

本段引文中出现了 "Pyrotechnic" 的错误变体 "Pylotechnic"，其间误差为一个字母。译者从目的语角度考虑，采用将形声字的形旁省略以示讹误的方法。至于 Bengal Light 的后一句话，应注意体现其肯定的语调、得意的心态。译文如下：

"……真的，《宫廷报》称他是化炮术的重大成果。"

"花炮，你说的是'花炮'吧"，一个孟加拉烟弹说，"肯定是'花炮'，我自己的弹筒上就写着呢"。

例36. "What a delightful voice you have!" Cried the Frog. "Really it is quite like a croak, and croaking is of course the most musical sound in the world. It is so entrancing that everybody lies awake to listen. In fact, only yesterday that

I heard the farmer's wife say to her mother that she could not get a wink of sleep at night on account of us. It is most pleasing to find oneself so popular."

青蛙的这段话自吹自擂、洋洋得意，令人忍俊不禁。译者要斟酌处理，把语用意义清楚地再现出来。译文如下：

> "你的嗓音真不错！"青蛙叫道。"听起来真像蛙鸣。当然了，蛙鸣是世上最动听的声音。它那么好听，人们都舍不得入睡。真的，我昨天还听见农夫的妻子告诉她妈妈，说她听我们的叫声听了一夜，一点儿觉都没睡。知道自己人见人爱真开心。"

例 37. The ass waggeth his ears.

这句话有点类似中国歇后语的前半部分，它的语用意义应当明确译出，才能使读者会意。译文如下：

> 驴子摇耳朵，傻瓜装聪明。

例 38. He was so fond of talking that his comrades nicknamed him "magpie".

此处的"magpie"形容人多嘴饶舌，但其中文对应词"喜鹊"的联想意义却是"喜事""好运"等，中英文相去甚远。所以，酌情考虑用"麻雀"代替"喜鹊"，以再现语用用意。译文如下：

> 他喜欢叽叽喳喳说个不停，同伴们都叫他"麻雀"。

关于语用学的研究领域对翻译实践的影响，本章将止于上述几个方面的问题。笔者要强调的是，翻译实践中的问题是多种多样的，远不是有限的例证所能涵盖包容的；具体的解决方法也不是寥寥几万字所能说清楚的。语言现象不可避免地带有主观色彩，译者的操作总要受个性特点的制约，成功的译文也不存在一劳永逸的"定本"。翻译之路正如人生之路，"漫漫其修远兮"，不论译者还是学人都要勉力"上下而求索"。

第六章

语言变体翻译案例讲析示例

所谓"variety（语言变体）"是社会语言学概念，包括各种语言、方言、语域（register，也译作语体）、文体，以及其他形式的语言（Meecham & Rees-Miller 2001）。有学者指出，引发语言变异的几个基本因素分别是：情景、地域、社会背景、功能题材和时间（侯维瑞 1996）。对于功能题材这个因素，读者可以在许多翻译著作中找到详尽的分析与阐释，这里不再陈言无尽。至于时间这个因素，译界基本达成共识，就是用现代语言翻译古代作品，只在正式程度上略做调整，并无歧见。有鉴于此，本章仅探讨前三个因素对翻译的影响。情景、地域、社会背景三项，集中体现在翻译范畴内就是口语、书面语和方言的翻译问题，下面分别举例论述。

第一节 口语、书面语与翻译案例讲析示例

根据《拉特里奇语言教学与学习百科全书》中的相关条目（Byram 2000：305），"register"主要是指

> different functional varieties of speech, expressing interpersonal relations depending on the situation itself, the status, age, rank, or gender of the coparticipants（语言的各类功能变体，反映因场合不同，参与讲话者的年纪、性别、社会或阶级地位不同，而决定的人际关系）。

本节不打算面面俱到，仅着重探讨与口语和书面语有关的翻译问题。

124

一、口语体和书面语体的语域标记

要探讨口语体和书面语体对翻译的影响，首先要对各语言层面的口语或书面语语域标记有明确而清醒的认识。鉴于文体学界对于汉英两种语言中此类语域标记的对比研究成果尚待充实，这里仅就语言的不同层面进行初步归纳，结合个案分析，简要探讨口语体和书面语体对翻译的影响。语言的基础层面是读音、词语和句法。因此，研究口语体和书面语体的语域标记，首先要从这些层面入手。

（一）读音

1. 中文

因为中文不是字母语言，翻译过程中，英文音层的语域标记往往要借助中文词语层的语域标记来再现语体效果。这种情况一般是采用口语化程度较高的词语以达成近似效果。有时，也可以考虑使用词语的错讹形式再现音层的不规范效应。

2. 英文口语

通常采用 ye、yeah、feller、gal、kinda、wouldja、wossat、gotta、gonna、ain't 这类非正规拼写形式，使用 I've、we'll、you'd、they're 等缩写或合写式拼法，采用大写或斜体形式表明强调重读或升调。

3. 英文书面语

在音层，无特别的语域标记。

（二）词语

1. 中文口语

多用语气助词（比如"啦""吗""呢""嘛"等）和拟声词（比如"唏里哗啦""噼里啪啦"等），常用音节补助词（如"脏兮兮"中的"兮兮"，"可怜巴巴"中的"巴巴"等）和"儿"化词尾（例如"今儿""盆儿""竿儿""整个儿""颠儿颠儿地"等），常用不太文雅的俚俗词语、源自民间的歇后语、谚语及熟语（比如"拍马屁""秃子头上的虱子""三个臭皮匠赛过诸葛亮"等），有时也会吸收方言成分（比如"傻帽儿""盖帽儿""浑球儿""二百五""老公""撕破脸"等）。

有时，还会将外语词夹杂于中文中。这类现象在港台地区更为普遍。比如，某电视节目主持人可能会说，某某"最近人气很旺"（"人气"为日语词）；某个被采访者可能会讲，他自己"最近忙于搞一个 project"；电视剧中的某个人物也许会说，"我去买便当"（"便当"为日语词"弁当"的变体，台湾习见，意为"盒饭")；某个导演也许会对记者讲，他"很注重 texture"。

此外，形象性词语构成的词组也比较常见，如"跑外勤""搞公关""拉关系""走后门""套近乎"等。

2. 中文书面语

多用成语（例如"尽人皆知""盛气凌人""黄钟大吕"等），常用较文雅的词语（如"飘然而去""引退""已然""交友广阔""贬抑"等），常使用书卷气较浓的文言词语（如"欲""皆""举凡""擢升"等）。

3. 英文口语

多用源于 Saxon 语的词语、动词短语；大量使用 er、mm、um、umhum 这类语气助词；常在话语中添加诸如 well，you know，you see，I mean 之类的词语。

4. 英文书面语

多用源于法语、拉丁语的词语，常用单个动词取代动词短语，常用相应动词的名词形式来构句……

（三）句法

1. 中文口语

多用比较近俗的句法（比如"拿……来说""干吗要……"之类），有时会用词组之类的不完整句（如"断子绝孙的阿Q"），一般不会省略人称代词主语。

句中成分的位置不那么循规蹈矩，常有后置人称代词主语或状语之类的情况发生。比如：

"吃了吗，你？"　　　　"傻帽儿呀，他！"

"去开会吗，明天？"　　"去不去呀，现在？"

"来啦，马上！"　　　　"他来过了，刚刚。"

"都干完了，已经。"　　"怎么样，你？"

2. 中文书面语

多用文言句法，常省略人称代词主语。比如"另有隐衷"，"得罪之处还望海涵"，"以……而论"，"就职于……"，"受业于……"，"……如是说"，"大凡……皆……"，"不知先生首肯否"，"何以……"，"然则……"等。又如：

学生向好书卷青灯、独坐静思，<u>恒不以琐事为念</u>。

<u>逝者如斯</u>，已成五千年之伟业；<u>来者如彼</u>，必开新世纪之宏图。

此次赴京查书，<u>多蒙尊驾百般照顾</u>，深感不安，<u>何来"包涵"之说</u>。

欲观其实，则你看见峻嶒竞起的连嶂之上有连嶂。（余光中《咦呵西部》）

有时也采纳西洋句法、西式修辞手段及西式长句，多用修饰成分和连接词。比如：

轻轻地我走了，正如我轻轻地来①。（徐志摩《再别康桥》）

于是内布拉斯卡的阳关大道，蜿蜒成一盘接一盘的忍耐和惊险②。（余光中《咦呵西部》）

但此地孤峻而冷，矗一座冬之塔③。（余光中《咦呵西部》）

即使全世界在下面齐呼，说夏天来了啊太阳在平原上虐待我们啊怎么你们还是在旁观，你以为哈加峰会扔一粒松子下去，为他们遮阴④。（余光中《咦呵西部》）

山静着公元前的静，湖蓝着忘记身世的蓝⑤。（余光中《咦呵西部》）

不知名的白水禽，以那样的蓝为背景，翔着一种不自知的翩翩，不芭蕾给谁看也不看我们⑥。（余光中《咦呵西部》）

因为照这位按察司看来，"将牛肉堆在枷上"故属"成何刑法"，然而"奸民挟制官府"，"此刁风"更"万不可长"，于是汤知县可不丢官，"五个为头回子"却必须问成枷罪，并且还发回本县，仍让汤知县"大摇大摆出堂"来发落⑦。

由于中文文本中运用文言句法及借鉴西洋句法这两种倾向并存，书面语中偶尔也会出现将文言句法与西洋句法混用的情况。比如：

咦呵西部，天无碍，地无碍，日月闲闲，任鸟飞，任马驰，任牛羊在草原上咀嚼空旷的意义。（余光中《咦呵西部》）

---

① 普通句法中，划线部分应为"我轻轻地走了"。

② 普通句法中，"忍耐"和"惊险"都不能接在数量词之后。

③ 划线部分为倒装。

④ 划线部分为意识流笔法。

⑤ 第一个"静"为形容词动词化，第二个为形容词名词化。两个"蓝"字的用法与此相同。

⑥ "翩翩"为形容词名词化，"芭蕾"为名词动词化。

⑦ 西式长句。

　　总的说来，中文书面语中长句多，口语中短句多。但是，句长却不方便拿来作为区分口语体和书面语体的语域标记（marker）。主要原因是，中文的句长不像英文有较大的跨度，并且书面语常采用简练的文言成分。结果，往往同一句话的口语体和书面语体的长度相近。有时，口语体的句子还可能长于书面语体。如表6-1中列举的译例：

表6-1　书面语及口语比较例表

书面语	口语
无耻之极	无耻透顶
望能以此事就教于先生	希望您能在这件事上教教我
不知先生首肯否	不知道您会不会答应
时近深冬，天气苦寒，望善自珍摄	已经快到深冬了，天气特别冷，希望您好好注意身体

　　还有两点要特别注意：

　　第一，由于儒家思想的影响，千余年封建科举制度"学而优则仕"的遗风，中文口语中存在"大词小用"的习惯，也就是在日常口语会话中使用某些文言词语和短句。例如，听到日常谈话中关于某人"穷极无聊"的评论，我们一点也不觉得奇怪；也有孩子举止失礼时，父亲会教训说"成何体统"；闲谈中，可能有人带着不屑的表情，抛出一句"不过尔尔"；等等。

　　第二，由于元朝的少数民族统治者实行种族歧视政策，汉族的知识分子多有不满，许多才子消极对抗，或过着隐居生活，或热衷于杂剧的创作，开创了中文"近俗倾向"的先河。而五四运动，又以其倡导民主与科学的摧枯拉朽的强劲冲力，大大推动了中文书面语中近俗倾向的发展，使"小词大用"的现象进一步增多，也就是在书面语中运用口语成分。其目的，或者是为了使行文生动有力，或者是为了增添幽默情趣。我们可以从现当代作家的散文中随意找出这样的例子。

　　　死后让棺木来装殓他，黄土来掩埋他，蛆虫来收拾他。（沈从文《时间》）
　　　安于习惯的被呼为聪明人，怀抱理想的人却成蠢家伙。（沈从文《时间》）

活到末了，倒下完毕。（沈从文《潜渊》）

也许我也会讨个老婆，生几个小孩，整日价做着发财的梦，抛弃了事业昧了良心去做一个现社会制度的忠实的拥护者罢。（巴金《朋友》）

我要飞向火热的日球，让我在眼前一阵光、身内一阵热的当儿，失去知觉，而化做一阵烟，一撮灰。（巴金《日》）

云呀，山呀；……凡伴着我的都是熟人哩。 （俞平伯《月下老人祠下》）

好在区区文才的消长，不关乎世道人心，"理他呢"。（俞平伯《眠月》）

至少争夺机变，是非口舌要多到恒河沙数。这真怎么得了！我总得保留这最后的自由才好。（俞平伯《中年》）

上述两种因素的影响，再加上近代以来通俗文学的盛行，使得中文书面语体与口语体的距离大大地拉近了。并且，由于中文不受屈折形态等语法条件的制约，书面语体的句子只需在句末添加一个语气助词或略微改动几个字词，就可以转化为口语体，中文的灵活性由此可见一斑。比如表 6 - 2 中列举的译例：

表6 - 2　书面语及口语句子比较例表

书面语	口语
"你想谁不愿意和他夫妇，背着翁姑，偷往太湖，看她观玩洋洋万顷的湖水（而叹天地之宽），或者同她到万年桥去赏月？"（林语堂《浮生六记》译者序）	"你想谁不愿意和他夫妇俩，背着公婆，偷偷去太湖，看她观玩洋洋万顷的湖水，感叹天地之大，或者和她一起到万年桥去赏月呢？"

根据侯维瑞先生的《英语语体》（1996：28 - 35），在句法层，英文口语区别于书面语的特点是："语句松散自由"，"句子省略不全"，"词语颇多重复"，"使用填空词语（filler/hesitation filler）"，"借助非语言情景"。

句法层以上的语域标记在中文里不太明显。窃以为，英文的这类标记对翻译的影响也不大，这里就不再赘述了。

二、口语体与书面语体的语域标记对翻译的影响

（一）英译汉

英译汉时，寻求对应的口语体标记是翻译问题的多发区域。主要原因是中文的书面语和口语的界限不如英文清晰，加之两种语言的对比研究尚不充分，

译者在句法和词语层面稍有不慎，就会造成口语不那么口头，书面语也不那么书面的结果。更有甚者，可以用人们通常所说的"文白夹杂"来形容。笔者以为，这类问题的症结所在，就是没有找到对应的语域标记。这里所说的对应，不是说非得要在目的语译文中采用与原文同一层面的标记，而是根据实际情况进行适当的变通。比如，完全可以用中文的词语标记来对应英文的读音标记。

译文要满足口语体的要求，主要是翻译影视作品、电视访谈节目、文学作品中的谈话部分、非正式场合发言或正式场合即兴发言等。由于场合不同，说话人的身份背景有异，其口语体标记也会随之变化。但是，译者不能因此就忽视会话中的口语成分。以下举例说明。

20 世纪 90 年代，辛普森（O. J. Simpson）案轰动一时，有人称之为"the trial of the century"，媒体更是大做文章，不惜力气把从前对他的采访统统翻出来重播。以下这段话就是截取自当时重播的一段采访，Simpson 强调自己不想因声名受累，成为"a victim of my celebrity"。

例 1. *What I do I do what* is morally acceptable to myself，if **it's** not offensive to the people around me，*I do.* And fortunately I think **I'm** a normal <u>guy</u> and I try to *act normal* and sometimes people give me credit for being normal.

斜体部分是口语体的句法标记，是非规范句法；黑体部分是读音标记；划线部分是词语标记。就此例而言，人们关心的是谈话内容，仅用中文的词语标记来取代英文在读音、词语和句法层面的变异即可。试译如下：

我只<u>干</u>自己<u>觉着对</u>的事儿。只有不招惹身边人的事儿，我才去<u>干</u>。<u>好在</u>我<u>觉着</u>自己<u>挺</u>平常，也尽量做个平常人。有时候人们还为这<u>夸</u>我<u>呢</u>。（划线部分是中文的词语标记）

当然，有时要求更客观地再现原文原貌，句法层面的变异也要有所体现。那么，可对上述译文做如下改动：

我干的事儿，我只干自己认为……也尽量做到平常。有时候……

下面一段话是 Simpson 谈论他与 Nicole 之间因龃龉而至暴力冲突的一次事故。

例 2. *The day after this was over*, we *looked at each other and say* **hey**, **you know** we had a fight. We were both guilty. No one was hurt, *it was no* **big deal** *and*,*we* **got on with** our life.

原文中有大量不规范的句法，以斜体标出。黑体部分为口语体词语标记。故译为：

那天<u>事儿过了</u>以后，我们互相看着，说，嘿，<u>打架了不是</u>，大家都不对。反正没人<u>伤着</u>，没什么<u>大不了</u>的，继续<u>过日子呗</u>。

下例是电视记者采访某观众的片段。

例 3. Quite about this.
这<u>事儿别说出去</u>。

本例口语体的突出标志是句法上的省略。中译文则可以在选词方面贴近口语。

例 4. I *knowed* better than to move another **peg**.

本例出自马克·吐温的小说 *The Adventures of Huckleberry Finn*。斜体部分为不规范用法，属句法标记；黑体部分为词语标记。如果译为"我明白不能向前挪一步"，固然能以"挪"字来做口语标记，但译句的语气及用词，与中文读者心目中对 Huckleberry Finn 那个没受过多少教育的小野孩子的语言所拥有的期待基本无法吻合。故译为：

我知道，<u>一点儿</u>也不能<u>朝前挪</u>了。

（二）汉译英

近代以来，中文的近俗倾向日趋明显，书面语和口语的距离明显拉近。除人文学科的部分专著和论文还以大量文言成分为其主要语域标记外，一般的图书、报刊文章以及影视作品等，仅以少量文言词语，辅之以较多的成语，来标记其语域范围。英语中的简明英语（Plain English）运动同样拉近了英文书面语和口语的距离。因此，一般而言，汉译英不应执迷于寻求相应语言层面的语体标记，而应力图让英译文准确表达原意，符合英文读者的阅读习惯。

一方面，口语标记在汉译英过程中未必方便维持同层面对应，译者需灵活把握。比如：

例5. 百年校庆聚会时，我问阿长，还读琼瑶么？阿长说："不，我现在读武侠了。"（孔庆东《47楼207》）

When I saw Ah-chang at the commemoration marking the 100th anniversary of our university, I approached him and asked, "Still like reading Qiongyao's sentimental novels?"

"No, kungfu novels are my favorites now."

本例原文"还读琼瑶么"的词语层面口语标记，笔者在英译时转以省略句体现。

另一方面，书面语标记在汉译英过程中也未必能够维持同层面对应。有译界前辈曾引用过杨宪益、戴乃迭伉俪所译《儒林外史》中的一段译文，强调语域的难译。下面是杨氏夫妇的译文连同这位前辈的评论文字。

例6. 说着，天色晚了下来。此时正是初夏，天时乍热。秦老在打麦场上放下一张桌子，两人小饮。须臾，东方月上，照耀得如万顷玻璃一般。那些眠鸥宿鹭，阒然无声。

By now dusk had fallen. It was early summer and the weather was turning warm. Old Qin set a table on the threshing floor, and they drank wine. Soon the moon came up from the east, and shone so brightly that everything seemed made of glass. The water-birds had gone to their nests, and all was quiet.

有前辈在其译评中写道："'眠鸥宿鹭，阒然无声'系典型的书面语，文绉绉，语趣清逸；情绵绵，意境鲜活……就'语域'言，英译是大大降格了！从高雅的书面语体突降到通俗的口语语体！并非杨、戴两位笔力不济，无视'语体'，此乃英语之先天不足也。"自然，就语域而言，译文与原文之间确实有着较大的距离；就英汉语言而言，也确实各有长短。不过，《儒林外史》属于白话小说，虽然时不时要露出一点书卷气，如"须臾""眠鸥宿鹭""阒然无声"

等，其"俗"的一面仍远远超过其"雅"的一面。由此看来，杨氏夫妇的译文似乎并无太大问题。况且，整篇译文的语气均不偏于"雅"，此句较之原文的"降格"就不显得那么突兀。

这位前辈还援引了一例古文——沈复《浮生六记》中的两句，并以林语堂的英译证明英文在营造意境方面的软弱无力。

例 7. 舟窗尽落，清风徐来，纨扇罗衫，剖瓜解暑。少焉，霞映桥红，烟笼柳暗，银蟾欲上，渔火满江矣。

And we let down all the windows to allow the river breeze to come in, and there, dressed in light silk and holding a silk fan, we sliced a melon to cool ourselves. Soon the evening glow was casting a red hue over the bridge, and the distant haze enveloped the willow trees in twilight. The moon was then coming up, and all along the river was a stretch of lights coming from the fishing boats.

前辈的译评写道："霞映桥红，烟笼柳暗→the evening glow was casting a red hue over the bridge, and the distant haze enveloped the willow trees in twilight。这样的译文已经无懈可击。然而，若将汉语与英语的表达作一比较，读者不难发现同是写景，汉语所追求的是'神似'效果，表达飘逸、朦胧而又幽远，英语则是以'形似'为基本手法，一词一句皆求'落实'，在'写实'中把情状交代清晰。基于'交代'的文字，'形似'的描述，当然也就在意境营设方面难有作为，而诗意往往只有在'神似'中得以成功遄飞，在'写意'中得以疏放。"的确，中文的表达有其多面性，在营造气氛和意境方面，文法特色加上中文本身的象形文字特点，确实具有相当的优势。但英文也有其多面优势。只不过，中文的"朦胧"不同于英文的"委婉"，中文的"清雅"不同于英文的"文雅"，中文的"气势"不同于英文的"气魄"……一句话，中英有别而已。

落实到《浮生六记》中的本段文字，虽不能说文采出众，但是沈复把文言中的一些常用词（如"清风徐来""纨扇""罗衫""烟""银蟾""渔火"）汇集起来写景状物，却也情景鲜明，文字清婉。尤其是行文简练，反映了儒雅清闲、从容不迫的趣味。因而，林译并未因为原作是古文而有意提升译文语域的正式程度，其译文轻盈流畅，颇有水准。只是，原文中，"霞映""烟笼"致使"桥红""柳暗"，侧重点是"桥"和"柳"；英译以"霞"和"烟"为主语，语感上侧重点有变。此外，"渔火满江"的英译未能客观地反映原意，稍显夸张，似乎美中不足。以笔者管见，此例第二句可改译如下：

After a while, the bridge was bathed in the reddish rays of light from the setting sun; the green willow trees were blurred in a thin summer haze. As the moon began to climb higher in the sky, the surface of the river was dotted with fishing lights.

三、语体的正式程度与翻译

本部分只涉及正式语体，也就是正规书面语的翻译。就翻译而言，本部分的核心问题有两个：第一，是否必须寻求不同正式程度的语体的对应语体；第二，是否要满足目的语读者对某种情况下所用语言的正式程度的期待。从实践的角度看，两者有时未必可以兼顾。

寻求不同正式程度的语体的对应语体，是非常困难的。语言对比研究也很难为译者提供客观明确的标准和切实可行的办法。应该说，译者可以通过大量阅读来培养扎实可靠的语感，有了准确的语感，就不会对语域的正式程度视而不见。另外，总的说来，在英译汉时，中文所采用的文言或者西洋成分越多，译文的正式程度就越高。中文读者往往对书面语的正式度有一定的期待，不能满足此期待，译者的译文会被视为文字水平有欠缺。

汉译英时，情况比较复杂。一方面，英文的句法越繁复，词语越多源于法文或拉丁文，动词短语越少，名词成分越多，就越正式。另一方面，现代英语读者已经摒弃了语法繁复、正式度高的文风，喜欢明白晓畅、简洁直接的文风。译者要明确，究竟是追求正式度相当的形式要求重要，还是追求意思准确易懂，满足读者期待更重要。以下举例说明。

（一）普通体的英文

例 8. He is known by his knock. Your heart telleth you "That is Mr. —." A rap. Between familiarity and respect, demands, and, at the same time, seems to despair of, entertainment. He enterth smiling, and—embarrassed. He holdeth out his hand to you to shake, and—draweth it back again. He casually looketh in about dinner-time—when the table is full. He offereth to go away, seeing you have company, but is induced to stay. (Charles Lamb, *Poor Relations*)

译者要格外注意的是，本例原文有一个不完整超短句、一个不完整句，主语都是"his knock"。这种写法其实已经越过了普通体的领地，踏入了普通体与非正式体的交界区域。紧随其后的三个句子都在后部被作者用破折号人为地截断了。文字上的断断续续，恰恰是所描写的穷亲戚来蹭饭时，那种吞吞吐吐、战战兢兢、怕遭冷遇的说话态度的真实写照。最后一句的分词从句从其通常位置——句首前置——挪到了句中，表现了来人并不真的想走，只是出于礼貌才假意告辞，实际是期望别人挽留，一听到挽留的话自然还是照本意留下用餐。

以上种种特色用法的语体正式程度都不是很高，与其说是一本正经的描写，不如说是娓娓道来的闲谈。当然，我们这里说的"闲谈"指的是文字的精神，并不是说它是口语体。总之，译者必须考虑上述相关因素。有译文如下：

> 一听敲门声就知道是他。你心想："准是某某先生。"那一声轻敲，介于亲近与尊敬之间，像是要求招待，但又——怕被冷落。进门微笑，但又——局促不安。伸出手等你去握，但又——缩了回去。他只是来得凑巧，正赶上要吃饭——餐具都已摆好①。看见有客人，他表示要走，但一劝也就留了下来。（王佐良原译，笔者略做修改）

（二）正式体的英文

例 9. Commuters give the city its tidal restlessness; natives give it solidity and continuity; but the settlers give it passion. And whether it is a farmer arriving from Italy to set up a small grocery store in a slum, or a young girl arriving from a small town in Mississippi to escape the indignity of being observed by her neighbors, or a boy arriving from the Corn Belt with a manuscript in his suitcase and a pain in his heart, it makes no difference; each embraces New York with the intense excitement of first love, each absorbs New York with the fresh eyes of an adventurer, each generates heat and light to dwarf the Consolidated Edison Company. (Elwyn Brooks White, *The Three New Yorks*)

本例原文的文法比普通体正式，连续三次运用了修辞手段（parallelism）。中文应当以"反复"或"排比"作为对应。译文如下：

---

① 前句的"about dinner-time"指到了饭点，但还没开始吃饭。将"table is full"译为"摆满饭菜"或"菜肴齐备"的问题是，西餐是逐道上菜，到上齐菜肴，就快结束了，这和"about dinner-time"冲突。

上下班的人赋予纽约潮水般的喧嚣躁动，土生土长的人赋予它稳定持续的发展，而外来定居者则令它热情洋溢。不论是只想在贫民区开个小杂货铺的意大利农夫；还是不想被邻居看来看去，从密西西比州小镇来的女孩子；还是箱子里装着手稿，内心藏着隐痛，来自玉米产区的小伙子，大家都一样：每个人都怀着初恋般的激情拥抱纽约，像探险家一样双目炯炯地注视纽约，释放的光和热让爱迪生联合电气公司都相形见绌。（孙致礼原译，笔者略做修改）

（三）超正式体的英文

例 10. The disagreement subsisting between yourself and my late honoured father, always gave me much uneasiness, and since I have frequently wished to heal the breach; but for some time I was kept back by my own doubts, fearing lest it might seem disrespectful to his memory for me to be on good terms with any one, with whom it had always pleased him to be at variance. （Jane Austin, *Pride and Prejudice*）

本例中，英文的句法极为繁复，正式度很高。中文译文一般要考虑多吸收一些文言成分。笔者试译如下：

阁下与先父的宿怨一直令晚辈深感不安。自家父不幸弃晚辈辞世后，常想有所补救，但又为思虑所阻。虑及家父生前与阁下素有嫌隙，而今晚辈却来与阁下修好，恐对先人不敬。

这类译文的关键在于：文言成分不可用过于冷僻生涩的词语文法，而白话成分不可用过于随便俚俗的词语文法。否则，会使文言成分和白话成分的正式程度相去太远，造成所谓"文白夹杂"的现象，反而弄巧成拙。

例 11. When, upon some slight encouragement, I first visited your Lordship, I was overpowered, like the rest of Mankind, by the enchantment of your address; and could not forbear to wish that I might boast myself *Le vainqueur du vainqueur de la terre*—that I might obtain that regard for which I saw the world contending; but I found my attendance so little encouraged, that neither pride nor modesty would suffer me to continue it. When I had once addressed your

Lordship in public，I had exhausted all the art of pleasing which a retired and un-courtly scholar can possess．I had done all that I could；and no Man is well pleased to have his all neglected，be it ever so little．（Samuel Johnson，*Letter to Lord Chesterfield*）

有位前辈曾指出：从模仿原作信息的角度来看，Johnson 写信之时，中国恰是清朝乾隆年间，桐城派气势正盛，为了再现中英语言的时间对应关系，可以将该信译为文言文；从读者的角度来看，最好译为白话文；从译者的角度来看，最好"文白兼具"。这位前辈认为，最后这种译法"虽难以讨好，但也不妨一试"。

依笔者浅见，现代人的文笔写出的文言常有纰漏，想译成地道的文言文，难度非常之大。而彻底的白话文毕竟历史较短，表达能力受限。文言历史悠久，其精华部分有着绵长旺盛的生命力，若要将文言与白话结合，只要把握适度，"文白相宜"是可以做到的。至于本例，自然是译文中的文言成分多于白话成分比较好。

试看以下几种译文：

前辈译文 a：回想当年，<u>也不知哪来的勇气</u>，我竟第一次拜访了大人阁下。<u>我像所有的人一样</u>，深为大人的言谈丰采所倾倒，不禁玄想他年能出口大言"吾乃天下征服者之征服者也"。——虽知此殊荣是举世学人所欲得，仍希望有朝一日能侥幸获取。然而我很快发现自己的趋走逢迎根本没有得到鼓励。不管是出于自尊<u>也好</u>，自矜也好，我<u>反正</u>无法再周旋下去。我本是一个与世无争、不善逢迎的书生，但那时我也曾用尽平生所学的阿谀奉承的言辞，当众赞美过阁下。<u>能做的一切我都做了</u>。如果一个人在这方面付出的一切努力（不管是多么微不足道）受到完全的忽视，他是绝不<u>会感到舒服的</u>。

划线部分的正式程度偏低，与原文语气存在一定的距离。斜体部分的措辞贬义过重，与原作不符。如果非要用白话文译，可以选择正式度较高的词语。重译如下：

当年，一经鼓舞，我就登门拜访。大人出口锦绣，倾倒众人，也令我叹服。我不禁奢望能夸口："众人仰慕者对鄙人青眼有加。"① 我也曾希图得到众人争相获取的关注，却发现自己不受青睐。不论想要保全自尊还是颜面，我都只能适可而止。我本书生，不善社交，不会奉承。当众对您进溢美之词之时，早已倾尽所学。我已竭尽所能，即使无足轻重，也不甘被视若不见。

前辈译文 b：忆当年，在下小蒙鼓励，竟斗胆初谒公门。大人之言谈丰采，语惊四座，令人绝倒，使在下不禁谬生宏愿：他日或能自诩当世："吾乃天下征服者之征服者也。"——举世学人欲夺之殊荣，或竟鹿死我手！孰料余之趋走逢迎，未蒙丝毫宠幸。尔后余自度不复干谒此途，自尊与自卑，皆勿与论也。余本一介书生，不善谄词，不尚交际，而曾一度当众致语阁下，可谓罄尽取悦文饰之辞。仆思已尽犬马之劳，虽功效绵薄，又何甘辛劳遭逢白眼之遇也。

前辈的文言功力相当深厚，语体的正式程度基本符合。但值得商榷的是，可否将此译称为"文言体译文"。因为若将划线部分称为"纯文言"，似乎于理未恰，于实未安。笔者上文所谓"纰漏"，还不仅在此。一段文字当中，第一人称单数主语忽而为"在下"，忽而为"余"，忽而为"仆"，忽而为"我"，变化太多，于正式程度闪忽不定。而"在下"和"我"之类，似乎也不合适出现在"纯文言"的上下文里。另外，由"鹿死谁手"变形来的"鹿死我手"以及"文饰"一词，同上下文的语域和语境的契合程度，似乎也值得斟酌。

笔者以为，文体的时间对应并不及风格对应重要。Johnson 此信欲抑先扬，开头明褒实贬，后来便锋芒渐露，一派文雅的下面深藏着尖刻凌厉，潇洒的文字背后掩盖着怨气辛酸。其文笔气势与其说是近似桐城派的文风，倒不如说有几分类似魏晋之际"竹林七贤"之一嵇康的名篇《与山巨源绝交书》的气度风格。读者如有兴趣，可以找来一读。至于译文，"以白辅文"方为上策。重译如下：

遥想当年，在下一经鼓舞，遂初次登门拜谒。阁下锦言绣句，举座折服。感佩之余，不禁萌生宏愿：望有朝一日能夸口"得众人仰慕者青眼"。在下欲得众人争相邀取之荣宠，无奈未获青睐。碍于斯文自尊，无法再行

---

① 考虑到语域的正式度前后不宜相差太大，此句不取文言译法。

邀宠。何况，在下原本书生，不谙世情，不善谀词。于人前褒扬阁下之时，已倾尽所学溢美之词。既已尽力，则虽人微言轻，亦难耐冷遇。

（四）普通体的中文

译者只需根据具体情况，正常翻译即可。比如笔者翻译的下例：

例 12. 南京是长江下游地区的文化、经济、金融中心城市之一，是京沪铁路、沪宁城际、沪杭铁路的交会点，有沪宁、宁杭等多条高速公路。

As one of the major financial, commercial and economic hubs in southeast China, Nanjing is the intersection of some major arteries such as the Beijing and Shanghai Railroad, the Shanghai and Hangzhou Railroad, the Shanghai-Nanjing High-Speed Intercity Passenger Rail, the Shanghai-Nanjing Highway, and the Hangzhou-Nanjing Highway.

（五）正式体的中文

究竟宜采用何种译法，需具体情况具体分析。

例 13. 我们读一首诗，可以欣赏其中的景物的描写，所谓"历历如绘"。但诗之极致究竟别有所在，其着重点在于人的概念与情感。所谓诗意、诗趣、诗境，虽然多少有些抽象，究竟是以语言文字来表达最为适宜。我们看一幅画，可以欣赏其中所蕴藏的诗的情趣，但是并非所有的画都有诗的情趣，而且画的主要的功用是在描绘一个意象。我们说读画，实在是在画里寻诗。（梁实秋《读画》）

In reading a poem, we may appreciate its description of scenery to a degree of "pictorial vividness." Yet the essence of poetry lies somewhere else. That is, it has its ultimate aesthetic interest in human conceptions and emotions. What is called "poetic meaning," "poetic taste," or "poetic world," abstract and elusive as these terms may sound, can after all be best captured in words. When viewing a painting, we may be drawn to it for its poetic inclination, yet not every picture has an inbuilt poetic inclination. More importantly, the primary function of painting is to depict an image. So, what we mean by reading a painting is in reality seeking poetry in its pictorial composition. （朱纯深译）

总的说来，本例原文已经属于正式体，但其中的划线部分仍属于普通体成分。朱译则在正式与随意之间找到了平衡点：以名词形式的运用和句法的变幻来作点睛之笔，不仅使行文的正式程度被提升至适当的位置，而且也照顾到原文的整体风格。

例 14. 男儿有泪不轻弹，只因未到伤心处。

关于此句，笔者手头的词典中有以下两种译文：

译文 a：Men only weep when deeply hurt.
译文 b：A man does not easily shed tears until his heart is broken.

有评论认为上述英译在形象表现力方面大大逊于中文。因为，在语域方面，原文工整对仗，且有正式度较高的词语标记——"轻弹"；译文则没有与之相称的句法或者词语标记。笔者以为，译意可以使译文简洁，从而提升译文的正式度，试译如下：

Manly tears will be shed for good reasons.

例 15. 十年树木，百年树人。

中文原文的前后句结构非常工整，且词语层的"树"字虽取"立"字之意，却巧与"木"相合，别有韵致。由于英文和中文的差异，要求行文正式度对等，不如退而求其次：准确表意，外加两句结构对称。
汉英词典中给出的译文有以下几种：

译文 a：It takes ten years to grow trees but a hundred years to rear people.

译文 a 做到了结构对称。但回译为中文，意思是：种树要花十年时间，抚养人要花一百年时间。不能清楚地传达原意。而且，从逻辑上看，"rear（抚养）"的话，一百年显然太长。

译文 b：It takes ten years to grow a tree and a hundred years to bring up a generation of good men—a long-term plan.

译文 b 结构大体对称，意思也基本表达清楚。但并不是种任意一棵树都要花十年时间，"it takes ten years to grow a tree" 显然在逻辑上不够合理。

译文 c：It takes 10 years to cultivate trees，but 100 years to cultivate people.

译文 c 结构对称。问题在于第二个"cultivate"。一般说来，"cultivate"搭配"people"有两个意思：一是交朋友，拉关系；二是教化。二者均非中文原意。

基于上述原因，笔者尝试把中文的引申义译出如下：

It may take ten years for a tree to fully grow, and one hundred years for a nation to enjoy the benefits of high-quality education.

（六）超正式体的中文

在正式程度方面，当代英文已不喜过于正式的表达方式，译者倒是无需太过忧心是否能以超正式体的英文进行翻译。不过，尽管实践中不同译者可能在译文正式度方面有各自的偏向，还是应以准确把握和体现原意为首要责任。

例 16. 咫尺之隔，竟成海天之遥。南京匆匆一晤，瞬逾三十六载。幼时同袍，苏京把晤，往事历历在目。惟长年未通音问，此诚憾事。近闻政躬违和，深为悬念。人过七旬，多有病痛，至盼善自珍摄。……吾弟尝以"计利当计天下利，求名应求万世名"自勉，倘能于吾弟手中成此伟业，必为举国尊敬，世人推崇，功在国家，名留青史。所谓"罪人之说"，实相悖谬。局促东隅，终非久计。明若吾弟，自当了然。如迁延不决，或委之异日，不仅徒生困扰，吾弟亦将难辞其咎。（廖承志《致蒋经国信》）

Who would have expected that the short distance between us should be keeping us poles apart! It is now more than 36 years since our brief encounter in Nanjing. The days we spent together in childhood as well as later in the Soviet capital, however, are still as fresh as ever in my memory. But it's a pity indeed that we haven't heard from each other for so many years. Recently it filled me with much concern to learn of your indisposition. Men aged over seventy are liable to illness. I hope you will take good care of yourself. …You used to seek self-encouragement from the motto, "The interests to be considered should be the interests of all; the fame to be sought should be everlasting fame." If you should be instrumental in bringing about the great cause of national reunification, you will certainly win esteem and praise nationwide and your meritorious service to the country will earn you a niche in the temple of fame. It is sheer absurdity to think yourself "guilty" for rendering such a service. After all, dragging out your existence in that tight eastern corner is by no means a permanent solution. Procrastination, hesitation or sleeping over the problem will only lead to adversity and you, my brother, will hardly be able to escape censure. (张培基译)

在译意的准确度方面，本例译文与原文之间的契合还有可推敲之处：没有准确把握原文起首的感慨；没有领会"同袍"的表意重点；"善自珍摄"并非长辈对晚辈的教训，而是同辈间的提醒；没有考虑"计利当计天下利，求名应求万世名"的出处背景；"吾弟"不宜译出……为了引起同行对译意准确度的应有重视，笔者试译如下：

Never had I imagined that the narrow strait could be an insurmountable barricade. Thirty-six years have elapsed since our brief reunion in Nanjing. However, childhood moments and our gatherings in Moscow are still fresh in my memory. Much to my regret, we have failed to maintain correspondence with each other during all these years. Recent information about your indisposition is of great concern to me. Men over seventy are vulnerable to illnesses. Please take good care of yourself. …You were inspired by the dictum "An honorable politician will act in the nation's best interests and accomplish memorable deeds."① By facilitating national reunification, you would earn respect from our compatriots and draw global applause. The historical role as a facilitator should not be misinterpreted. As a man of discernment, you know better than to content yourself with the confines of the island. Indetermination and procrastination will only attract criticism and land you in trouble.

---

① 原文实为"计利应计天下利，求名当求万世名"，是于右任赠蒋经国的对联，劝勉之意突出。考虑到这个情况，应慎重选择主语，以明确传达原意。

例 17. 世事洞明皆学问，人情练达即文章。

这两句为《红楼梦》中的对联。有评论以为下面的译文疏于文采：

A grasp of mundane affairs is genuine knowledge; understanding of worldly wisdom is true learning.

笔者认为，文采难求，语域对应也很困难。译者的首要任务，应是确保译文忠于原意，明白晓畅。原文的关键是，主张"世事"亦为"学问"，"人情"有助"文章"。但英译回译为中文是："了解世事是真知识，懂得人情是真学问"，与原意明显不同。以忠于原意为目的，笔者试译如下：

Knowledge of worldly matters enriches one's mind; the art of worldly wisdom informs one's writing.

四、读者对语体正式程度的期待与翻译

满足目的语读者对于某种情况下所用语言的正式程度的期待，更是译者要经常面对的现实。

例 18. "Fight on, brave knights! Man dies, but glory lives! —Fight on—death is better than defeat! —Fight on, brave knights! —for bright eyes behold your deeds!" (Walter Scott, *Ivanhoe*)

本例是比武场上传令官们（heralds）高喊的话。试想一下，假如我们真的按照原文的正式程度译为：

"继续战斗，勇敢的骑士们！人是会死的，荣誉却永生！——继续战斗——纵然死了也比战败强！——继续战斗，勇敢的骑士们！——因为明亮的眼睛注视着你们的战功！"

会有几个读者希望传令官的口中吐出这样的话语呢？如果把上面这段译文在语域上按照中文读者的内在期待稍稍修正一下，产生的效果就完全不同。笔

者试译如下：

> "勇士们，杀呀！人不能永生，但荣誉长存！——杀呀——宁可战而
> 死，不可败而生！①——勇士们，杀呀！——胜败得失，人们拭目以待！"

例 19.　…most Mighty Emperor of *Lilliput*, Delight and Terror of the Universe, whose Dominions extend five Thousand Blustrugs, (about twelve Miles in Circumference) to the Extremities of the Globe：Monarch of all Monarchs：Taller than the Sons of Men; whose Feet press down to the Center, and whose Head strikes against the Sun：At whose Nod the Princes of the Earth shake their Knees; pleasant as the Spring, comfortable as the Summer, fruitful as Autumn, dreadful as Winter. His most sublime Majesty proposeth to the *Man-Mountain*, lately arrived at our Celestial Dominions, the following Articles, which by a solemn Oath he shall be obliged to perform. (Jonathan Swift, *Gulliver's Travels*)

本例取自小人国国王颁布的某律令开头一段。英文原文中，除了第三人称单数形式为旧体，以 th 为屈折词尾而外，语域的正式程度普遍较低。但是，中文读者心目中的国王文告应当比普通的白话语体要正式，故有译文如下：

> ……利立浦特国至高无上的皇帝陛下，举世拥戴敬畏，所辖疆域广被
> 五千布拉斯特洛格（周界近四十里），直抵大地边缘。陛下为万王之王，身
> 高盖世，脚踏地心，头顶骄阳；一颔首可令地上诸王双膝震颤；陛下和蔼
> 如春，舒适如夏，丰饶如秋，可怖如冬。至高无上的我皇陛下，向最近抵
> 达本朝国土的巨人山提出如下条款，望其庄严宣誓遵守执行……（杨昊成
> 原译，笔者略做修改）

再如，Kipling 有诗句云："East is East, and West is West, and never the twain shall meet!"有译者译为："东方是东方，西方是西方，两者永不聚！"虽可算"信"译，但"twain"一词在原语读者心中所唤起的关于古意、诗风的期待却没有得到重视。台湾作家余光中先生译为："东是东，西是西，东西永古不

---

① 事实上，"death is better than defeat"近乎"不成功便成仁"。但"仁"字的中文色彩太浓，故稍做改译。

相期!"① 余译虽然在韵式方面另起炉灶，但诗味浓郁，更加耐读。

另外，朱镕基曾在一次记者招待会上讲："对于外界叫我'中国的戈尔巴乔夫'也好，叫我'经济沙皇'也好，叫我什么东西也好，我都不高兴。"当时的口译员现场翻译如下，"Whatever the foreign media call me, call me a Chinese Gorbachev or the economic Czar or anything else, I'm not happy about that"。笔者以为，"叫我什么东西也好，我都不高兴"并不仅仅是讲心情，应该还表明了说话者的态度。英译在这一点上并不十分明确。笔者试译如下，"International news outlets nicknamed me 'Chinese Gorbachev,' 'economic Czar,' and the like. I do not take these nicknames as compliments"。

以上所举译例对翻译实践来讲，无异于沧海一粟。此处仅挂一漏万地举几个例子给读者一点启示，更深入的研究还要假以时日。更贴合翻译实践的理论，也要留待我们去耐心寻找。

五、礼貌体与熟稔体

礼貌体和熟稔体主要是由说话人根据自身与受话者之间交往关系的亲疏程度来决定的两种语体。英文熟稔体的主要标志是简单的句法和浅近的词语，礼貌体的主要标志是表意委婉、客气的句法和词语，中文熟稔体的主要标志还要加上礼貌用语的省略。熟稔体不对翻译构成困难，此处略去不谈。

要注意的是，中文礼貌体的主要标志不仅有尊敬语（如令堂、令尊、令嫒、令郎、仁兄、世兄、贤弟、尊驾、军座、华函、贵府等），还有为数不少的自谦语（即"以对己方的贬抑来显示对对方的尊重"，如孤、寡人、仆、鄙人、愚、犬子、小女、贱内、不才、不肖、晚生、后学、小可、区区、老朽、小弟、下官、敝宅等）。类似的礼貌用法，在汉译英时常苦于没有对应表达。若论权宜之计，可以考虑采取"归化法"，用英文的礼貌体来翻译中文的礼貌体。聊举数例如下：

例20. 如蒙大驾光临，则不胜荣幸之至。
We will be honored by your visit.

例21. 可否赏光与我一同进餐？
Would you do me the honor of dining with me?

---

① "期"古指"相遇"。

例 22. 若蒙早日赐复，则不胜感谢。

I will be grateful if you would give me an early reply.

例 23. 能对各位贵宾演讲，使我深感荣幸。

It is a privilege to address such a distinguished audience.

例 24. 欢迎光临寒舍。

Welcome to my humble abode.

英文也有些复杂的尊称，常令译者难以驾驭。处理方式没有定法，只能凭语境定夺。如下例英文原文中黑体标出的部分：

例 25. "Ah, happiness attend **your highness**—Heaven be propitious to **your grace**! I have brought **my lord**'s new boots—ah, say nothing about the pay, there is no hurry, none in the world. Shall be proud if **my noble lord** will continue to honor me with his custom—ah, adieu!"

…

"Pardon, **Signore**, but I have brought you new suit of clothes for—"

…

"A thousand pardons for this intrusion, **your worship**! But I have prepared the beautiful suite of rooms below for you—this wretched den is but ill suited to—"(Mark Twain, *Legend of the Capitoline Venus*)

"啊，愿幸福陪伴阁下——愿上天助大人顺心如意！我带来了老爷的新靴子——啊，钱的事儿别提了，不用急，一点都不急。假如高贵的老爷愿意继续赏光惠顾的话，我将非常自豪——啊，再会！"

……

"请原谅，先生，但是我给您拿来了一套新装——"

……

"这么冒昧，请您千万原谅，阁下！不过我已经为您在楼下准备好了漂亮的套房——这间简陋蹩脚的小屋简直不配——"（刘建刚、阎建华原译，笔者略做修改）

第二节 方言与翻译案例讲析示例

本节所说的"方言",是指某种语言因为地域或社会因素的影响而产生的变体。

一、地域方言

地域方言是由地域不同而产生的语言变体。从翻译的角度说,一般认为,方言在翻译的转换中相当艰难,常常无法再现这种变异。

英译汉时,试图以中文的某种地区方言去替代英文的某种地区方言,既会使读者产生错觉、误会,也是对原作的背离、歪曲,并不足取。笔者以为,遇到这种情形,只要把语言译得"俗"一点就足够了。比如例26、例27和例28中斜体部分标出的方言发音变异。

> 例26. "*Git* up! What you *'bout*?"
>
> …
>
> "What you *doin'* with this gun?"
>
> "Somebody tried to get in, so I was laying for him."
>
> "Why didn't you *roust* me out?"
>
> …
>
> "Another time a man comes *a*-prowling round here, you *roust* me out, you hear? That man *warn't* here for no good. I'd *a* shot him. Next time, you *roust* me out, you hear?" (Mark Twain, *The Adventures of Huckleberry Finn*)
>
> "起床,干吗呢,你?"
>
> ……
>
> "你拿枪干吗?"
>
> "有人想进来,我防着他呢。"
>
> "干吗不叫醒我?"
>
> ……
>
> "下回再有人贼头贼脑地上这儿转悠,你就把我叫醒,听见没有?那人上这儿来就没安好心。我得干掉他。下回叫醒我,听见没有?"(笔者译)

例 27. Four o'clock, *grandfer*①? Sister's late, isn't she? She didn't used to be so late, market day—you know that as well as I do. 'Tisn't often you put her to shame. … But that's the way with Time, *grandfer*, and always will be, for all your steady tick-tocking. Either *'tis* crawling around like a worm, or else *'tis* walloping along like a butcher's cart. … (Charles Lee, *Mr. Sampson*)

四点啦，大钟爷爷？姐姐晚啦，是不是？她去赶集，从来没回来晚过——我知道，您也知道。您要挑她的错可不容易……时间这东西就这样，大钟爷爷，老是这样，尽管您不紧不慢地滴答滴答。时间呀，要么慢得像蚂蚁，要么快得像肉铺的运肉车……（吕叔湘原译，笔者略做修改）

例 28. "But it *ain't* any use, gentlemen; I tell you again, as I've told you a half a dozen times before, I *warn't* raised to it, and I *ain't a-going* to reskit." (Mark Twain, *The Professor's Yarn*)

"可这根本没用，先生们；我再说一遍，而且我已经说过好几遍了，我天生不是这号材料，也绝不会去冒险。"（刘建钢、阎建华原译，笔者略做修改）

二、社会方言

社会方言是由不同的社会背景、文化素养、经济状况等因素决定的不同的语言运用方式。文雅的标准语往往被视为身份的象征。在等级观念根深蒂固的英国，情况更是如此。身处所谓上流社会的缙绅仕女即便在针锋相对、唇枪舌剑之时也力求谈吐斯文。

例 29. Sir Robert Chiltern：Mrs. Cheveley, you cannot be serious in making me such a proposition!

Mrs. Cheveley：I am quite serious.

Sir Robert Chiltern (Coldly)：Pray allow me to believe that you are not.

Mrs. Cheveley (Speaking with great deliberation and emphasis)：Ah! but I am. And if you do what I ask you, I … will pay you very handsomely!

Sir Robert Chiltern：Pay me!

Mrs. Cheveley：Yes.

---

① 说话人在对着一个古旧的钟讲话，并称那座钟为"grandfer"。

Sir Robert Chiltern: I am afraid I don't quite understand what you mean.

Mrs. Cheveley (Leaning back on the sofa and looking at him): How very disappointing! And I have come all the way from Vienna in order that you should thoroughly understand me.

Sir Robert Chiltern: I fear I don't.

Mrs. Cheveley (In her most nonchalant manner): My dear Sir Robert, you are a man of the world, and you have your price, I suppose. Everybody has nowadays. The drawback is that most people are so dreadfully expensive. I know I am. I hope you will be more reasonable in your terms.

Sir Robert Chiltern (Rises indignantly): If you will allow me, I will call your carriage for you. You have lived so long abroad, Mrs. Cheveley, that you seem to be unable to realise that you are talking to an English gentleman.

Mrs. Cheveley (Detains him by touching his arm with her fan, and keeping it there while she is talking): I realise that I am talking to a man who laid the foundation of his fortune by selling to a Stock Exchange speculator a Cabinet secret.

Sir Robert Chiltern (Biting his lip): What do you mean?

Mrs. Cheveley (Rising and facing him): I mean that I know the real origin of your wealth and your career, and I have got your letter, too.

Sir Robert Chiltern: What letter?

Mrs. Cheveley (Contemptuously): The letter you wrote to Baron Arnheim, when you were Lord Radley's secretary, telling the Baron to buy Suez Canal shares — a letter written three days before the Government announced its own purchase.

Sir Robert Chiltern (Hoarsely): It is not true.

Mrs. Cheveley: You thought that letter had been destroyed. How foolish of you! It is in my possession.

Sir Robert Chiltern: The affair to which you allude was no more than a speculation. The House of Commons had not yet passed the bill; it might have been rejected.

Mrs. Cheveley: It was a swindle, Sir Robert. Let us call things by their proper names. It makes everything simpler. And now I am going to sell you that letter, and the price I ask for it is your public support of the Argentine scheme.

You made your own fortune out of one canal. You must help me and my friends to make our fortunes out of another!

  Sir Robert Chiltern: It is infamous, what you propose - infamous!

  Mrs. Cheveley: Oh, no! This is the game of life as we all have to play it, Sir Robert, sooner or later! (Oscar Wilde, *An Ideal Husband*)

  本例取自王尔德此剧的第一幕中的一节。Cheveley 夫人要求 Chiltern 帮忙，并威胁说，若他不肯，就拆穿他的发家史。本例对话的翻译必须符合说话人的身份，尽管是舞台语言，也不可以译得太通俗。Cheveley 夫人一心要说服 Chiltern 帮忙，出语直露尖刻，其正式程度要低于 Chiltern；Chiltern 碍于身份，什么时候都不忘记端着爵爷架子。以上因素必须有所体现。译文如下：

  齐尔顿：薛维利夫人，您不是真的要我这么做吧！

  薛维利夫人：我是很认真的。

  齐尔顿（冷冷地）：我宁可相信您并非当真。

  薛维利夫人（不慌不忙，柔中有刚）：哎，可我的确是当真的呀！如果您按要求行事，我一定会付给您丰厚的酬劳。

  齐尔顿：酬劳？！

  薛维利夫人：对。

  齐尔顿：我好像不太明白您的意思。

  薛维利夫人（身子往后一靠，两眼盯着他）：那就太令人失望了！我不顾路远从维也纳跑来，就是想让您彻底明白呢。

  齐尔顿：我恐怕还是不明白。

  薛维利夫人（一点也不着急）：大人，您老于世故，想必看价行事。现在人皆如此。只可惜多半要价不菲。我就是这样；这我知道。您呢，我希望您的条件比较合理。

  齐尔顿（愤然起身）：夫人允许的话，我这就给您叫马车。您久居异国，好像意识不到自己是在跟英国绅士谈话。

  薛维利夫人（手中扇子往他臂上一点，把他按住）：我很清楚，和我谈话的人当年起家，靠的是向证券交易所的投机分子出卖内阁机密。

  齐尔顿（咬着嘴唇）：您这话什么意思？

  薛维利夫人：我是说，我知道您是怎么发家的。而且我手里还有您那封信呢。

齐尔顿：什么信？

薛维利夫人（语气轻蔑）：就是您写给安海默男爵的信呀，通知他买进苏伊士运河股票。当时您是拉德里勋爵的秘书。写信的时间是政府宣布收购这些股票的前三天。

齐尔顿（声音嘶哑）：没那回事。

薛维利夫人：您以为那封信早就毁了，真够笨的！信在我手里呢。

齐尔顿：您含沙射影的这件事不过是投机而已。当时，下院还没通过那项法案呢；法案可能会被驳回。

薛维利夫人：大人，那是舞弊。我们应该实话实说，事情才好办嘛。那封信嘛，我打算卖给您，开的价就是您公开支持阿根廷计划。您是靠运河起家的。我和朋友要靠另一条运河起家，您不帮忙怎么行！

齐尔顿：您的建议简直不成体统——不成体统！

薛维利夫人：这话不对！人间角逐，早晚要玩这么一手，大人，您早我晚罢了。（翁显良原译，笔者略做修改）

由于个人的生活经历和家庭背景的不同，人们的语言习惯也会受到影响。下面一节对话截取自 1935 年获奥斯卡五项金奖的电影 *It Happened One Night*。其中，Ellie 是富翁的女儿，Peter 是报社记者。

例 30. Ellie（frantically）：Listen, if you'll promise not to do it, I'll pay you. I'll pay you as much as he will. You won't gain anything by giving me away as long as I'm willing to make it worth your while. I've got to get to New York without being stopped. It's terribly important to me. I'd pay now only the only thing I had when I jumped off the yacht was my wrist watch and I had to pawn that to get these clothes. I'll give you my address and you can get in touch with me the minute you get to New York.

Peter（furious）：Never mind. You know I had you pegged right from the start; you're the spoiled brat of a rich father. The only way you can get anything is to buy it. Now you're in a jam and all you can think of is your money. It never fails, does it? Ever hear of the word "Humility?" No, you wouldn't. I guess it never occurred to you to just say, "Please mister, I'm in trouble. Will you help me?" No; that'd bring you down off your high horse for a minute. Let me tell you something; maybe it'll take a load off your mind. You don't have to worry about me. I'm not interested in your money or your problem; you, King Westley, your father, you're all a lot of hooey to me.

Ellie 生长在富人之家，处处要表现出自己的良好教养，即便是日常会话，也采用了相对复杂的句法，有时还运用长句。Peter 的语言则体现了普通人的口语特点，句法相对简单，句长普遍较短。有译文如下：

埃莉：（热切地）听我说，如果你保证不去报告，我会给你酬劳，绝不比我父亲给得少。要是你出卖我，就捞不到什么好处，因为我也会有怨报怨。我必须到纽约去，这事儿很重要。原本现在就可以给你报酬，只可惜我跳下游艇时只带了一块表。为了买这身衣服，我又把它给当了。不过我可以留下地址，你一到纽约就可以跟我联系。

彼得（大怒）：别说了。我一开始就看透了你，你这个被富翁老子宠坏的东西。不管想要什么，你都是用钱买。现在碰到了麻烦，想得起来的也只有你的钱。钱无所不能，是吧？听过"谦卑"这个词吗？不，没听过。我想，你从来没想过要说："对不起，先生，我碰到麻烦了，帮帮忙好吗？"你才不说呢。那会让你一时威风扫地的。和你明说吧，没准儿能解除你的精神负担，你大可不必顾虑，我对你的钱和你的问题都不感兴趣。你，金·韦斯特利，还有你父亲，你们这些人对我来说统统一文不值。（魏淑花原译，笔者略做修改）

由于美国历史上的蓄奴制影响，黑人在相当长的时间里被剥夺了基本人权，更谈不上受教育了。所以黑人英语成为一种重要的民族变体。以下简单举例说明。

例 31. Miss Scarlett! Miss Scarlett! Where you goin' widout yo' shawl, and the night air fixin' to set in? And huccome you didn' ask the gempmum to stay for supper? You ain' got no more manners dan a fiel' han' — and after Miss Ellen and me done labored wid you. Come on in de house. Come on in before you get your death o' dampness.

本例英文原文截取自电影《乱世佳人（*Gone with the Wind*）》，是 Scarlett 家的黑人保姆所说的话。其标准英语发音形式如下：

Miss Scarlett！Miss Scarlett！Where you goin*g* wi*th*out yo*ur* shawl，and the night air fixin*g* to set in？And *how* come you didn'*t* ask the *gentlemen* to stay for supper？You ain'*t* got no more manners *than* a fiel*d* hand — and after Miss Ellen and me done labored wi*th* you. Come on in *the* house. Come on in before you get your death *of* dampness.

可以看出，黑人保姆的发音有下列规律：不能发出动词"ing"形式中的鼻音，把"th"读作"d"，句尾的辅音有时被略去（如"t""d""f"），个别词发生音变（把"gentlemen"读作"gempmum"）。

中译文除了要把语言处理得尽量通俗而外，还可以在汉字读音上略动手脚，以再现语言的不规范性。试翻译如下：

斯佳丽小姐！斯佳丽小姐！披肩也不带，这是要上哪儿弃（去）？天快黑了，要凛（冷）了。你怎么也不留少爷们吃晚饭？一点儿规矩都没有，和个泥腿子没啥脸（两）样。我和埃伦小姐白教你了。你给我回屋来。趁你还没着凉送命，快给我回来！

还有一首黑人儿歌有这样一句歌词：

例32. Up in *de mornin*，down at *de* school，work like a *debil* for my grades①.

这句歌词的标准英语发音形式应为，"Up in *the morning*，down at *the* school，work like a *devil* for my grades"。考虑到几处不规范发音的特点，译文如下：

起身找（早），奔学校，情（勤）读书要分数高。

由于语体问题牵涉的范围很广，引发的问题也很多，本章的案例分析远远不能覆盖和反映所有相关问题。但是，随着文体学对比研究的纵深发展，译界必定能得到更多的启示与激发。读者也必定能在大量的翻译实践活动中，得出自己独到的见解，找到适合自身的问题解决方法。

———————————

① 斜体部分为不规范发音。

第七章

语篇衔接与连贯问题翻译案例讲析示例

　　语言学研究中，与语篇有关的英文术语有两个："discourse"通常被译为"语段""语篇""话语"；"text"通常被译为"文本""篇章""语篇"，也有译成"话语"的。这里采用西方学者的观点，即"discourse"和"text"均可指称任何口语或书面语语篇（Salki 1995：IX；Woods 2006：X）。

　　英国翻译学者纽马克（Newmark 2001［1988］：18）在其《翻译教程（*A Textbook of Translation*）》中写道：

　　　　you have to study the text not for itself but as something that may have to be reconstituted for a different readership in a different culture（研究语篇不应仅仅局限于其自身，还应将其作为在另一种文化中为另一读者群体而重组的产物来研究）。

　　纽马克此教程还专辟一章探讨翻译中语篇分析应着重注意的方方面面："reading the text（阅读文本）"，"the intention of the text（文本意图）"，"the intention of the translator（译者意图）"，"text styles（文本风格）"，"the readership（读者）"，"stylistic scales（风格分级）"，"attitude（态度）"，"setting（背景）"，"the quality of the writing（写作质量）"，"connotations and denotations（内涵与外延）"，"the last reading（最后一遍读析原文）"（Newmark 2001［1988］：11–18）。他（Newmark 2001［1988］：13）还提出，语篇可划分为四种类型："narrative（叙述型）""description（描写型）""discussion（讨论型）""dialogue（对话型）"。这是从语篇功能的角度看其对翻译的影响。西方译界还有类似论述，只是分类方法各不相同。因均属一家之言，其科学性与实用性尚需进一步证实，而本书的写作目的并非理论研讨，此处从略。

　　需要强调的是，由于语篇的意义取决于其形式衔接与内容连贯的统一，译者万万不可忽视语篇的衔接（cohesion）与连贯（coherence）。衔接是语篇表层的有形脉络，连贯是其深层的无形脉络，只有两者和谐统一，才能文气畅达，合情合理。译者应当牢记，衔接和连贯都是主要矛盾，必须兼顾。但要明确，连贯是主要矛盾的主要方面，是重中之重，要力避衔接而不连贯的"达"而"不信"的现象。语篇的连贯是一个十分复杂的问题，除了依靠衔接手段而外，有时还要考虑到句群关系、句子的排列顺序等。至于那些用来描述潜意识和无意识活动的语言，不求连贯，不在研讨之列。

还应注意的是，中英语篇的主要差异在于衔接手段和连贯标准的不同。英文的衔接有赖功能词（and，but，if，however 等）和某些插入语或固定搭配的表层衔接功能，中文的衔接主要靠的是意义上的内在逻辑联系。故而，英文的连贯离不开词汇层和句法层的衔接手段，中文的连贯则更重视超脱于表层衔接之上的语义一致和语用功能。这也就是英文的主语显著（subject-prominent）现象与中文的主题显著（topic-prominent）现象的根本原因所在。

第一节　语篇衔接问题翻译案例讲析示例

在语篇层面，英文一般依赖表层的衔接手段，倾向多用照应、替代，尤其重视逻辑联系语的应用；中文一般依赖深层意义的推理暗示，对于表层衔接手段的使用多体现在词语衔接（复现关系［reiteration］和同现关系［collocation］）方面。由此，英译汉时，逻辑连贯性体现在深层结构，表层结构多用词语衔接，点到即可；汉译英时，逻辑连贯性反映在表层结构上，是多种衔接手段的配合使用。简言之，英译汉要注意衔接手段的"简单化"问题，汉译英要注意衔接手段的"多样化"问题。下文将援引数例以分析说明。

例 1. Delighted with the partial glimpses which he obtained of the castle through the woods and glades by which this ancient feudal fortress was surrounded, our military traveller was determined to inquire whether it might not deserve a nearer view, and whether it contained family pictures or other objects of curiosity worthy of a stranger's visit; when, leaving the vicinity of the park, he rolled through a clean and well-paved street, and stopped at the door of a well-frequented inn.　（Walter Scott，"The Tapestried Chamber"）

将军兴致勃勃地透过周边的树木和空地遥望这栋古老的封建城堡，决心向人打听城堡里是否有值得外人观赏的祖辈画像或其他珍品。他离开城堡的庭院，穿过一条干净而平坦的街道，在一家门庭若市的酒店门口停了下来。（《华特·司各特作品赏析》中译，笔者略做修改）

本例的英文原文是以将军为中心，描述他的所见、所思、所为。环境描写以分句形式挂在主句上。中译文则完全是按动词的时间顺序，来安排叙事语句信息出现的先后次序。

从语篇来看，英文原文运用的衔接手段包括：①人称照应，"he"后照应"our military traveler"；②指示照应，"it"前照应"the castle"；③原词复现，两个"he"；④同义词复现，"glimpses"和"view"，"castle"和"fortress"；⑤两个增补关系，即该段文字偏后部分的两个"and"所体现的语义关系。中译文运用的衔接手段包括：①原词复现，三个"城堡"；②人称照应，"他"前照应"将军"。

例 2. …Yet high over the city our line of yellow windows must have contributed their share of human secrecy to the casual watcher in the darkening streets, and I saw him too, looking up and wondering. I was within and without, simultaneously enchanted and repelled by the inexhaustible variety of life. (F. Scott Fitzgerald, *The Great Gatsby*)

……可是我心想，我们这排灯火辉煌的窗户高高在这都市之上，从底下暮色苍茫的街道望上来，不知道蕴藏着何等人生的秘密。于是我脑海中浮现出这么一位过客，他偶尔路过此地，抬头望望，不明所以。想着想着，顿觉身在室内而心在室外，对这人生悲喜剧无穷的演变，又是陶醉又是恶心。（乔志高原译，笔者略做修改）

本例的英文原文经历了两个转换：一个空间转换，即从叙述者"我（尼克）"的假想空间（都市的街道）转换到叙述者身在的真实空间（室内）；一个视角转换，即由叙述者假想的"watcher"从外面往里看，转换到叙述者从里面往外看。英文的重心在后，旨在强调"within"和"without"的巨大反差，故而视角转换很富有戏剧性，颇具起伏跌宕的动感，在读者心里激起了强烈的对比感受。

中译文则不同。考虑到中文的直线推进原则，中译文一开始就点明"我心想"，以防止与上下文脱节的突兀之感，并屡屡借助标点，将各层意义分隔开，以保持中文溪流淙淙的节奏感。

从语篇角度看，英文原文采用的衔接手段包括：①词汇链（lexical chain）同现，"city"和"streets"；②增补关系，即"and"体现的语义关系；③原词复现，两个"I"；④人称照应，"him"前照应"the casual watcher"。中译文采用的衔接手段包括：①原词复现，两个"我"，三个"想"；②词汇链同现，"都市"和"街道"；③同义词复现，"望"和"望望"。

例3. Now he would never write the things that he had saved to write until he knew enough to write them well. Well, he would not have to fail at trying to write them either. Maybe you could never write them, and that was why you put them off and delayed the starting. Well he would never know, now.

他以前留着想等将来更了解情况时再动笔写的东西，现在是再也不会写了。也好，这样就不会写而不成了。可能就是因为根本写不出来，所以才一拖再拖，迟迟不肯动笔。好了，他现在永远不会知道了。（《厄内斯特·海明威作品赏析》中译，笔者略做修改）

本例中，英文原文的麻烦在于第三句的人称转换：前后都是"he"作主语，唯独第三句是"you"作主语。根据语用学中关于人称指示语的论述，"you"可用以泛指任何人，功能相当于"one"；也可指代第一人称"我"。不论哪种用法都常见于口语中，用在这里才会有"突出（foregrounding）"和"变异（deviation）"的效果，让读者的注意力一下子集中到这句话所表达的意义上。按第一种用法理解，这句话可视为作者插入的评论；按第二种用法理解，可视为用意识流笔法写小说主人公的思想活动。事实上，这篇小说采取了分别排版的方式，将主人公的主要思想活动用斜体排出以示区别。

可不论如何理解，中文若照样处理，都会令读者感觉怪异。如果译者能想到中文多用词汇衔接和深层语义暗示来谋篇布局的话，就可以把捣蛋的代词"you"删去，用词汇手段保证语义的衔接和连贯。本段的主要矛盾在于此句的翻译，故而只讨论此句的译法，其他几句不再赘述。

例4. 夜幕垂垂地下来时，大小船上都点起灯火。从两重玻璃里映出那辐射着的黄黄的散光，反晕出一片朦胧的烟霭；透过这烟霭，在黯黯的水波里，又逗起缕缕的明漪。

When night falls and the lanterns on all the boats are lit, the soft, yellow light piercing two layers of glass sheds a vast halo of haze and casts shimmering stripes on the dim, rippling water. (《中国文学现代散文卷》)

本例中，中文原文的逻辑连贯经历了几次视点转换：先是广角镜头（"夜幕""灯火"），然后近距离聚焦（"散光""烟霭"），之后，镜头又一次转向远处（"水波""明漪"）。主语也有变化，第一句是无主句，第二句为并列复句，主语为"散光"。第一分句"散光"之前更是一连四个定语（"从两重玻璃里映出""那""辐射着的""黄黄的"）。第二分句则叠着两个状语（"透过这烟霭""在黯黯的水波里"）。中文读者的头脑中是一组蒙太奇：船上的点点灯火，一团散光，一片烟霭，水面荡漾的金波。结构虽然松散，但其鲜明的意象足以入画成诗。

译成英文就不同了。意象的叠加，除了在意象派诗人的诗作，比如庞德的带有日本俳句、和歌影子的作品里"寻常见"而外，一般是难觅其踪的。首要一点，英文镜头一般是追随一个焦点运动，也就是找出一个关键性的主语，译者将其确定为"the soft, yellow light"。汉语的第一个句子在英译中变为时间状语，汉语中修饰"散光"的四个定语，或化为分词从句，或省略，只突出需要突出的部分。英文读者头脑中的图景虽与中文读者大致相同，但还是有一点明显的差异：就是镜头始终对准"the soft, yellow light"，而"night""the lanterns""haze"和"shimmering stripes"都是焦点以外的影像。故而，逻辑关系充分地突出和加强了。

从语篇角度看，中文原文的逻辑连贯靠的是词汇链的同现关系（collocation）——"灯火"和"光"，"水波"和"漪"，以及原词复现关系（reiteration）——"烟霭"和"烟霭"；英文译文靠的是一个长句中的逻辑联系语 and 所体现的两个增补（additive）关系，还有词汇链的同现关系——"night"和"dim"，"lanterns"、"lit"和"light"，"light"和"shimmering"。

例5.①我们坐在舱前，②因了那隆起的顶棚，仿佛总是昂着首向前走着似的；③于是飘飘然如御风而行的我们，看着那些自在的湾泊着的船，船里走马灯般的人物，④便象是下界一般，迢迢的远了，⑤又象在雾里看花，⑥竟朦朦胧胧的。

We sat on the foredeck; because of the visionary effect of the highly arched awning, it seemed our boat was advancing with its prow turned upwards and we were riding the wind and soaring up to the skies. The boats lying leisurely at anchor here and there and the figures shifting about looked as if they were far away in a world below, and the blurred view also seemed like watching flowers through fog. (《中国文学现代散文卷》)

本例的中文原文是一个结构复杂的承接复句。层次划分如下：

①……，‖②……；｜③……，……，……，‖｜④……，……，
　　　　　并列　　　　　承接　　　　　　　　　承接
‖｜⑤……，‖｜⑥……。
并列　　　　承接

第①③⑤分句的主语是"我们"，第②分句的主语是"船"，第④⑥分句的主语是"湾泊着的船"和"船里走马灯般的人物"。并且，第②④⑤⑥分句的主语均承前省略。中文的紧凑性因为主语的分隔交叉而大大减弱。但这种视点的转换，并没有妨碍中文读者的视线随作者的视线穿越时空，见平生所未见。这种"散点透视"恰使中文读者对中文景致感同身受。

译成英文则需大大变通一番。译者先将这个复句断为两句。第一句，分号前，主语是"we"；分号后，主语为"we"和形式主语"it"。第二句，主语为"the boats and the figures"和"the blurred view"。译者还尽力避免了不同主语交叉出现的现象。为了理清逻辑思路，译者把中文的第②分句做了具体化的处理，将"昂着首"译为"with its prow turned upwards"，将原文的"明喻"加"拟人"化为一句描述，且在"隆起的顶棚"前添加"the visionary effect of（……的视觉效果）"，因而译文显得更为明确、客观。第③分句中，"飘飘然如御风而行"的"明喻"，在译文中变为"were riding the wind"的描述加"soaring up to the skies"的"夸张"；而"走马灯般的"这个"明喻"性质的定语，取其意"换来换去"泛化成为分词短语"shifting about"。动完这些手术，一个清晰紧凑的逻辑脉络才呈现在读者面前。

从语篇的角度看，中文原文所倚重的是词汇链的同现关系——"舱""顶棚""船"，原词复现关系——"我们"和"我们"，"船"和"船"，"象"和"象"；英文译文所倚重的是逻辑联系语"and"所体现的四个增补关系，原词复现关系——"we"和"we"，"boat"和"boats"，以及人称照应（personal reference）——"they"照应"the figures"。

例 6. 广出猎，见草中石，以为虎而射之，中石，没镞，视之，石也，因复更射之，终不能复入石矣。(《史记》)

Li Kuang was out hunting one time when he spied a rock in the grass which he mistook for a tiger. He shot an arrow at the rock and hit it with such force that the tip of the arrow embedded itself in the rock. Later，when he discovered that it was a rock，he tried shooting at it again，but he was unable to pierce it a second time. (Burton Watson 译)

本例的中文原文短句频频，如急雨敲窗，扣人心弦。只 33 个字，却如一个电视短片，令人睫毛无暇一眨。除了深层语义连贯外，只用了三种词汇衔接手段：①原词复现，即四个"石"，三个"之"，两个"射"；②同义词复现，即"见"和"视"，"没"和"入"；③词汇链的同现，即"猎""射"和"中"。

英文译文虽也简洁有力，但却借助了繁复多变的表层衔接手段：①人称照应，即"he"前照应"Li Kuang"；②直接指示照应，即"the rock"前照应"a rock"，"it"前照应"the rock"，"itself"前照应"the tip of the arrow"，"it"后照应"a rock"；③增补关系，即"and"所体现的语义关系；④因果关系，即"such…that…"所体现的语义关系；⑤原词复现，即五个"he"，四个"it"，四个"rock"，两个"arrow"，"shot"和"shoot"；⑥词汇链的同现，"hunting""shot""hit""shoot"；⑦列举 (enumeration)，"later"所体现的语义关系；⑧转折 (adversative)，即"but"所体现的语义关系。

由上述译例可知，英文汉译时，要重视词汇衔接手段的运用和深层语义的推演；中文英译时，则须考虑表层衔接手段的多样化与逻辑联系语的使用。当然，在实际翻译过程中，不可能有一套可供"刀裁尺量"的依据，使译者省心省力地了解何处用照应，何处用替代，何处用词汇衔接，何处用逻辑联系语。并且，译者在进行翻译时也不会时刻明了自己现在正用替代，或是照应，抑或是使用别的衔接手段。若果真如此，那翻译将会"匠气"十足。翻译的关键是，要在理性高度上积累感性经验，使之成为翻译过程中的直觉与自觉，融会贯通，机杼自出，才能产出成功的译作。

第二节　语篇连贯问题翻译案例讲析示例

在翻译过程中，除了要把握原文的文体、风格之外，还要理清文章的脉络、层次以及衔接关系、连贯关系和内在逻辑关系，注意中英文语篇的结构差异。此外，因为词语、句子、段落都是语篇的构件，有牵一发而动全身的效力，因而在处理词语、句子和段落的时候，也要有语篇意识。只有站在语篇连贯性的高度，登高望远，才能拨开眼前的云雾，不受一石、一木的阻碍，饱览美景。语篇意识，说起来容易，做起来难。即使翻译高手也不免有马失前蹄的时候。实际操作过程中一定要慎而又慎，方可避免"善骑者坠，善游者溺"的现象。本节从三篇英译汉散文中选取数例，以供警策之用。

例 7. If you duly observe time for the service of another, it doubles the obligation; if upon your own account, it would be manifest folly, as well as ingratitude, to neglect it. If both are concerned, to make your equal or inferior attend on you, to his disadvantage, is pride and injustice.

原译：如果在别人为你效劳时你认真守时，那会成倍地加重他的责任感；如果你在独立行事时疏于守时，那会显出你的愚蠢甚至不领情义。如果上述两种情况同时出现，你使你的同僚或下属为伺候你而又使他们久等，那将是傲慢无礼和不公正。

本例是英国作家斯威夫特（Jonathan Swift）的散文 *A Treatise on Good Manners and Good Breeding* 中谈到守时问题的一段评论。从语篇的角度看，译文明显不够连贯。首先，"for the service of another"是指"帮助别人"，"obligation"指的是"the state, fact, or feeling of being indebted to another for a special service or favor received"。其次，"if upon your own account…to neglect it"作为对比的情况提出来，指的是"事关你自己"的情况下，"你"对时间的态度。这时是别人帮"你"，"你"还不守时，所以是"ingratitude"。另外，译文中"上述两种情况同时出现"这句话也影响了行文连贯。在笔者看来，文中"both"为前照应，照应的是上文的"another"和"you"，所以，应是指"对方与你"。改译如下：

若是你帮助别人，且严格守时，就是双倍人情；若事关你自己，你还不守时，就不仅是不知感激，简直愚不可及。如果事关双方，你既要让同僚或下属帮你做事，又只顾自己而让他们久等，就是目中无人，不讲道理。

例 8. Young women seemed oddly contented with the world as it was. They valued the meaningless ceremony with a ring. Young men, while willing to concede the chaining sordidness of marriage, were hesitant about abandoning the organizations which they hoped would give them a career. A young man on the first rung of the Royal Navy, while perfectly agreeable to doing away with big business and marriage, got as rednecked as Mr Houghton when I proposed a world without any battleships in it.

原译：年轻的女人们似乎很满意于目前状况的世界，这真是很奇怪。她们十分看重有一只戒指的毫无意义的仪式。年轻的男人们虽然很乐意承认婚姻有那种束缚人的肮脏之处，但是却又迟疑不决，拿不准是否应该丢弃那些他们希望会给予他们远大前程的各种组织。作为一个刚刚踏上英国皇家海军这个阶梯的第一级的年轻人，我在十分高兴地摈弃大生意和婚姻的同时向天下人推荐一个没有军舰的世界，这时候我跟霍顿先生一样，脖子红了起来。

本例取自戈尔丁（William Gerald Golding）的散文 *Thinking as a Hobby*。该文谈到思考的三个级别：第三级，嘴上谈正确的大道理，实际上还是"跟着感觉走"，心口不一；第二级，对大众思潮持异议态度，但不打算寻找真理、解决问题，只满足于质疑，标新立异；第一级，为寻求真理而努力。本例是该文接近尾声时的一段文字。

这部分文字先讲女人对婚姻的态度，可以考虑把"the meaningless ceremony with a ring"译得明确一点。然后讲男人虽不在乎婚姻，却在乎自己就职的组织机构，在乎自己的前程。故最后一句应理解为，"When I proposed a world without any battleships in it, a young man on the first rung of the Royal Navy got as rednecked as Mr Houghton, although he was perfectly agreeable to doing away with big business and marriage"。这段的暗示意义如下：海军若是没了军舰便不成其为海军了，皮之不存，毛将焉附，那个海军军士如何能不恼火？改译如下：

奇怪的是，年轻女士们似乎很满足于世界的现状。她们很看重那个可使她们拥有一枚婚戒的无聊仪式。青年男士们虽然乐于承认婚姻是让人讨厌的束缚，但却拿不准是否该抛开那些能供他们成就一番事业的组织机构。一个刚得到皇家海军最低级别军衔的年轻人，虽然赞成取消大公司和废除婚姻制度，但听到我说世界上应该没有战舰时，气得脖子都红了，看起来就和霍顿先生一样。

例 9. There are two sorts of avarice：the one is but of a bastard kind，and that is，the rapacious appetite of gain；not for its own sake，but for the pleasure of refunding it immediately through all the channels of pride and luxury.

原译：世上有两种贪婪：一种仅仅是貌似的贪婪，那是一种贪得无厌地获取的欲望；倒不是为了自身的缘故，而是为了可以享受一种通过各种方式来显示骄傲与奢侈的一次性归还的乐趣。

本例取自考利（Abraham Cowley）的散文 *Of Avarice* 开篇部分。该文指出，世上有两种贪婪：一种是为了挥霍、炫耀而贪婪地聚敛财富；另一种只是为了积累、贮藏而贪婪地囤聚财富。该文对两类贪婪的人进行比较，然后将写作重点转移到后一类贪婪的人。作者引用诗文，指出第二类贪婪的人受世人的唾弃，并强调了贪图财富与精神贫乏的关系。作者鞭辟入里地议论说，这类人"拥有一切"，"却一无所有"，与乞丐相比是"富有的穷人"，"却更加贫困"。之后，作者谈到对具有第二类贪婪品性的人的态度问题。最后，作者通过自省，说明物欲过甚将导致精神委顿。

译文中的"一次性归还的乐趣"似乎没有把原文的意思表述清楚，并且原文中似乎也没有提到"一次性"。笔者以为，关键在于对"refund"一词的理解。这个词的本意是"pay back（money received）（退还、偿还）"，可引申理解为财富由社会聚敛而来，敛财者又通过各种消费方式将财富消耗掉。故此，本例原文中，"refund"的确切含义应该是"挥霍"，原译分号之后的部分宜修改如下：

　　不是为了拥有财富，而是为了通过各种方式立即把财富挥霍掉，从而享受骄傲与奢侈带来的乐趣。

例 10. I wonder how it comes to pass，that there has never been any law made against him：against him，do I say？I mean，for him：as there are public provisions made for all other madmen：it is very reasonable that the king should appoint some persons（and I think the courtiers would not be against this proposition）to manage his estate during his life（for his heirs commonly need not that care）：and out of it to make it their business to see，that he should not want alimony befitting his condition，which he could ever get out of his own cruel fingers. We relieve idle vagrants，and counterfeit beggars；but have no care at all of these really poor men，who are（methinks）to be respectfully treated，in regard of their quality. I might be endless against them, but I am almost choked with the super-abundance of the matter; too much plenty impoverishes me, as it does him.

原译：我觉得奇怪的是何至于如此？从来就没有制定出任何制裁的法律：我是说制裁他吗？我的意思应该是，支持他：因为对于所有其他的疯子，我们已经制定出各种条文了：国王完全应该委派一些人在他生前为他管理产业，这样，他的继承人就不必为此操心。我想大臣们是不会反对这个建议的。这些人将负责督办此事，使国王不至缺乏适合他地位的赡养费，而这笔赡养费他是永远不可能从自己吝啬的手中获得的。我们周济不务正业的流浪汉和佯装的乞丐；但对那些真正的穷人却毫不关心，对于那些真正的穷人，我倒认为我们应该根据其品质尊重地对待他们的。我也许会不断地反对他们，但我几乎被过于丰富的物质哽住了；过多的充足反而使我一贫如洗，正如它之于他们一样。

本例为 *Of Avarice* 一文的最后一段。译文有几处不符合原意：第一，"支持他"与下文内容并无逻辑联系；第二，"使国王不至缺乏适合他地位的赡养费"和"反对他们"令人费解；第三，"那些真正的穷人"表意不清；而且原译发表时后附的赏析中写道，"本文最终涉及贫富问题，表明了自己的社会良知，认为应该尊重穷人"，似乎也混淆了作者所谓"贫富"的实质内容；第四，最后一句"它之于他们一样"，指代不明，含意模糊。

反复对照原文，发现引起歧义的原因是：

首先，原文中"against"与"for"成对出现，造成译者对"for"的误解。"for"的实际意义仅仅是"为"，指为"the rich poor man"立法，并无支持之意。

其次，原文中"him""his"多次出现，令译者误读。这段文字中的"him"均属"前照应"，都是指原文上段引文中的"the rich poor man"。有关国王派人管理产业，应视为作者提议，是为"the rich poor man"制定的法律的内容。故而"the king should appoint some persons…to manage his estate…"一句中的"his"是指"the rich poor man's"，而非"the king's"。同样，"he should not want alimony befitting his condition"中的"he"也是指"the rich poor man"，而非"the king"。

最后，译者未能把握"these really poor man"和"to be respectfully treated"的逻辑脉络。原作者的思路是：应该为富有的穷人制定法律，由国王指派人手为之管理产业，以免其因过于吝啬守财都舍不得给自己体面的赡养费。笔锋一转，作者说，人们接济流浪汉和乞丐，但对那些"真正的穷人"却毫不关心。"these really poor man"究竟指什么人呢？根据上文引用的诗句：

And, oh, what man's condition can be worse

Than his, whom plenty starves, and blessings curse;

The beggars but a common fate deplore,

The rich poor man's emphatically poor.

可以看出，比乞丐的命运更糟的是"富有的穷人（the rich poor man）"，这才是"真正的穷人"的实际含义。由此，"to be respectfully treated"不是指"尊重地对待"，而是指"特别地对待"。

有鉴于此，之后出现的"they""them"均属"前照应"，照应的是"these really poor man"，即所谓"having all things, yet has nothing"的"富有的穷人"。原文作者接着说自己可能要不断地反对他们，但由于物质生活过于优裕，以至文思枯竭（"impoverish"不应理解为"make…poor"，而应理解为指"make…poorer or worse in quality"），写不出更多的反对他们的话了。所以，原作者得出结论，过多的财富使富有的穷人贫困的原因——精神的贫乏枯萎。由此，笔者改译如下：

我不明白为何没有针对富有的穷人制定的法律：我说的是"针对"吗？我的意思是，既然有为其他各类疯子制定的条款，富有的穷人也不应例外。国王应该委派专人在富有的穷人生前为其管理产业，因为其继承人通常无需操这份心。我想大臣们是不会反对这个建议的。专人负责督办此事，可使富有的穷人不至缺乏与其身份相称的赡养费，因为其永远不可能从自己吝啬的手中获得这笔费用。我们周济不务正业的流浪汉和佯装的乞丐，但对这种真正的穷人却毫不关心。对于这种人，我认为，应根据其品性郑重对待。我可能会不断地抨击他们，但我几乎被过于丰富的物质哽住了；太过优裕的生活使我文思枯竭，正如过多的财富使富有的穷人精神枯萎。

由上述例子可以看出，翻译是一桩细致而又困难的工作。理解有差，依据有别，逻辑思维方式不同，语言风格有异，出现不同的译法和表达方式，毫不奇怪。重要的是，译者不能因此放弃精益求精的追求。在翻译过程中，一定要始终保持语篇意识，认真审视译文。这或许能将读者读罢译文时白璧微瑕的感叹减少到最低限度。苏轼说，"不识庐山真面目，只缘身在此山中"。人在山中视力往往受到限制，一旦走出山外，便豁然开朗。对译文的审度亦当如此。译者应置身局外，力避迷于其中，尽量减少不如人意的情况。

第八章

媒体稿件翻译案例讲析示例

根据国际业界的共识，新闻媒体稿件的通行译法为"编译（transediting）"（Bielsa & Bassnett 2009；Schäffner 2012）。不过，对于翻译研究和教学而言，只有与"全译（complete translation）"进行对比，编译的特点才鲜明突出。故此，本章的第一和第二节将通过对比的方式探讨全译和编译的问题。

为方便起见，本章将国内媒体的新闻编译稿中最常见的两种操作方式分别称为"摘编"和"译写"。摘编是原新闻稿主要内容的摘译，辅之以适当的编辑，包括小幅度的标题修改、内容增写、前后串联等。译写是对原新闻稿进行大幅度的增删改写。有时，某些媒体会把某个专题的系列新闻删减合并为一篇新闻稿。这种情况也算译写。不论采用哪种编译形式，最终目的是吸引国内读者的注意。本章的第一和第二节将引用完整的报刊文章来举例说明这两种编译形式与全译的区别。

应该注意的是，新闻翻译中的意识形态问题是国际译界的热点研究领域。"对翻译策略的选择而言，影响最大的是译者的个人意识形态。"（汤君 2008：74）鉴于我国的政治意识形态与西方国家不同，本章的第三节将举例探讨新闻翻译中意识形态问题的处理及其研究价值和教学意义。

第一节　全译与摘编案例讲析示例

2011 年 11 月 3 日，美国《高等教育纪事报》（*The Chronicle of Higher Education*）与《纽约时报》（*The New York Times*）发表了关于留美中国学生造假问题的联合报道，《纽约时报》11 月 6 日刊出此报道。11 月 9 日，《青年参考报》在第 23 版发表了该报道的摘编稿。下文是英语原文以及全译（笔者自译）和《青年参考》摘编稿的段落对排（见表 8－1），本节将通过对比分析全译和摘编稿的异同，帮助翻译专业的师生初步了解摘编的操作方式。

The China Conundrum
By Tom Bartlett and Karin Fischer

DOZENS of new students crowded into a lobby of the University of Delaware's student center at the start of the school year. Many were stylishly attired in distressed jeans and bright-colored sneakers; half tapped away silently on smartphones while the rest engaged in boisterous conversations. Eavesdropping on those conversations, however, would have been difficult for an observer not fluent in Mandarin. That's because, with the exception of one lost-looking soul from Colombia, all the students were from China.

Among them was Yisu Fan, whose flight from Shanghai had arrived six hours earlier. Too excited to sleep, he had stayed up all night waiting for orientation at the English Language Institute to begin. Like nearly all the Chinese students at Delaware, Mr. Fan was conditionally admitted—that is, he can begin taking university classes once he successfully completes an English program. He plans to major in finance and, after graduation, to return home and work for his father's construction company. He was wearing hip, dark-framed glasses and a dog tag around his neck with a Chinese dragon on it. He chose to attend college more than 7,000 miles from home, Mr. Fan said, because "the Americans, their education is very good."

That opinion is widely shared in China, which is part of the reason the number of Chinese undergraduates in the United States has tripled in just three years, to 40,000, making them the largest group of foreign students at American colleges. While other countries, like South Korea and India, have for many years sent high numbers of undergraduates to the United States, it's the sudden and startling uptick in applicants from China that has caused a stir at universities—many of them big, public institutions with special English-language programs—that are particularly welcoming toward international students. Universities like Delaware, where the number of Chinese students has leapt to 517 this year, from 8 in 2007.

The students are mostly from China's rapidly expanding middle class and can afford to pay full tuition, a godsend for universities that have faced sharp budget cuts in recent years. But what seems at first glance a boon for colleges and students alike is, on closer inspection, a tricky fit for both.

Colleges, eager to bolster their diversity and expand their international appeal, have rushed to recruit in China, where fierce competition for seats at Chinese universities and an aggressive admissions-agent industry feed a frenzy to land spots on American campuses. College officials and consultants say they are seeing widespread fabrication on applications, whether that means a personal essay written by an agent or an English proficiency score that doesn't jibe with a student's speaking ability. American colleges, new to the Chinese market, struggle to distinguish between good applicants and those who are too good to be true.

Once in the classroom, students with limited English labor to keep up with discussions. And though they're excelling, struggling and failing at the same rate as their American counterparts, some professors say they have had to alter how they teach.

Colleges have been slow to adjust to the challenges they've encountered, but are beginning to try new strategies, both to better acclimate students and to deal with the application problems. The onus is on them, says Jiang Xueqin, deputy principal of Peking University High School, one of Beijing's top schools, and director of its international division. "Are American universities unhappy? Because Chinese students and parents aren't."

"Nothing will change," Mr. Jiang says, "unless American colleges make it clear to students and parents that it has to."

The Role of Agents

WENTING TANG is quick to laugh, listens to high-energy bands like Red Jumpsuit Apparatus and OK Go, and describes herself on her Facebook page as "really really fun" and "really really serious." Ms. Tang, a junior majoring in management and international business, speaks confident, if not flawless, English. That wasn't always the case. When she applied to the University of Delaware, her English was, in her estimation, very poor.

Ms. Tang, who went to high school in Shanghai, didn't exactly choose to attend Delaware, a public institution of about 21,000 students that admits about half its applicants—and counts Vice President Joseph R. Biden Jr. among prominent graduates. Ms. Tang's mother wanted her to attend college in the United States, and so they visited the offices of a dozen or more agents, patiently listening to their promises and stories of success.

Her mother chose an agency that suggested Delaware and helped Ms. Tang fill out her application, guiding her through a process that otherwise would have been bewildering. Because her English wasn't good enough to write the admissions essay, staff members at the agency, which charged her $4,000, asked her questions about herself in Chinese and produced an essay. (Test prep was another $3,300.)

Now that she can write in English herself, she doesn't think much of what the employees wrote. But it served its purpose: she was admitted, and spent six months in the English-language program before beginning freshman classes. And despite bumps along the way, she's getting good grades and enjoying college life. As for allowing an agent to write her essay, she sees that decision in pragmatic terms: "At that time, my English not better as now."

Most Chinese students who are enrolled at American colleges turn to intermediaries to shepherd them through the admissions process, according to a study by researchers at Iowa State University published in the *Journal of College Admission.*

Education agents have long played a role in sending Chinese students abroad, dating back decades to a time when American dollars were forbidden in China and only agents could secure the currency to pay tuition. Admission experts say they can provide an important service, acting as guides to an application process that can seem totally, well, foreign. Application materials are frequently printed only in English. Chinese students often are baffled by the emphasis on extracurriculars and may have never written a personal essay. Requiring recommendations from guidance counselors makes little sense in a country where few high schools have one on staff. Many assume the *U. S. News & World Report* rankings issue is an official government publication.

But while there are certainly aboveboard agents and applications, other recruiters engage in fraudulent behavior. An administrator at one high school inBeijing says agents falsified her school's letterhead to produce doctored transcripts and counterfeit letters of recommendation, which she discovered when a parent called to complain about being charged a fee by an agent for documents from the school. James E. Lewis, director of international admissions and recruiting at Kansas State University, says he once got a clutch of applications clearly submitted by a single agent, with all fees charged to the same bank branch, although the students came from several far-flung cities. The grades on three of the five transcripts, he says, were identical.

Zinch China, a consulting company that advises American colleges and universities about China, last year published a report based on interviews with 250 Beijing high school students bound for the United States, their parents, and a dozen agents and admissions consultants. The company concluded that 90 percent of Chinese applicants submit false recommendations, 70 percent have other people write their personal essays, 50 percent have forged high school transcripts and 10 percent list academic awards and other achievements they did not receive. The "tide of application fraud," the report predicted, will likely only worsen as more students go to America.

'Studying for the Test'

Tom Melcher, Zinch China's chairman and the report's author, says it's simplistic to vilify agents who provide these services. They're responding, he says, to the demands of students and parents.

Thanks to China's one-child policy, today's college students are part of a generation of singletons, and their newly affluent parents—and, in all likelihood, both sets of grandparents—are deeply invested in their success. At Aoji Education Group, a large college counseling company based in China, one of the most popular services is the guaranteed-placement package: apply to five colleges and get your money back if you're not accepted at any of your choices. "If a student isn't placed, we've got screaming, yelling parents in the lobby," says Kathryn Ohehir, who works in the company's American admissions department in Beijing. "They don't want their money back. They want their kid in an Ivy League school."

Students in China's test-centric culture spend most of their high school years studying for the gao kao, the college entrance exam that is the sole determining factor in whether students win a coveted spot at one of China's oversubscribed universities. So it's not unusual for those who want to study in the United States to spend months cramming for the SAT and the Test of English as a Foreign Language, or Toefl, which most campuses require for admission.

Patricia J. Parker, assistant director of admissions at Iowa State, which enrolls more than 1,200 Chinese undergraduates, says students have proudly told her about memorizing thousands of vocabulary words, studying scripted responses to verbal questions and learning shortcuts that help them guess correct answers.

She has seen conditionally admitted students increase their Toefl scores by 30 or 40 points, out of a possible 120, after a summer break, despite no significant improvement in their ability to speak English. Her students, she says, don't see this intense test-prepping as problematic: "They think the goal is to pass the test. They're studying for the test, not studying English."

Ms. Parker estimates she contacts the Educational Testing Services, the nonprofit group that is in charge of the Toefl, every other day during the admissions season to investigate suspicious scores. Like many educators, she would like to see changes to make it harder to beat the exam.

At Kansas State this fall, several Chinese students showed up for classes but did not match the security photos that were snapped when they supposedly took the Toefl months earlier. E. T. S. says it takes additional precautions, such as collecting handwriting samples to reduce the chance that students will hire someone to slip in, in their stead, after breaks. If cheating is found, E. T. S. policy is to cancel a score, but the organization won't say how often that happens, and where. Kansas State, too, won't comment on disciplinary measures, but it has named a committee to draft a policy on dealing with fraud on the Toefl. Says Mr. Lewis, the international admissions director, "It's very hard, sitting here at a desk in the U. S. , to judge what's fraudulent."

Authorship and Authority

DURING this past September's orientation on the University of Delaware's Newark campus, Scott Stevens, director of the English Language Institute, stood on stage in front of a mostly filled theater. Behind him, on a large screen, was a stock photo of two white college students seated at desks. The male student was leaning over to look at the female student's paper. "We are original, so that means we never cheat!" Dr. Stevens told the audience of primarily Chinese students, mixing compliments and warnings. "You are all very intelligent. Use that intelligence to write your own papers."

Dr. Stevens has worked at the language institute since 1982. As the program has swelled in the last few years, the institute has outgrown its main building and expanded to classroom space behind the International House of Pancakes on the campus's main drag. Watching Dr. Stevens over the course of a day, it's clear that he is a man with more tasks than time. It's also clear that he's proud of his well-regarded institute and that he cares about students. He gives out his cellphone number and tells them to call any time, even in the middle of the night, if they need him.

But he is candid about the challenges Delaware is facing as the population of Chinese students has grown from a handful to hundreds. Confronting plagiarism is near the top of the list. Dr. Stevens remembers how one student memorized four Wikipedia entries so he could regurgitate whichever one seemed most appropriate on an in-class essay — an impressive, if misguided, feat. American concepts of intellectual property don't translate readily to students from a country where individualism is anathema. (In the language program, Dr. Stevens says there has been no surge in formal disciplinary actions, as instructors prefer to handle questions of plagiarism in the classroom.)

Just as an understanding of authorship is bound up in culture, so are notions of authority. "It's not simply the language and culture but the political element as well," he says. "We're well aware that the Chinese are raised on propaganda, and theU. S. is not portrayed very positively. If you've been raised on that for the first 18 years of your life, when it comes down to who they trust — they trust each other. They don't particularly trust us. "

Instead of living with a randomly selected American, Dr. Stevens says, some freshmen will pay their required housing fees but rent apartments together off campus, a violation of university rules. And they rarely attend voluntary functions at the institute. At a gathering this summer, of the nearly 400 students from 40 countries, about 10 were from China. Also, according to Dr. Stevens, students regularly switch classes to be with their countrymen, rather than stay in the ones they've been assigned by their advisers.

One of those advisers is Jennifer Gregan-Paxton. Dr. Gregan-Paxton, program coordinator of the business school's office of undergraduate advising, says she is impressed by the work ethic and politeness of her students from China. They regularly bring her and other professors small gifts to show their appreciation; on a single day recently, she received a folding fan, a necklace and a silk scarf. She's not surprised that they would want to stick together. "Even if there were Chinese students who wanted to break out of their pack," she says, "they wouldn't necessarily get the warmest reception. "

For example, Ms. Tang, the marketing major, recalls one class in which, she says, the professor ignored her questions and only listened to American students. Also, while working on a group project in a sociology class, she says she was given the cold shoulder: "They pretend to welcome you but they do not. " The encounters left a deep impression. "I will remember that all of my life," she says.

Last fall, Kent E. St. Pierre was teaching an intermediate accounting class with 35 students, 17 of them from China. Within a couple of weeks, all but three of the non-Chinese students had dropped the course. Why did the American students flee? "They said the class was very quiet," recalls Dr. St. Pierre, who considers himself a 1960s-style liberal and says he's all for on-campus diversity. But, he agrees, "It was pretty deadly."

In many schools across Asia, vigorous give-and-take is the exception. No doubt, as Dr. St. Pierre points out, if you were to place Americans into a Chinese classroom they would seem like chatterboxes.

Making the Grade

Despite the unfamiliar learning style, the average grades of Chinese students at Delaware are nearly identical to other undergraduates'. That may, in part, reflect China's strong preparation in quantitative skills, which holds them in good stead in math-intensive programs like business and engineering, two of the most popular majors for Chinese students and ones in which mastery of English is less crucial. Indeed, some of China's undergraduates are strong enough to land spots at the nation's most selective institutions; Harvard had about 40 in the 2010 – 11 academic year.

But some professors say they have significantly changed their teaching practices to accommodate the students. During quizzes, Dr. St. Pierre now requires everyone to leave their books at the front of the classroom to prevent cheating, a precaution not taken during any of his two decades at Delaware. And participation counts less, so as not to sink the grades of foreign students. In the past, he required members of the class to give two or three presentations during the semester. Now he might ask them to give one. "I've had American students saying they don't understand what's being said in the presentations," he says. "It's painful."

Robert Schweitzer, a professor of finance and economics, frets about using fairly basic vocabulary words. "I have students say, 'I don't know what 'ascending' means,'" Dr. Schweitzer says. "Did they get the question wrong because they don't know the material or because they don't know the language?"

If professors struggle to understand the students, the reverse is also true.

Damon Ma is in the language center's so-called bridge program, which means his English was good enough that he could start taking regular classes even though he hasn't finished with the language program. Mr. Ma is very enthusiastic about studying in the United States, something he's dreamed about doing since he was a boy, and he is conscious of the academic contrasts between the two countries.

"Everything is copying in China," Mr. Ma says. "They write a 25-page paper and they spent two hours and they got an A."

He was nervous about taking his first university class — an introduction to ancient Chinese history — and, a few weeks into the semester, was still wrestling with the language barrier. "I understand maybe 70 percent," he says. "I can't get the details, the vocabulary."

Many arrive at Delaware expecting to take English classes for just a few months, but end up spending a year or more at the language institute, paying $2,850 per eight-week session.

Chuck Xu and Edison Ding have been in Delaware's English program for a full year. Their English is, at best, serviceable, and they struggle to carry on a basic conversation with a reporter. Mr. Ding says he paid an agent about $3,000 to prep him for standardized exams, fill out his application and help write his essay in English. What was the essay about? Mr. Ding doesn't recall.

Mr. Xu just completed the program and is now enrolled in freshman classes. Mr. Ding has yet to pass the final stage and hopes to begin regular classes in the spring.

About 5 percent of students in the language program flunk out before their freshman year. In addition, Chengkun Zhang, a former president of Delaware's Chinese Students and Scholars Association, has known students who simply got frustrated and returned home. "I know a couple of students who have complained to me," he says. "They think that the E. L. I. program is doing nothing more than pulling money from their pockets."

A Target Market

THE university's push to attract more foreign students is part of the "Path to Prominence," a plan laid out by Delaware's president, Patrick T. Harker. When Dr. Harker came to Delaware five years ago, less than 1 percent of the freshman class was international. He knows firsthand about the classroom challenges because he has taught a freshman course each year. "They're very good students that struggle with American idiom and American culture," he says. Dr. Harker says he's aware that applications from China aren't always what they seem to be. He notes, though, that it's a problem lots of universities, not just Delaware, are grappling with.

But Dr. Harker rejects the notion that the university's recruiting effort in China is mainly about money. "The students from New Jersey pay, too," he says. "For us it really is about diversity."

Still, the majority of Delaware's international undergraduates are Chinese, an imbalance Louis L. Hirsh, the university's director of admissions, says he's working to change. Delaware is trying to make inroads into the Middle East and South America, he says.

For colleges that want to go global, and quickly, a natural place for recruiting efforts is China.

When Oklahoma Christian University decided to jump into international admissions, it hired three recruiters and sent them to China. "China was the market we decided to target," says John Osborne, Oklahoma Christian's director of international programs, "because it was just so large." Today, the university, which admitted its first foreign student in 2007, has 250 overseas undergraduates, a quarter of whom are from China.

Indeed, if universities turned on the recruiting spigot in China expecting a steady trickle of students, they've gotten a gusher instead. Ohio State received nearly 2, 900 undergraduate applications from China this year. Mount Holyoke College could have filled its entire freshman class with Chinese students. A single foreign-college fair in Beijing this fall drew a crowd of 30,000.

The very size of the market can make it daunting and difficult to navigate. While many American colleges have long-established connections with universities in China, pipelines for generations of graduate students, most do not have strong relationships with the country's high schools. When only a few of the very best students went abroad, it was easy enough for colleges to focus their efforts on a handful of elite secondary schools, but now admissions officers must familiarize themselves with potentially thousands of schools to find a good fit. That's tough for American recruiters who only visit once or twice a year.

Some universities, including Delaware, have hired agents overseas, a practice that is banned in domestic recruiting, and this year has been at the center of a debate within the National Association for College Admission Counseling. Though the agents act as universities' representatives, marketing them at college fairs and soliciting applications, that's no guarantee that colleges know the origin of the applications, or the veracity of their grades and scores.

For those on the ground, there's deepening concern that American colleges have entered China without truly understanding it.

Not long ago, Tom Melcher of Zinch China was contacted by the provost of a large American university who wanted to recruit 250 Chinese students, stat. When asked why, the provost replied that his institution faced a yawning budget deficit. To fill it, he told Mr. Melcher, the university needed additional students who could pay their own way, and China has many of them.

"Do I think the budget squeeze is driving the rush to international?" Mr. Melcher says. "Unfortunately, yes. "

At Delaware, officials are trying new strategies. They've started a program that pairs Chinese and other international students with mentors to help ease their transition to American academic life. In addition, the English Language Institute runs workshops for faculty members who have Chinese students in their classes. Other institutions are also rethinking their approach. Valparaiso University, in Indiana, has started a special course to give international students on academic probation extra help with English and study skills.

There are ways to improve the admissions process as well, including interviewing applicants in person to get a sense of their actual English abilities and to discover more about their academic backgrounds beyond test scores. A handful of institutions, including the University of Virginia, have alumni and students interview prospective students, either in the home country or via Skype, and the Council on International Educational Exchange, a nonprofit group, has begun offering an interview service. Such changes are welcome to some educators on the ground. Mr. Jiang, the deputy principal in Beijing, believes oral interviews could give colleges a better sense of students' readiness for an American classroom.

Some universities, too, are hiring outside evaluators to review transcripts or are opening offices in China with local staff members who can spot the application red flags that colleges are missing. But interviewing and thoroughly evaluating every applicant, considering the deluge, would be an enormous and expensive undertaking.

For officials like Dr. Stevens, who has been dealing with international students for nearly three decades，Chinese undergraduates are like a code he's still trying to decipher："How can we reach them? How can we get them to engage?"

"That，" he says，"is something that keeps me up at night."

表 8 - 1　全译及摘编稿对比分析

全译稿	《青年参考》摘编稿	分　　析
标题译文 a：美国大学的中国难题（解释性直译）。	申请造假，考试作弊，死记硬背，太安静，中国留学生让美国大学伤脑筋。	原英文新闻稿的美国读者看到"The China Conundrum（中国难题）"这个标题，自然有兴味去看究竟是什么内容。中译稿的读者群体是中国民众，直译为"中国难题"只会让读者莫名其妙。 有鉴于此，全译稿需首先点明"中国难题"的关涉方是"美国大学"。至于是保留直译的"中国难题"，还是采用释意法译为"中国留学生问题"，取决于译者的个人选择。
标题译文 b：美国大学的中国留学生问题（解释性意译）。		《青年参考》摘编稿不仅采用了更灵活的释意译法，还在大标题之前添加了小字注解，概括了"伤脑筋"的内容，让读者对新闻内容有更清晰的了解。
原文无导语。	对美国特拉华大学英语语言学院院长斯科特·斯蒂文斯教授而言，中国留学生就像他试图破解的密码。"如何影响他们？如何让他们参与？"他说，"这都是伤脑筋的事"。	原英文新闻稿并无导语。 摘编稿将原文的最后一段作为导语，但并未严守原文，而是稍有改动，详见最后一段的分析。 不过，笔者认为，摘编稿标题前面的小字注解已经清楚交代了新闻内容，完全不必再加此导语。
原文此处无分节，无小节标题。	中国本科生涌入美国 3 年人数翻两番	摘编稿弃用原报道的分节和小节标题，另外分节，另加小节标题，应是为了中译文读者方便。 不过，摘编稿自定的大标题是《中国留学生让美国大学伤脑筋》，小字注解为"申请造假 考试作弊 死记硬背 太安静"，此处另取的小节标题"中国本科生涌入美国 3 年人数翻两番"与大标题和小字注解无直接关联，从逻辑上看，有欠妥当。

续表

全译稿	《青年参考》摘编稿	分 析
开学了，数十名新生涌入美国特拉华大学学生中心的大厅。许多学生穿着水磨牛仔裤和鲜艳的运动鞋，装束入时。半数人一声不吭地在智能手机上按来按去，其他人则叽叽喳喳地聊天。不熟悉汉语的人若想偷听他们谈话，会有难度。因为，除了一位一脸茫然的同学来自哥伦比亚而外，其余学生均来自中国。 　　这其中就有六个小时前从上海乘飞机抵达的范义苏（音）。他兴奋得一夜无眠，等着参加英语语言部的新生培训。特拉华大学的中国留学生基本上都是有条件录取，范义苏也一样——只有修完一门英语综合课程后，才能入读大学。他想主修金融专业，毕业后回国到父亲的建筑公司工作。他戴着时髦的黑框眼镜，脖子上挂着有中国龙的小牌牌。选择在离家两万里之外的地方念大学，他说是因为"美国的教育非常好"①。	开学了，数十名新生涌入美国特拉华大学学生中心的大厅。许多都穿着水洗磨白牛仔裤和鲜艳的运动鞋，一身时髦的打扮；半数人轻轻敲着智能手机，剩下的则叽叽喳喳聊着天。若想偷听他们谈话，不熟悉汉语的话，那会有难度。因为，除一位茫然四顾的学生是来自哥伦比亚之外，其余均来自中国。 　　这其中就有范义苏（音）。他从上海坐航班，6个小时前抵达。和特拉华大学几乎所有中国留学生一样，范先生只有通过语言关后才能入读大学。他打算读金融专业，毕业后回国在他父亲的建筑公司工作。他选择在远离家乡7000多英里（约合11270公里）之外的地方念大学，是因为"美国的教育非常好"。	笔者认为，这里的细节描写对中国读者而言并非重要内容，摘编稿完全可以弃用。当然，如果中文媒体不介意摘编稿的字数，译者也可以根据自己的想法，多保留一些原稿内容。 　　值得注意的是，这部分原稿提到了美国大学的三个特色用语："orientation"，此处指"新生培训"；"the English Language Institute"，指大学中负责给英语能力较低、不能正常听课、参与课堂活动、完成书面作业及课程论文的留学生补习英文的部门，应译为"英语语言部"②；"conditionally admitted"，指"有条件录取"。 　　另外，摘编稿将"more than 7000 miles"直接换算为中国读者熟悉的计量单位即可，处理为"7000多英里（约合11270公里）"实在没必要。

---

① 原报道中引用范的原话，应该是想表明范的英文程度差。但中译难以体现范的英文程度，故仅直译。

② 大学中的"the English Language Institute"只负责语言培训，另有英语学院，故不能译为"英语语言学院"；因其不负责研究，且被大学网站归于"schools and departments"类，也不能译为"英语研究所"。

续表

全译稿	《青年参考》摘编稿	分　　析
在美国留学的中国本科生数量仅三年就增加了两倍，达四万人，成为美国高校最大的外国留学生群体。部分原因就是范先生这种看法在中国相当普遍。多年来，一直是印度、韩国等国家向美国输送大量本科生。来自中国的入学申请突然大幅增加，让乐意接收国际学生的大学（其中许多是开设英语语言学习专门课程①的大型公立大学）都很兴奋。比如特拉华大学，2007 年只有 8 名中国留学生，2011 年已增至 517 名。 　　这些学生大都来自中国迅速壮大的中产阶级，他们有能力支付全额学费。这对近年来预算大幅削减的美国大学来说无疑是天降福祉。但乍看起来对大学和学生都有裨益的事，仔细查考，却发现麻烦多多。	这种看法在中国相当普遍。一定程度上因为这个原因，在美国留学的中国本科生数量仅 3 年就增加了两倍，达 4 万人，成为美国高校最大的外国留学生群体。这些学生大都来自中国迅速扩大的中产阶级家庭，他们有能力全额支付学费，这对近年来预算大幅削减的美国大学来说无疑是天赐良机。 **留美申请普遍造假　高校难辨学生良莠** 　　乍一看，这对大学和学生都是利好，但再细查，会发现问题不少。	摘编稿再度分节，且另加小节标题。 　　在笔者看来，作为问题背景介绍的内容，摘编稿还可进一步删减。
美国大学想让学生来源更加多样化，想扩大国际影响力，冲到中国招生。在中国，学生进本国大学要激烈竞争，迅速成长的留学中介行业则助长了学生在美国校园赢得一席之地的狂热。美国高校的行政人员和顾问说，他们发现申请过程普遍存在造假现象，比如个人陈述由中介代写，英语成绩与口语能力不一致。美国高校不熟悉中国市场，难以区分哪些申请者合格，哪些人弄虚作假。	美国高校官员和顾问说，他们发现申请过程普遍掺杂水分，比如个人陈述由中介代写，英语分数与学生的口语能力不一致。美国高校在面对中国市场时还是新手，它们一时很难区分谁是好的申请者、谁是弄虚作假者。	原文中，本段的起始部分是美国大学中国留学生人数大增的中美两国背景交代，对中国读者而言不是特别重要，故摘编稿做了删减处理。

①　原文的"special English-language programs"指为英语水平低于学校要求的留学生开设的英语补习课程，故译"英语语言学习专门课程"。

续表

全译稿	《青年参考》摘编稿	分　析
一旦进入课堂，英语较差的学生就要吃力地参与讨论。尽管他们和美国同学一样，有人出类拔萃，有人需要格外用功，也有人不及格，有些教授却说，他们不得不改变教学方法。	摘编稿删除。	后文还有详细介绍，故摘编稿将此段删除。
大学还在慢慢适应挑战，但为了更好地适应学生，应对入学申请问题，他们开始尝试新的策略。北京大学附属中学的校长助理江学勤①说，这是美国大学必须承担的责任。 　　"美国大学不高兴吗？因为中国学生和家长也不高兴。" 　　"如果美国大学不把必须说明的问题向学生和家长解释清楚，一切还会照旧。"江学勤说。	摘编稿删除。	对中国读者而言，本部分信息可有可无，故摘编稿做了删除处理。
中介的作用	摘编稿未做分节，弃用原小节标题。	英文原文小节标题的设置以美国读者的阅读视角为决定因素，中文摘编稿的阅读群体不同，摘编目的和原文的写作目的也不同，未采用原文的小节标题。

---

　　① 原报道中将江学勤当时的职务误称为"deputy principal"，全译稿做了修正。原文的"deputy principal"估计是美国记者对中国高中职位的误解。美国高中，副校长是校长的助手，可称为"deputy principal"或"assistant principal"。但中国的"校长助理"仅仅是"助理"，职权远不及"副校长"。翻译时要注意。

全译稿	《青年参考》摘编稿	分　析
唐文婷（音）是个爱笑的女孩，听 Red Jumpsuit Apparatus 和 OK Go 等乐队的劲爆摇滚，在脸书页面上形容自己"很有趣""很认真"。唐文婷正上大三，主修管理和国际贸易。她说起英语来虽不是完美无缺，但十分自信。她原先并不如此。她自己估计，申请特拉华大学的时候，她的英语非常差。 　　唐文婷是在上海念的高中，本来并没有决定就读特拉华大学，尽管这所公立大学拥有两万一千名学生，录取率约 50%，杰出校友包括副总统小约瑟夫·拜登。唐文婷的母亲希望她到美国读大学，于是两人去了十几家留学中介，耐心听他们做出承诺，讲述成功案例。 　　她母亲选中的一家中介建议唐文婷申请特拉华大学，并帮她填好申请，并全程给予指导。否则，她真不知该如何是好。唐文婷英文不好，写不了入学申请作文，中介收了四千美元，员工用中文询问她的个人情况，替她写了作文。考试辅导又花了三千三百美元。	摘编稿删除。	原文提供个案是为了增强报道的可信度，中文摘编稿侧重对特定现象的一般介绍，故删除个案。

续表

全译稿	《青年参考》摘编稿	分　　析
现在她可以用英语自己写，就看不大起中介员工写的作文了。但那篇作文还是起了作用：她被录取了，又花了六个月补习英语，才开始修读大一的课程。尽管也遇到些困难，但她目前成绩不错，而且很享受大学生活。至于让中介代写作文，她认为是非常实际的决定："那时，我的英语比不上现在。"①		
根据爱荷华州立大学的研究人员在《大学招生》期刊上刊发的调查，大多数就读美国大学的中国学生求助于中介，依赖中介指导完成入学申请。	摘编稿删除。	英文写作中，结论一般需要提供支撑论据；而中文在这方面并无严格要求。摘编稿按中文习惯，将英文原文的重要支撑论据删除。
长期以来，教育中介的作用都是输送中国学生去海外留学。这可以追溯到几十年前，中国当时禁用美钞，只有中介能搞到用于支付学费的美钞。招生专家说，学生可能完全不了解如何申请，中介指导学生申请大学，其服务很重要。申请材料往往仅用英文印制；美国大学强调课外活动，中国学生常不知如何是好，也可能从未写过个人陈述。鉴于中国的中学里绝少有辅导员，要求学生提供辅导员的推荐信就没什么意义。还有不少中国学生以为《美国新闻与世界报道》杂志公布的全美大学排名是美国政府的正式出版物。	教育中介在输送中国人去海外留学方面早就发挥着作用。这要回溯到几十年前，当时美元被禁止在中国使用，只有中介拥有美元支付学费。招生专家说，他们可以提供重要的服务，为学生们申请大学充当向导，因为后者对过程可能一无所知。申请材料往往只有英文。而大学强调课外活动也常令中国学生为难，他们可能从未写过个人陈述。	中文摘编稿对原文做了精减处理，仅保留了编译者认为值得介绍的信息。

　　① 原报道中引用的唐的原话存在语法问题。记者也许是想表明，即使说话人认为自己的英文水平有了长足进步，实际上还是达不到标准。但是，中译很难既反映语法上的问题，又让读者猜到记者的意思，故仅直译。

续表

全译稿	《青年参考》摘编稿	分　　析
尽管确有不造假的中介和申请，但其他中介却参与造假。① 北京某中学一行政人员说，有位学生家长打电话质问她，怎么中介连学校文件也要收费，她才知道中介伪造学校的信纸抬头，制作假成绩单和推荐信。堪萨斯州立大学国际招生主任詹姆斯·刘易斯说，他曾经同时收到数份申请书，显然是同一中介提交的，缴费也使用同一银行支行，但学生却来自不同城市。在这五份成绩单中，三份一模一样。	毫无疑问，讲诚信的中介和申请人是有的，而弄虚作假的也不少。北京某中学的一位行政人员说，中介伪造她学校信纸的抬头，制作假的成绩单和推荐信。堪萨斯州立大学国际招生主任詹姆斯·刘易斯说，他曾经收到几份申请书，显然都是一个中介提交的，缴费使用的都是同一个银行，但学生是来自几个不同的城市，在五份成绩单中，三份的成绩是一模一样的。	中文摘编稿做了轻微缩写处理。
Zinch 中国②是向美国大学提供中国信息咨询的公司。它调查了250名准备赴美留学的北京高中生及其家长，还有十二家中介和招生顾问，于去年发布了调查报告。该公司认为，中国申请者中，90% 伪造推荐信，70% 由他人代写个人陈述作文，50% 伪造中学成绩单，10% 诈称获得学业奖项和其他成就。这份报告预言说，这一"造假大潮"可能随着申请赴美留学的学生人数增加而变得愈加严重。	摘编稿删除。	英文原稿提供统计数据，以说明留学造假情况，并预测此风气会更加严重，故本段属于重要信息。无法推测中文摘编稿删除此段的理由。

---

①　原文中的"agents"指留学中介。相应地，"recruiters"也是指留学中介，而非"招生人员"。作者在"recruiters"前加了"other"，表示其是与"aboveboard agents"相反的一类。

②　沿用该公司提供的译名。Zinch 已被助学企业 Chegg 并购，负责公司奖学金板块下的大学信息部分，目前已弃用 Zinch 之名。而 Zinch 中国的官网已于 2017 年 3 月 31 日宣布关闭。

续表

全译稿	《青年参考》摘编稿	分　析
"为考试而学习"	摘编稿弃用原文分节和原文小节标题。	原文的分节和小标题更符合英语读者的阅读感受。
Zinch 中国主席、报告作者麦彻同说，只批评提供这些服务的中介，未免把事情想得太简单了。他说，中介是响应学生和家长的需求。	摘编稿删除。	中文摘编稿改变小节划分，省略多段内容未译，本段内容的重要性因此显著减弱，最终也被编译者舍弃。
由于计划生育政策，今天的中国大学生都是家里的独苗。他们刚富裕起来的父母，可能还有祖父母和外祖父母，舍得为他们的成功投资。中国的大型留学咨询公司澳际教育集团最受欢迎的是"保证录取一揽子服务"：申请五所高校，未被录取可退款。就职于该公司位于北京的美国大学申请部的凯瑟琳·奥赫尔说："若有学生没被录取，父母就会到公司大堂来大叫大嚷。他们不想退钱，只想孩子进名校。"	由于计划生育政策，今天的中国大学生都属于独生子女一代，他们的父母富裕后，舍得为子女的成功投资。在中国的留学咨询公司澳际教育，最受欢迎的是"保证录取一揽子服务"：你可以申请 5 所高校，不被录取可以选择退钱。在该公司的美国申请部工作的凯瑟琳·奥赫尔说："若有学生没被录取，父母就会到这里大叫大嚷。他们不想退钱，只想孩子进名校。"	摘编稿做了轻微缩写处理。
原文此处无分节，无小节标题。	他们死记标准答案，钻研通过考试的各种小窍门。	摘编稿自分小节，自设标题，归纳摘编部分的主要内容。

续表

全译稿	《青年参考》摘编稿	分　析
由于中国的应试教育文化，中学生的大多数时间用于准备高考，这是他们能否如愿进入某所抢手大学的唯一决定因素。既然多数美国大学要求提供SAT①和托福的考试成绩，想到美国读书的中国学生自然不惜数月苦学以求通过。	中国的教育以考试为中心，学生们高中时多数时间在准备应对高考，这是决定他们能否如愿进入大学的惟一决定因素。所以，那些想要到美国念本科的中国学生，通常他们会死记硬背几个月，以求通过SAT和托福考试。SAT和托福成绩是多数美国大学录取的前提条件。	摘编稿的本段译文将"one of China's oversubscribed universities"泛化译为"大学"，有欠妥当，行文流畅方面亦需加强。
爱荷华州立大学录取了1200多名中国本科生，招生主任助理②帕特里夏·帕克说，学生们自豪地告诉她，自己熟记数千单词，研读事先写好的口试问题答案，钻研有助于猜中正确答案的窍门。 　　她发现，经过暑假备考，一些被有条件录取的学生能将托福成绩提高三四十分（总分为120分），但口语能力并无明显改善。她说，学生不认为这种紧张的备考有何问题。"他们的目标就是通过考试。他们学习是为考试成绩，而不是为掌握英语。"	艾奥瓦州立大学招生副主任帕特里夏·帕克已录取过1200多名中国本科生。她说，学生们自豪地告诉她，他们如何记住数千个单词，背诵口语问题的书面回答，钻研有助于猜到正确答案的各种小窍门。一些被有条件录取的学生，在经过一个暑假的备考后，托福分数增加三四十分（总分为120分），而口语能力没有根本提高。她说，学生们不认为这种紧张的备考有何问题。"他们的目标就是通过考试。他们不是为了学英语，而是为了考试。"	摘编稿将两段合并，第一段微有改动，个别细节（比如"assistant director of admissions"）存在翻译问题。

①　SAT 全称为"Scholastic Assessment Test"，即"学术能力评估测试"。但鉴于国内留学领域一般使用英文简称而不翻译，此处遵循惯例。

②　此处将"assistant director"译为"主任助理"，因为这个职位上面还有"associate director（副主任）"。

续表

全译稿	《青年参考》摘编稿	分　析
帕克女士估计，申请季内，她每隔一天就要联系一次负责托福考试的非营利机构美国教育考试服务中心，要求审查可疑成绩。和很多教育工作者一样，她也希望托福考试能做些改变，增加难度。 　　今年秋天，几位中国学生出现在堪萨斯州立大学的课堂上，但他们的相貌与数月前参加托福考试时拍摄的安检照片不符。美国教育考试服务中心称，已新增收集考生笔迹等预防措施，以降低考生雇佣替考者，利用休息时间混入考场的可能性。 　　如果发现作弊，教育考试服务中心会取消考生的托福成绩。但这家机构不肯具体说明已取消多少人在何处考试的成绩。堪萨斯州立大学也不肯就惩戒措施发表评论，但已任命专门委员会，起草应对托福考试作假的政策文件。国际招生部主任刘易斯先生说，"坐在美国的办公桌前判断国际学生是否作假并非易事"。	摘编稿删除。	原文讲述了美方对造假问题的看法态度和应对措施，属于重要信息，无法推测摘编稿删除这三个段落的理由。
著作权与权威	特拉华大学面临最普遍的挑战是剽窃。	似是不满意原文的小节划分和标题（因为原文的小节标题设置是概括"conundrum"涉及的几个方面，而非概括小节内容），摘编稿自分小节，自设小标题，弃用原文分节和小标题。

续表

全译稿	《青年参考》摘编稿	分　析
今年九月，特拉华大学纽瓦克校区的新生入学情况介绍会上，英语语言部主任斯科特·史蒂文斯站在讲台上，礼堂中几乎座无虚席。他身后大屏幕上的照片中，两名白人大学生坐在桌边，男生正侧身偷看女生的考卷①。史蒂文斯博士对主要由中国学生组成的听众说，"大家是有独创见解的，所以绝不作弊！"除了表扬，他还提醒说，"你们都非常聪明，要运用聪明才智写出自己的答卷"②。	在9月特拉华大学开学仪式上，英语语言学院院长斯科特·斯蒂文斯站在台上，下面基本座无虚席。他背后的大屏幕上是一张照片，显示两名白人大学生坐在桌边，其中那名男生侧身偷看那名女生的论文。"我们是有独创见解的，所以，我们绝不作弊！"斯蒂文斯对台下新生（大多是中国学生）说，语带褒扬和警告，"你们都是非常聪明的，用你们的聪明才智写出自己的论文"。	摘编稿略有删减，"英语语言学院院长""论文"为误译。
史蒂文斯博士自1982年起就在英语语言部工作。过去几年中，该部课程规模扩大，原来的教学楼空间有限，只能占用校园主干道上薄饼国际连锁店后面的教室。如果跟着史蒂文斯一整天，就会发现，他工作繁忙，时间根本不够用。而且，他不仅为自己所在学部的口碑而自豪，也关爱学生。他公开自己的手机号码，跟学生说，只要有需要，可随时给他打电话，就算半夜也没关系。	斯蒂文斯博士自1982年起就在英语语言学院工作。他坦承，中国学生从以前的十几名增加到现在的几百名，特拉华大学面临种种挑战，最普遍的是剽窃。斯蒂文斯博士记得，有一名学生死记硬背住4条维基百科条目，这样他能在课堂内作文用得着时默写出来——真是了不起，但可惜没用对地方。来自一个不太关注个人主义国家的学生，显然不容易接受美国的知识产权观念。	摘编稿将原文的两段删减合并，只保留中国读者可能会感兴趣的重要信息。

---

① 原文这里的"paper"指"exam paper"，故译"考卷"。
② 原文这里的"papers"指"exam papers"，故译"答卷"。

全译稿	《青年参考》摘编稿	分　　析
他直言，中国学生从零星几名增加到数百名，特拉华大学面临种种挑战。首要挑战是抄袭。史蒂文斯博士记得，有一次当堂作文，有名同学背诵了维基百科四条词条的完整释意，哪条切题就可以默写出来。这种背诵能力着实不俗，可惜没用对地方。若来自视个人主义为异端的国家，学生不容易接受美国的知识产权观念。（史蒂文斯说，语言课程中正式处罚的数量并无激增，因为老师们偏好在课堂内处理抄袭问题）		
	一些教授说，面对新情况，他们大大改变了教学办法。比如，在测验时，特拉华大学的肯特·圣皮埃尔博士如今要求所有学生把课本放在前台，以防止他们作弊，这是他在特拉华大学 20 年来从未采取过的措施。	摘编稿将后文段落的部分内容前移至此，不仅截断原文，破坏了原文的连贯性，而且本段的内容与上段末尾提及的"handle questions of plagiarism in the classroom"无关。而且，"quiz"是指短时、非正式的"小测验"，不是"测验"。
原文此处无分节，亦无小节标题。	"他们假装欢迎你，但其实没有"。	摘编译稿自设小节和小节标题。 　　但是，此标题有点问题。被划入本小节的前几段是中国留学生的自身问题，后面才是别人对中国留学生的接受问题。此标题把问题都推给别人，不够客观。

续表

全译稿	《青年参考》摘编稿	分　析
正如对作者身份的理解取决于特定文化，对权威的界定也是如此。史蒂文斯说，"那不仅是语言和文化问题，还和政治因素有关"。 "我们很了解，中国人从小到大都听宣传，美国没有被描绘得特别好。如果生命中的前 18 年听的都是这些，那么到要选择相信谁的时候，当然相信自己人。他们不是很信任我们。"	对于著作权的理解固然跟文化息息相关，对于权威的理解也是如此。"不仅仅是语言和文化的问题，还涉及政治。"斯蒂文斯博士说，"我们都知道中国人从小到大被灌输一大堆宣传，他们对美国的描绘不太正面。所以，中国学生只相信自己人，他们不太信任我们。"	摘编稿稍有删减和改动，选词比原文的主观色彩更强。
史蒂文斯还说，一些中国新生不惜违反校规，交了住宿费也不与随机搭配的美国学生同住，而是结伴在校外租房合住。而且，他们很少参加本学部组织的活动。今年夏天的一次聚会，有来自 40 个国家的近 400 名学生出席，但其中只有大约 18 来自中国。据史蒂文斯说，中国学生往往不肯留在指导老师分配的班级，而愿意换到有自己同胞的班级。	斯蒂文斯博士说，一些新生虽然交了学校住宿费，但他们宁可到校外租房合租，而这是违反校规的。中国学生也很少参加学院组织的活动。在今夏的一次聚会上，有来自 40 个国家的近 400 名学生参加，而只有约 10 人来自中国。此外，中国学生经常换班，选择跟同胞一起，不愿待在辅导员分配的班级里。	摘编稿稍有删减和改动，致使第一句不及原文意思明确。
指导老师中就包括詹妮弗·格雷根-帕克斯顿。格雷根-帕克斯顿博士是商学院本科生指导办公室的课程协调人。她说，中国学生勤奋刻苦、彬彬有礼，给她留下很好的印象。他们经常向她和其他教授赠送小礼物，以示感激。最近有一天，她收到了一把折扇、一根项链和一条丝巾。她并不意外中国学生扎堆抱团。"即便有中国学生想脱离自己的圈子，也不一定受到多么热情的接纳。"	珍妮弗·格雷甘-帕克斯顿就是一位辅导员。她说中国留学生的学习态度和文明有礼的行为，给她留下很深印象。他们经常带给她和其他教授小礼物以示感谢，有一次，她一天就收到一把折扇、一根项链和一条丝围巾。中国学生喜欢待在一起，她对此并不感到意外。她说："即便是想要融入这里的中国留学生，也未必会受到热情欢迎。"	摘编稿稍有删减和改动。应注意的是，摘编稿误将"program coordinator"译为"辅导员"。

续表

全译稿	《青年参考》摘编稿	分　析
比如营销专业的唐文婷回忆说，有一门课程，教授故意忽略她的问题，只听美国学生讲话。在完成一门社会学课程小组作业的过程中，她也遭受了冷遇。"大家假装欢迎你加入，但并非如此。"修读那门课程的经历令她难以释怀。她说，"我永远忘不了"。	学市场营销专业的中国留学生唐文婷（音）回忆，有一次上课，教授不理会她的问题，只听美国学生的。她说，另外在一次社会学课的集体讨论会上，没人理她。"他们假装欢迎你，但其实没有。"这些经历对她打击很大。"我一辈子都不会忘记。"她说。	摘编稿稍有改动，主观性更为突出，个别细节（比如"group project"）译得不够准确。
原文此处无分节，亦无小节标题。	"课堂上太安静了"	摘编稿自分小节，自设标题。
去年秋天，肯特·圣皮埃尔负责讲授一门中级会计课程，班上 35 名学生中 17 人来自中国。不到两周，18 名非中国籍学生只剩了三人，其余人退掉了这门课。为什么美国学生都跑了？"他们说课堂太安静了"，圣皮埃尔回忆道。他说自己奉行 20 世纪 60 年代时兴的那种自由主义，完全赞成学校教育的多样性。但他也说，"课堂确实静得瘆人"。 　　在亚洲的许多学校里，热烈的课堂讨论非常罕见。正如圣皮埃尔指出的那样，如果把美国人放到中国的课堂上，他们就像话匣子。	去年秋天，肯特·圣皮埃尔博士在特拉华大学教中级会计学课，班上有 35 名学生，其中 17 人来自中国。但几周后，班上的非中国留学生只剩下了 3 位。为什么美国学生溜了？"他们说课堂上太安静了。"圣皮埃尔博士回忆说。在亚洲的许多学校，课堂上罕见激烈讨论。毫无疑问，正如圣皮埃尔博士所说，如果将美国人放入中国学生为主的课堂，他们会像是话唠。	摘编稿只保留了中国读者可能会感兴趣的信息。
学业达标	摘编稿弃用原文分节和小标题。	如前所述，原文的小节标题设置是概括"conundrum"涉及的几个方面，未必适合中文稿，故摘编稿弃用。全译稿为了使意义明确，添加"学业"二字。

续表

全译稿	《青年参考》摘编稿	分　　析
尽管学习模式与美国同学不同，特拉华大学中国留学生的平均成绩与其他本科同学的成绩并无明显差异。这一现象部分反映了，关系到中国学生最热衷的商务和工程专业中，需要大量计算，且英语水平不起关键作用的那些课程，学生得益于重视数理能力培养的中国教育。当然，有些中国本科生确有实力，可以进入美国最挑剔的大学：哈佛大学2010—2011学年就招收了大约40名这样的学生。	尽管学习方式不同，特拉华大学中国留学生与其他本科生的成绩差不多。这可能一定程度上反映出中国在基础学科这方面做得不错，所以中国学生在工商和工程专业方面表现较好。工商和工程专业属于中国本科留学生最热门的两个专业，对英语的要求也不高。	摘编稿只保留了中国读者可能会感兴趣的信息。关于哈佛大学的信息是为了体现报道的客观全面而提供，对中国读者而言，则可有可无，故摘编稿中删除。
但一些教授说，他们大幅度改变了自己的教学方法，以迁就学生。现在每逢小测验，圣皮埃尔博士就要求大家把书放到教室前面，以防止作弊。他在特拉华大学执教20年，以前并不需要这样做。另外，他减少了课堂参与所占分数的比例，以免拉低外国学生的分数。过去每个学期他都要求学生做两三次课堂陈述，但现在只要求一次。"一些美国学生对我说，他们听不懂外国学生在讲些什么"，他说，"真是让人头疼"。	摘编稿将左面段落的前半部分移到前文，将后半部分删除。	摘编稿将本段原文前半部分前移到"特拉华大学面临最普遍的挑战是剽窃"一节末尾，分析见前文。 　　由于摘编稿将本节小标题设为"课堂上太安静了"，而本段原文的后半部分谈论中国留学生的语言问题，与编译者自定标题无涉，故被删除。摘编稿这么做并非没有道理。不过，对中国读者而言，本段原文的后半部分仍有一定的信息价值，删除并非最佳选择。
金融和经济学教授罗伯特·施魏策尔则为一些基本单词发愁。"有学生跟我说，不知道'ascending'是什么意思。他们答错是因为没看懂阅读材料，还是因为英语水平不行呢？"	摘编稿删除。	本段原文和前一段后半部分一样，谈及中国留学生的语言问题。由于与摘编稿自设的小节标题无涉，本段也被编译者删除。

续表

全译稿	《青年参考》摘编稿	分　　析
不仅教授需要努力弄明白学生的意思，反之亦然。 　　戴蒙·马正修读语言中心的所谓"过渡性课程"①，这说明尽管还未修完语言课程，但他的英语水平已足够开始学习普通课程。马先生非常愿意在美国学习，这是他孩童时代就有的梦想。他也注意到了中美两国的学术差异。 　　"中国什么都是抄的"，马先生说，"他们花两个小时就能写一篇25页的论文，还能拿A"。② 　　他上第一门大学课程的时候很紧张。那门课是中国古代史概论。学期开始几周之后，他还没跨越语言障碍。他说，"我能理解大约70%，但搞不清楚细节和单词"。 　　许多来到特拉华大学的学生以为只要上几个月的英语课程，但最终都在英语语言部花了一年甚至更长的时间。上八周课就得付2850美元。	摘编稿删除。	原文这部分提及的几位中国留学生，未提供其人的中文名字。此外，个案细节对中国读者而言并不重要，而马说的"Everything is copying in China"也实在让人无语，故摘编稿做了删除处理。 　　全译的话，有些细节问题需注意。比如"bridge program"的译法（详见脚注），再如Damon Ma的蹩脚英文需要推断其实际想表达的意思。

————————————

①　原文中的"bridge program"指的是"English Language Bridge Program"，即为母语并非英语的学生开设的语言培训课程，侧重学术。国内有高校直译为"英语桥项目"，不能清楚达意。

②　原报道中引用马的原话，应该是想表明其英文程度之差。但中译难以体现英文程度，故仅是推断马的实际意思译出。

续表

全译稿	《青年参考》摘编稿	分　　析
查克·徐和爱迪生·丁已经在特拉华大学修读了一整年英语课程了。他们的英语水平最多能算够用，和记者简单交谈都费力。丁先生说他支付了大约3000美元，中介帮他准备标准化考试，填写申请材料，用英语写好个人陈述。① 陈述的内容，丁先生已记不得了。 　　徐先生刚修完英语课程，开始学习一年级课程。丁先生还要过最后一关，希望能在春天开始正常学习。		
约有5%修读语言课程的学生还没开始大学学习就因语言不过关而退学。特拉华大学中国学生学者联谊会前任主席张成坤（音）认识一些灰心回国的学生。"有几个学生抱怨说，他们觉得英语语言部的课程没什么用处，只是从他们口袋里掏钱。"	摘编稿删除。	本段原文介绍部分中国留学生的语言问题，对中国读者而言并非重要信息，摘编稿做了删除处理。
生源市场	摘编稿弃用原文分节和小标题。	原文的小标题更符合英语读者的阅读感受，全译稿采用了明细化译法，把"目标市场"具体为"生源市场"。当然，有的译者也可能更倾向于直译。

① 原文中的"essay"指的是"personal essay（个人陈述）"。

续表

全译稿	《青年参考》摘编稿	分　　析
五年前，帕特里克·哈克就任特拉华大学校长时，只有不到 1% 的一年级新生来自其他国家。他制定了"卓越之路"计划。作为该计划的一部分，特拉华大学努力吸引更多外国留学生。哈克博士每年都会讲授一门大一课程，对留学生的课堂教学问题有亲身体会。他说，"他们是非常好的学生，只是不了解美国习语和文化"。哈克博士说他已经发现，来自中国的申请可能和实际不符。他指出，不仅特拉华大学，很多大学都在设法应对这一问题。 　　但他否认在中国招生主要是为了挣钱。他说，"挣钱的话，招新泽西州来的学生一样可以。我们招收国际学生只是为了生源多样化"。	摘编稿删除。	本段原文介绍特拉华大学帕特里克·哈克校长的做法和观点，对于中国读者而言并非重要信息，摘编稿做了删除处理。 　　全译稿中，开头部分的句序做了调整，口语引语需灵活处理，以确保译文流畅易懂。
尽管如此，特拉华大学的大多数国际学生仍是来自中国。招生主任路易斯·赫什说，他正在努力改变这种情况。他说，特拉华大学正尝试从中东和南美招生。 　　对于想迅速走上国际化道路的大学来说，自然要努力在中国招生。 　　当决定招国际学生时，俄克拉荷马基督教大学聘用了三名招生人员，派到中国。国际学生课程负责人约翰·奥斯本说，"我们决定专注于中国市场，因为这个市场很大"。2007 年，这所大学招收了第一名外国学生。目前有 250 名外国学生，四分之一来自中国。		

全译稿	《青年参考》摘编稿	分　析
实际上，美国大学本希望细水长流地招收中国学生，但面对的却是蜂拥而至的申请。俄亥俄州立大学今年收到近 2900 份来自中国的本科入学申请，曼荷莲女子学院仅靠招收中国留学生就能完成招生计划。今秋北京举办的一次国外高校会展吸引了三万参观者。 　　市场大得吓人，难以驾驭。尽管有些美国大学与中国大学早已建立联系，源源不断地招收研究生，但多数美国大学和中国的高中并无稳固的关系。如果只有少数顶尖学生出国留学，美国大学只需关注少量出色的中学即可。但招生人员现在必须得熟悉数千所中学，才能找到合适的生源。对每年只到中国来一两次的招生人员来说，这是个很艰巨的任务。 　　有些大学，包括特拉华大学，雇用了海外代理。由于美国国内招生禁止雇用代理，这个现象成为全美高校招生咨询协会辩论的核心问题。尽管海外代理作为大学的代表，在招生会展上开展宣传，征集申请，但大学无法确保申请是否由学生本人填写，以及学生的成绩是否真实。	摘编稿删除。	本部分原文介绍美国大学招收中国留学生的动机和面临的问题，对于中国读者而言并非重要信息，摘编稿做了删除处理。 　　全译稿则需准确翻译细节，比如"provost"等。

全译稿	《青年参考》摘编稿	分　　析
对于那些已经涉足中国的大学而言，更令人忧虑的是：美国大学尚未真正了解中国，便已涉足中国市场。 　不久前，一家美国大学的学术副校长①联系 Zinch 中国的麦彻同，说要立刻招收 250 名中国学生。被问及原因时，答曰学校面临大额预算赤字。他告诉麦彻同，为填补赤字，学校需额外招收一些付得起学费的学生，中国恰恰不缺这种人。 　"紧缩预算使学校急于招收国际学生?"麦彻同说，"很不幸，确实如此"。		
特拉华大学的学校领导正在尝试新策略。他们开始实施一项计划，将中国留学生和其他国际学生与指导老师结对，以帮助他们更好地适应美国大学生活。另外，英语语言部为有中国学生选课的教师开办了研习班。其他大学也在反思他们的教育方法。印第安纳州的瓦尔帕莱索大学开设了关于英语与学习技巧的专门课程，为因成绩偏低而留校察看的国际学生提供额外帮助。	摘编稿删除。	本部分原文介绍美国大学为应对招收中国留学生所面临的问题而采取的措施，对于中国读者而言并非重要信息，摘编稿做了删除处理。

---

① 在美式英语中，"provost"指"a high-ranking administrative officer of some colleges and universities, concerned with the curriculum, faculty appointments, etc.", 应译为"学术副校长"。国内英汉词典将 provost 注解为"教务长"，不符合实情。

续表

全译稿	《青年参考》摘编稿	分　　析
还有许多办法可以改进招生流程，包括通过面试了解学生的真实英语水平，多了解成绩以外的学术背景。弗吉尼亚大学等少数学校让校友和在读生到申请者所在国或使用 Skype 视频通话面试申请者。另外，非营利机构美国国际教育交流委员会已开始提供面试服务。这些改变为关注相关问题的教育者所乐见。北大附中的校长助理江先生相信，口头面试有助于大学了解学生是否准备好进入美国课堂。 　　还有些大学雇佣校外人士审核成绩单，或在中国开设办事处，聘用当地工作人员以发现申请中为学校所忽略的问题。但申请人数如此之多，要面试和彻底评估每一位申请者，将是艰巨又昂贵的任务。		
史蒂文斯博士已经与国际学生打了将近 30 年的交道。对于他这样的大学管理人员来说，中国学生就好比尚未破解的密码："如何与他们相处?① 如何让他们融入?" 　　他说，"这个问题让我夜不能寐"。	斯蒂文斯博士跟外国留学生打交道已有近 30 年时间了。在他看来，中国学生就像一个他试图破解的密码。"如何影响他们? 如何让他们参与?"他说，"这都是伤脑筋的事"。	摘编稿对后半部分做了改写，目的是突出主题。但是，在表意方面，摘编稿与原文略有出入。

　　由上表可见，摘编者力图在内容与表达两方面贴近中文读者，不仅对原文做了较多删节处理，对部分内容的出现顺序做了调整，还改动小节划分，自设

———————————

① 原文的"reach"指"to understand and communicate with someone"，故译"相处"。

小标题，并改写了部分内容。特别值得注意的是，摘编稿在细节和表意两方面与原文略有不同。显然，摘编者在摘编过程中大胆地删节、改写，均是为了增强译文对中文读者的吸引力。不过，笔者以为，尽管摘编允许译者享有删节、改写的自由，译者仍应严守职业操守，注意细节的准确传译，并确保不因删节和改写而脱离准确传达原意的基本要求。

上述翻译案例及分析仅是帮助读者初步了解摘编的操作，具体细节还有待读者自己在实践中学习摸索。

第二节　全译与译写案例讲析示例

2013 年 7 月 16 日，美国期刊《大西洋月刊》（*The Atlantic*）刊登了关于中国电影《小时代》的评论文章。7 月 19 日，广州市三大日报之一《新快报》B03 版刊出该评论的译写稿。下文是英语原文以及全译（笔者自译）和《新快报》译写稿的段落对排（见表 8 - 2），本节将通过对比分析全译和译写稿的异同，帮助翻译专业的师生初步了解译写的操作方式。

China's 'Sex and the City' Film Is a Great Leap Backward for Women
The hit movie portrays Shanghaiese women as shallow, vapid, and beholden to bad men. So much for gender equality.

Tiny Times, a Chinese feature film set in contemporary Shanghai, made headline news on its opening day in late June by knocking the Hollywood blockbuster *Man of Steel* from its perch atop the domestic box-office and breaking the opening-day record for a Chinese-language 2D release.

The film follows four college girls as they navigate romance and their professional aspirations, but the bulk of the film is about the female longing for a life of luxury in the company of a good-looking man. *Tiny Times* is not a women's film, though it does feature female characters, draped from head to toe in designer clothes and easily mesmerized by the presence of supposedly visually stunning males—not the usual, muscle-bound Hollywood types, but Asian boys of androgynous demeanor with compact frames, exquisite facial contours and the look of perpetual youth.

At first glance, *Tiny Times* might be mistaken for a Sinicized *Sex and the City*, but soon it becomes clear that the four boy-crazed, mall-loitering characters in Shanghai have little in common with the fiercely independent career women in Candace Bushnell's New York. Positioned in the market by Le Vision Pictures of Beijing as a coming of age story, the rite of passage for one dazed girl in the film is to grow into a competent personal assistant to her oh-so-handsome male boss whose aloof demeanor and penetrating gaze constantly destabilizes her. Another girl from a nouveau riche family, showers her boyfriend with expensive clothes and accessories. The third girl— chubby, suffering from stereotypically low self-esteem and emotional eating—is made fun of throughout the movie as she obsesses over young tennis player, the one man in the movie who actually possesses something resembling muscle. The fourth girl, a budding fashion designer from a humble background, is trapped in an abusive relationship with yet another good-looking boy.

Taking a page from the book of popular East Asian "idol dramas" that cater primarily to youth in their teens and 20s, the film features popular singers, actors, and actresses, cast regardless of any actual acting ability. Good idol dramas frequently feature teen romance, in which brooding characters with dark secrets and painful pasts elicit pathos and real emotion. *Tiny Times*, however, has done away with complex story arcs and character development. The film looks great but ultimately lacks substance.

The four characters' professional aspirations amount to serving men with competence. The film is a Chinese version of "chick flick" minus the emotional engagement and relationship-based social realism that typically are associated with the Hollywood genre. The only enduring relationship in *Tiny Times* is the chicks' relationship with material goods. The hyper-materialist life portrayed carries little plot but serves as a setting for consumption, and is more akin to MTV or reality TV than real drama. With its scandalously cartoonish characters, the film would have worked better as a satirical comedy, except that the director is too sincere in his celebration of material abundance to display any sense of irony.

We were caught completely off guard, stupefied by the film's unabashed flaunting of wealth, glamor, and male power passed off as "what women want." Its vulgar and utter lack of self-awareness is astonishing, but perhaps not too surprising. It appears to be the product of full-blown materialism in modern, urban Chinese society. The film speaks to the male fantasy of a world of female yearnings, which revolve around men and the goods men are best equipped to deliver, whether materially or bodily. It betrays a twisted male narcissism and a male desire for patriarchal power and control over female bodies and emotions misconstrued as female longing.

Whatever happened to Chairman Mao's proclamation that "women hold up half the sky?" In *Tiny Times* Chinese society has regressed to an earlier era. Years of accelerating economic growth have brought unprecedented social and geographic mobility, and increased pressure on Chinese men to succeed, to follow the trail of power and money, leaving their women behind. Economic growth has exacerbated the gender gap, often reviving cultural traditions that reduce women to a sub-human status. The contempt for women that I have witnessed in China in recent years is alarming. The male chauvinism in the film is symptomatic of a society where the choices for women are severely limited. The ones with bodies are enticed to become material girls under the thumb of men, the ones with brains who dare to use their thinking faculties are condemned to eternal loneliness, and the ones possessing neither are banished to a corner.

Much to our horror and dark amusement *Tiny Times'* director Guo Jingming, won the award for "best new director" at the recently concluded Shanghai International Film Festival. A film school dropout turned popular fiction writer, Guo aspires to be an author of contemporary Shanghai. Though not a Shanghai native, he nevertheless invokes the renowned Shanghai novelists Eileen Chang and Wang Anyi as his predecessors. Guo's imagination paints Shanghai as a world city whose very spirit is equated with wealth and the attendant decadence. Never mind that he paints a world devoid of compassion and humanity. Never mind that the fabulously wealthy Shanghai in his fictionalized world is hardly the reality for majority of city dwellers.

Guo claims to represent the post 1990s "me generation" and has apparently hit a home run with the youth audience. According to the latest statistics from the China Film Distribution and Exhibition Association, the average age of a moviegoer in China has dropped to 21. 2 years in 2012 from from 25. 7 years in 2009. *Tiny Times's* owes its success partly to a marketing campaign that relied heavily on social media networks reaching tens of millions of students.

The Chinese film industry has come aboard celebrating a work of fiction with a dubious imagination, awful acting, and a story that is non-existent. One can only surmise that Chinese cinema has momentarily lost its way—in its desperate pursuit of domestic market share in competition with a growing number of imported Hollywood blockbusters, the Shanghai International Film Festival traded cinematic quality for box-office returns. If this pattern holds, Chinese cinema will soon hang by a thin thread. It cannot rely on weightless movies like *Tiny Times* to sustain its market momentum.

It comes as a consolation to us that the film averaged low ratings of 3. 4 and 5. 0 out of 10 on China's two most-visited online movie portals, mtime. com and douban. com.

Director Guo said that *Tiny Times* allowed its viewers to dream about a future with "a great career, great friends, and a handsome boyfriend." We're not at all sure if this is what Chinese President Xi Jingping had in mind when he announced his opaque "Chinese Dream." We sure hope that both Chinese cinema and Chinese women can envision their own alternatives.

表 8 – 2　全译及译写稿对比分析

全译稿	《新快报》译写稿	分　　析
《小时代》是女性独立意识的大倒退。	美媒也被《小时代》"惊呆了"。	英文原文标题重点概括了作者对电影本身的看法。考虑到美国读者不熟悉中国电影，原文以 "China's 'Sex and the City' Film" 代称《小时代》。 鉴于全译稿的读者群体已经改换为中文读者，中国读者不熟悉美国影视文化，故将原文代称还原为《小时代》本名。 中文译写稿标题则放弃体现原作者观点，转而强调：第一，内容来自美国媒体；第二，使用网络语"惊呆了"形容外方观点。总体而言，译写稿标题的侧重点是渲染气氛，以吸引中文读者阅读深究。
这部热映的电影中，上海女性肤浅乏味，与渣男纠缠不清，全无男女平等观念。	批主题、故事、思想三宗罪： 《新快报》综合报道：《小时代》最近摊上大事了！继《人民日报》发表了批评文章之后，就连美国媒体也对它开骂起来。据新华网消息，7 月 16 日，美国《大西洋》月刊网站刊发文章称，"人们完全猝不及防，就被这部明目张胆地炫耀财富、魅力和男权，表现'女性就想要这些'的电影惊呆了"。该文还从主题、故事、思想上指出了《小时代》的三宗罪。	英文原文的导语与标题呼应，概述电影内容，解释标题中 "a Great Leap Backward for Women" 的含义。 中文译写稿的导语则使用了"摊上大事了""连美国媒体也对它开骂起来""三宗罪"这种夸大其辞的表达方式，以期吸引读者。另外，引号内的部分并非原文的准确再现，而是渗透了译者个人想法的改写。

续表

全译稿	《新快报》译写稿	分　析
原文此处无分节，亦无小节标题。	一宗罪：电影主题混乱，表现出扭曲的男性自恋	译写稿为吸引读者，突出主题，自分小节，自设小节标题。 由于原文这部分主要是电影内容概述，与"一宗罪"并无直接关联，译写稿便将后文的部分评论文字提前，用以配合此处的小节标题。 应注意的是，尽管译写和摘编均可自分小节，自设小节标题，但译写稿在概括原文内容的同时，更倾向于突出编者对原文的主观解读。
六月底上映当天，以当代上海为背景的电影《小时代》就击败好莱坞大片《超人：钢铁之躯》，跃居国内票房榜首，打破了华语普通影片首映日的记录。	美国《大西洋》月刊网站刊发的文章称，中国描述现代上海生活的电影《小时代》6月底上映当天就击败好莱坞大片《超人：钢铁之躯》，跃居国内票房榜首。	译写稿与原文表述稍有不同，但意义并无差别。
该影片讲述了四名女大学生的感情生活和职场抱负，但主要反映的是女性对有俊男相伴的奢侈生活的向往。尽管《小时代》由女性主演，但并非女性电影。这些女性身着名牌时装，爱慕相貌俊美的男子——不是好莱坞常见的肌肉男，而是举止风度中性、体格匀称、五官精致、长着娃娃脸的亚洲美男。	该影片讲述了四名女大学生的感情生活和职场抱负，但电影的主题是关于在一名帅哥所在的公司工作的女性向往奢侈的生活。尽管电影主角是女性角色，但《小时代》不是一部女性电影。这些女性从头到脚穿着名牌时装，极容易为相貌出众的男性神魂颠倒，而她们的梦中情人不是好莱坞传统类型的肌肉男，而是体格纤细、五官精致、仿佛青春永驻的亚洲花样美男。	译写稿行文措辞比原文夸张，误译"a life of luxury in the company of a good-looking man"，漏译体现原文作者观点的描述性表达——"androgynous demeanor"。

续表

全译稿	《新快报》译写稿	分　析
乍看之下，《小时代》好似美国电视连续剧《欲望都市》的中文版。不过，观众很快会发现，《小时代》中的四位上海女性迷恋男子、爱逛商场，和《欲望都市》中四位独立性极强的事业型纽约女性几乎没有可比性。北京乐视影业给《小时代》的定位是，讲述在冷面俊男上司犀利目光注视下茫然不知所措的女孩子，成长为上司得力助理的故事。另一位女生来自土豪家庭，送给男友很多名贵服装和配饰。第三位女生胖乎乎的、自卑，心情不好就吃东西，因迷恋一年轻网球运动员，在电影中一直被取笑。第四位女生是初露头角的时尚设计师，出身寒微，受到相貌出众的男友虐待。	译写稿删除。	考虑到美国读者不熟悉中国电影，本段原文对比了《小时代》和美国读者熟知的"Sex and the City"，以便美国读者了解《小时代》的实际内容。但对中文读者而言，这部分内容并非必要，故译写稿删除本段。
	这部电影迎合的是男性对女性渴望的幻想，完全围绕男性以及男性所能提供的最好的东西，无论物质上还是身体上。电影表现了一种扭曲的男性自恋，以及一种渴望父权和控制女性身体及情绪的男性欲望，并将这些曲解为女性的渴望。	译写稿将下文内容前移至此的原因显然是为了确保行文内容与编译者自设的本小节标题相匹配。
原文此处无分节，亦无小节标题。	二宗罪：《小时代》完全抛弃了故事情节，思想低俗	译写稿自分小节，自设标题。

续表

全译稿	《新快报》译写稿	分　析
《小时代》迎合青少年口味，模仿东亚流行的偶像剧，选用受欢迎的歌手和男女演员做主演，完全不考虑实际演技。好的偶像剧常会讲述青涩之恋，展现剧中人物的秘辛与悲伤过往，令人感伤，激发真实情感。而《小时代》则全不理会故事情节的演进与人物塑造的需要，只求外表亮丽，欠缺实质内容。	文章指出，《小时代》借鉴了主要迎合青少年和年轻族群的东亚流行偶像剧，主角由几乎谈不上什么演技的男女演员担纲。好的偶像剧常常以青春爱情为主题，主角往往藏有黑暗的秘密或痛苦的过去，引起痛苦与感伤。然而《小时代》完全抛弃了复杂的故事情节和性格发展。这部电影看起来不错但却缺少实质内容。	为配合编译者自设的小节标题，译写稿的行文表述与原文略有出入，个别地方译得也不十分准确。
《小时代》中四位女性的职场抱负无非是尽力为男性服务，基本是中式言情片，缺乏好莱坞版本中常见的情感投入和基于恋爱关系的社会写实性。《小时代》中唯一不变的是年轻女性对商品的喜好。电影描绘了物质至上的生活方式，故事情节贫乏，只是设置了物质消费的场景，拍得更像音乐电视短片或真人秀电视节目，而不是真的在讲述故事。影片中的角色很假，像动画片人物，也许拍成讽刺喜剧会更好。只可惜导演是真心诚意地赞颂物质富足，没有丝毫讽刺的意思。	译写稿删除。	原文这部分是对电影拍摄的总体评价，属于重要信息。也许译写稿是为了让小节标题更为突出而删除本段。

续表

全译稿	《新快报》译写稿	分　　析
这部电影厚颜炫耀财富、美貌和男权，将其冒充为"女性所求"，让人大出意外，目瞪口呆。虽然影片既庸俗又缺乏自省，令人讶异，但并不奇怪。显然是当代中国城市社会的物质享乐主义催生了这部影片。这部电影描述了男性想象中女性渴望的生活，即一切以男性及其所拥有的物质或体貌条件为中心。这彰显了扭曲的男性自恋情结，并将男性对父权的向往和对控制女性身体和情感的渴望误解为女性的意愿。	作者写道："我们完全猝不及防，就被这部明目张胆地炫耀财富、魅力和男权，表现'女性就想要这些'的电影惊呆了。"其思想之低俗以及完全缺乏自知之明十分惊人，但也许又不那么令人意外。这似乎是现代中国城市社会全面物质化的产品。 　　[后半部分内容被前移]	译写稿译文有欠准确。
原文此处无分节，无小节标题。	三宗罪：将女性降格至低人一等的地位	译写稿自分小节，自设标题。
毛泽东主席曾说"妇女能顶半边天"，可《小时代》里的中国社会却倒退到了不讲男女平等的时期。中国多年来的经济加速发展带来了前所未有的社会和地域流动性，中国男性感受到更大的压力，追求事业成功和权力金钱。经济发展加剧了性别差距，让主张"男尊女卑"的旧有文化传统得以死灰复燃。这几年我亲眼目睹中国的重男轻女现象，情况令人担忧。这部体现大男子主义的电影表明，女性在这种社会中的选择极为有限。身材相貌俱佳的女性经不起诱惑，沦为听命于男性的拜金女郎；有头脑的女性因敢于思考而被迫孤独一生；无貌无才的女性则被赶到无人注意的角落。	文章质问：毛主席的豪迈口号"妇女能顶半边天"现在怎么了？《小时代》中的中国社会已经倒退到更早的时代。多年来的经济加速增长带来了前所未有的社会流动性和地理流动性，增加了中国男性成功以及抛弃妻子追逐权力与金钱的压力。经济增长加剧了性别差距，复辟了文化传统，将女性降格至低人一等的地位。 　　文章称，近年来人们在中国目睹的对女性的蔑视令人担忧。影片中的男性沙文主义恰恰是一个女性选择极其有限社会的征兆。女性在男权的压力下被鼓励成为物质女孩，那些敢于动用思考能力的女性被诅咒将陷入永恒的孤独，从而被驱赶到墙角。	译写稿译文有欠准确。 　　全译稿对某些表达（比如"an earlier"，"cultural traditions that reduce women to a sub-human status"，"The contempt for women"，"The ones with bodies"）做了阐释性处理。

205

全译稿	《新快报》译写稿	分　　析
令人震惊而且哭笑不得的是，《小时代》的导演郭敬明居然在最近闭幕的上海国际电影节中荣获最佳新人导演奖。郭敬明从影视专业辍学，转行成为流行小说作家，想专写当代上海。尽管籍贯并非上海，郭敬明却将上海著名小说家张爱玲和王安忆引为前辈。在他的想象中，上海这个国际都会的精髓在于财富以及与之相伴而生的堕落生活。由此，无需追究他描绘的世界缺乏同情与人性，也无需追究，对于大多数上海居民而言，他虚构出来的极其富裕的上海并非事实。 　　郭敬明声称代表 90后"自我的一代"，也确实在年轻观众当中很有市场。根据中国电影发行放映协会公布的最新数据，中国电影观众的平均年龄已从 2009 年的25.7 岁下降到 2012 年的21.2 岁。《小时代》获得成功的部分原因是，其市场宣传主要依靠能够影响上亿学生的社交媒体网络。 　　中国电影界也称颂这部胡编乱造，想象力蹩脚，演技糟糕，完全与现实脱节的电影。也许中国电影是因为越来越多的好莱坞大片涌入，急于追求国内市场份额，才暂时步入迷途，上海国际电影节才因此只看票房收入，不看影片质量。如果这一状况得以持续，中国电影将岌岌可危。因为电影市场的发展动力不能仰仗《小时代》这种毫无分量的影片。	译写稿删除。	原文这部分是对电影导演、国内电影业反应、观众评价等情况的介绍和评论，属于重要信息。但译写稿显然是为配合小节标题而删除了这五个段落。 　　应注意的是，原文称郭敬明为"A film school dropout"不够准确。郭原本在上海大学读影视艺术工程专业，休学两年后转到上海大学影视艺术技术学院，全译稿据实情做了修改。

全译稿	《新快报》译写稿	分　　析
让人稍感安慰的是，《小时代》在中国访问量最高的两家电影门户网站时光网和豆瓣的得分仅为 3.4 和 5.0（满分为 10 分）。 　　郭敬明导演说，《小时代》让观众畅想的未来是"事业成功，好友众多，男友英俊"。习近平主席提出"中国梦"时未加解释，不知他是否也这样想。但我们还是希望中国电影和中国女性能够设想其他的选择。		

　　由上述案例提供的对比分析可知，译写稿的自由度比摘编稿更大，编译者倾向于重构原文为己所用。在译写过程中，编译者删除和改动原文时，往往要充分考虑目标读者群体的阅读感受和习惯，以快速传达主要信息和迎合目标读者为目标。但应注意的是，编译者的过度介入可能会造成译写稿在信息呈现方面产生偏差，原文重要信息被删除，编译者的主观解读被放大，最终误导中文读者。这个问题应引起业界的警觉。

第三节　意识形态问题新闻翻译案例讲析示例

　　意识形态问题在翻译研究中广受关注。西方翻译研究界早就意识到（Álvarez & Vidal 1996：2），

　　the need to examine in depth the relationship between the production of knowledge in a given culture and its transmission, relocation, and reinterpretation in the target culture（有必要深入探究特定文化环境中的知识生产，该知识的传播、迁移，及目的语文化环境对该知识的重新解读）。

由于翻译过程涉及文化环境的迁移和改变，译者因其语言优势而拥有一定的决定权（Álvarez & Vidal 1996：2）——

The translator can artificially create the reception context of a given text. He can be the authority who manipulates the culture, politics, literature, and their acceptance (or lack thereof) in the target culture（译者可以创造特定文本的接受环境，有能力左右文化、政治、文学及其在目的语文化中被接纳［或不被接纳］的程度）。

事实上（汤君 2008：74 - 75），

翻译活动是在目的语社会主流意识形态的大环境中重新建构一个承载原语文本意识形态内容的载体建筑——译本。由于此建构过程所使用的建筑材料（语汇、概念等）和建构方式（句法、文体语体特征等）基本来自本土，这个载体建筑必然与原语社会主流意识形态大环境中的那个原初建筑（即原语文本）不同。

当然，有时由于译者有意识地介入干预，译本和原文之间的意识形态差别会更为明显。这种现象在新闻翻译中极其常见。尤其是西方关于中国事件的报道，常常带有意识形态导向。译者出于受众接受的考虑在翻译时进行介入、干预也可算是惯例。应注意的是，尽管译者有能力介入、干预意识形态内容在目的语中的再现，这种介入或干预的合理性却应根据具体情况判定。以下列表举例说明。表 8 - 3 中的翻译实例来自 *Financial Times*（《金融时报》，下表中简称 *FT*）及其中文版。

表 8 − 3 意识形态问题新闻翻译例析

FT 原文	FT 中文版译文	分 析	改译
例 1. The world must learn to live with a wide-awake China	世界应心平气和地对待醒来的中国	国外学者（Sorby 2006：122）指出，原文中的"learn to live with"强调要努力学会适应形势变化，有告诫之意。与原文相比较，中译的"心平气和地对待"弱化为劝解语气，并且没有体现出原作者关于顺应时势的提醒。 笔者课程中收到的硕士生小组习作里，出现过"必须适应""必须学会"等译法。这两种译法在中文里有教训人的口气，与原文语气不符，应注意避免。 还需注意的是，"a wide-awake China"的"a"是英文特色，表示以前还有一个没睡醒的中国，无需译出。并且，"wide-awake"不宜译为"全面觉醒/醒来"。因为中文里"觉醒"和"醒来"都是完全的状态，只有不完全的状态才要加词说明。	译文 a：世界应学会适应觉醒的中国 译文 b：世界应学会与觉醒的中国共处
例 2. China should be a concern but not an obsession	不要妖魔化中国实力	中文版译文并未直译，而是采用了编译。从整体措辞来看，视对方为假想敌，语气过于强烈，与原意差别明显。	关注中国，但无需困扰
例 3. Banking reforms delay listing	中国两大银行延迟上市	原文暗示改革是延迟上市的原因。中译者顾虑全译（比如笔者课程中收到的某硕士生小组作译为"银行改革导致上市延期"）会突出原文的倾向性，故采取干预策略，刻意略去"改革"。其实，还有保留原文隐含的倾向性，但不刻意突出的译法（见右栏改译）。	银行改革，上市延迟
例 4. China's worn infrastructure holds growth hostage	中国基础设施威胁经济增长	中译者只想到"China's worn infrastructure"译出来感觉过于负面，于是采取干预策略，刻意略去"worn"。但这么做的结果，不仅导致中译的阅读感受比原文还负面，还让中译彻底沦为误译。 事实上，调换"中国"的位置，便可将带有意识形态倾向的原文变为客观的陈述（见改译）。	基础设施陈旧制约中国经济增长

续表

FT 原文	FT 中文版译文	分　析	改译
例 5. Volkswagen to tighten belt in 'risky' China	大众将减少在华投资规避风险	中译者不译 "'risky' China （'有风险的'中国）"，估计是为避免中文读者产生负面阅读感受。但为了对 "risky" 有所体现，中译者添加 "规避风险"。不过，原报道谈到大众汽车采取了两方面的措施，即 "cut costs" 和 "reduce its investments"，但中文标题只体现了后者。 　　右栏的改译则回避了原文的意识形态倾向，并全面体现了报道内容。	大众汽车采取紧缩政策以规避在华风险
例 6. Blackouts in a coal-rich town illuminate failings in China' energy policy	中国产煤重镇断电 '照亮' 能源缺陷	中译者将 "能源政策缺陷" 改为 "能源缺陷"，以避免批评政府决策，结果改变了原意。而且，"照亮" 属于误读，语气上也不严肃。	产煤重镇断电，凸显中国能源政策缺失

　　除了上述新闻标题译例，新闻正文中的意识形态内容更需审慎处理。如果译者对意识形态问题欠缺必要的敏感，就会导致译文出现意识形态错误。

　　例 7. Chinese tourists have drawn scorn after posting online snapshots of themselves hunting and devouring endangered sea clams in the Paracel islands, and others have produced fake marriage papers at resorts in the Maldives, in order to take advantage of free dinners. (Closer to home, the new law might have given pause to the group of Chinese tourists on Hainan island who inadvertently killed a stranded dolphin by using it as a prop in group portraits.)

　　小站教育网提供的中译：有游客在帕拉塞尔群岛抓捕并饕餮珍稀海鲜，照片晒到网上后受尽鄙视；在马尔代夫，还有游客为了吃顿免费餐，甚至伪造结婚证；在国内的海南省，为了拍张集体照，有人竟然屠杀了一只无辜的海豚。

　　例 7 的中译文犯了一个重要的意识形态错误。长期以来，外媒把中国的某些地区认作有争议的领土，其中就包括原文中所谓 "the Paracel islands"，即我国西沙群岛。如果将其音译为"帕拉塞尔群岛",那就等同于认同外媒观点,同意该群岛归属越南,并非中国领土。此外,该译文存在不少细节问题,估计出自业余译者之手。比如把复数形式的"free dinners"误为单数形式的"吃顿免费餐",漏译"the new law might have given pause to"以及"stranded""using it as a prop",弱化处理"endangered sea clams"。此外,原文括号中的文字涉及真人真事,直译会误导读者,译者应通过互联网查证清楚再翻译。原译在这点上处理得不够严谨。笔者改译如下:

> 又如有游客在西沙群岛捕捞并大吃濒危物种巨蛤,还把照片晒到网上,招来众人鄙视。还有游客为了在马尔代夫的度假胜地免费用餐,伪造结婚证。(在海南省,一伙国内游客为给集体照添个道具,导致搁浅在海滩上的一头海豚死亡。新法规也许能令这些人反思自己的行为。)

上述译例和分析再次印证了意识形态问题对翻译的影响,以及译者对原文包含的意识形态内容的介入和干预。因此,无论翻译研究者还是翻译教师,都应当明了(Álvarez & Vidal 1996:5)

> It is essential to know what the translator has added, what he has left out, the words he has chosen, and how he has placed them. Because behind every one of his selections there is a voluntary act that reveals his history and the socio-political milieu that surrounds him; in other words, his own culture(了解译者的增减、择词、组句是关键所在。译者的任何选择都是自主行为,揭示了译者的个人经历及其所处的社会政治环境,即译者所从属的文化)。

当然,这是译者译入母语的情形。译入外语的情况则另当别论。

值得注意的是,随着互联网的兴起,国内有不少业余翻译爱好者、翻译学习者、英语学习者加入业余新闻翻译的行列中来。互联网上随处可见的非职业译者提供的新闻译稿,对于翻译教学而言,既是资源也是挑战。

谓之"资源",理由如下:很多翻译教师承担着繁重的教学科研任务,鲜有精力时刻关注媒体的各类报道;而非职业译者发布到互联网的大量媒体文章译稿都具有及时性和趣味性,翻译的出发点是促进英语学习或促进信息传播。当然,由于业余译者并非职业翻译,其译稿难免存在某些疏漏、误译。有鉴于此,可将这类媒体文章译稿作为教学资源,用于学生的翻译练习或译稿的核查练习。

还有，如果这类译稿中有一部分恰巧同时存在正式刊发的编译稿，还有助于分析研究职业译者和非职业译者的翻译策略倾向。

谓之"挑战"，理由如下：由于互联网资源的普遍使用，部分学生在完成翻译作业时可能存在不同程度的抄袭；如果教师忽视这种现象的存在，可能会导致平时成绩的误判，致使不能公平、公正地评价学生的学业水平和能力。个人认为，翻译教师不仅要对可能存在的抄袭甚至是变相抄袭的情况保持警觉，一旦发现此类情况，还应顺势强调职业道德，诱导学生改变学习态度，认识到译文独创的重要性。

第九章

人工译稿核查案例讲析示例

21 世纪初我国将主要语种的翻译职称改为三级翻译（初级）、二级翻译（中级）、一级翻译（副高级）、资深翻译（高级）之前，翻译系列的副高和正高级职称名为副译审和译审，意谓副高级职称以上的翻译还需有能力承担其他译者的译文核查工作。而在实际工作中，有一定年资的翻译岗位任职者都可能接触到此类工作。不仅如此，某些单位还会把此类工作外包给据信有资质者。

需注意的是，中外业界对于译后质量控制具体环节的称呼并不完全一致。根据中国译协 2016 年发布的《翻译服务——笔译服务要求（T/TAC 1 – 2016）》，我国译后质量控制阶段涉及的译文核查工作包括：译者自检，其他译者负责的单语审校、双语审校、校对和最终核验。国际译界通常将译后质量控制的具体环节分为 "checking（复核，即《翻译服务——笔译服务要求（T/TAC 1 – 2016）》所谓'自检'）"，"editing（编辑）"，"reviewing（审核，即《翻译服务——笔译服务要求（T/TAC 1 – 2016）》所谓"单语审校"）"，"post-editing（［机器翻译译文的］后期编辑）"，"revision（修订，即《翻译服务——笔译服务要求（T/TAC 1 – 2016）》所谓"双语审校"）"和 "proofreading（校对）"等（Allman 2007：36）。按照业界惯例，"reviewing（审核）""revision（修订）"和 "editing（编辑）"需由他人负责（Robert et al. 2017：293；Wagner 2005）。一般情况下，"editing（编辑）"和"reviewing（审核）"是仅对目标内容进行核查和润色，侧重点是术语是否准确，译文是否可读，文风是否恰当，不涉及译文的跨语言转换问题，可视为同类质量控制措施。为简单起见，本章将译后质量控制环节简称为"译稿核查"阶段。

前欧洲翻译署资深译员（Wagner 2005：225）对人工译稿的核查职责概述如下：修订者需通晓原文，能够发现原文和译文的差别；编辑只负责审读译文，并基于自身对译文主题和预期读者群体的了解，对译文进行文字方面的加工润色，有时还需对译文风格进行修正。还有学者介绍相关研究成果后，强调指出，修订基于原文和译文的全面比对，需要对译文存在的所有问题进行纠正和改进（Robert et al. 2017：295）。

值得注意的是，某些翻译业务仅要求在最短时间内提供原文大意或粗译文本（Chesterman & Wagner 2006［2002］），以便用户参考或掌握信息，故此类人工译稿仅需由译员本人在规定时间内完成自检，无需他人介入，不在本章讨论之列。本章仅探讨客户期望较高，为确保译稿质量，需由他人进行修订与编辑的情况。

我国实际工作环境中的译后质量控制环节，修订人员常需同时肩负译文编辑职责。国内高校以往的翻译课程教学中却极少将译稿核查纳入教学和训练，不能不说是一种缺失。因此，下文将以具体案例为依据，说明译稿核查的具体做法，探讨译稿核查过程中需注意的问题，以及译稿核查对确保译文质量的重要性。英文译稿的核查较为复杂，涉及跨文化写作风格差异，母语或非母语核查等诸多问题，步骤略多，容后再论。本章仅探讨中文译稿的核查。

本部分案例基于笔者 2011 年以来在东南大学讲授翻译专业硕士和翻译方向学术硕士课程的部分授课内容，以牵涉专业内容的文本（比如媒体涉及专业内容的报道、研究论文及专业著作）、文学文本、一般用途文本（即不涉及专业内容的发言稿及文章）译稿核查过程中的常见问题作为自建案例库的案例选取标准。为避免篇幅过长，仅选取少量代表性案例提供详细的讲析示例，以供同行教师教学和翻译专业学生自学参考。

第一节　牵涉专业内容的文本译稿核查案例讲析示例

牵涉专业内容的文本译稿，委托方对译稿质量一般怀有较高期待。核查此类译稿需注意以下问题：（1）专业术语或文化专有项的再现是否准确合理；（2）专业知识内容的翻译有无错漏；（3）行文风格是否符合目标读者群体的期待；（4）有无误译、错别字和词语误用；（5）避免"under-revision（未充分修订，指修订过程中有遗漏）"，"hyper-revision（过度修订，指对不必修订的内容进行修订）"和"over-revision（不当修订，指修订中存在不当之处）"（Allman 2007：43）；（6）委托方有无特殊要求。

国际业界的职场环境中，仅"过度修订"较为常见（Allman 2007：43）。教学环境中，译稿核查训练受制于课程设计、师资储备、生源背景等现实因素，情况较为复杂。笔者曾在所承担的硕士生课程中设置同学译文互检环节，以便了解学生对译稿核查技能的掌握情况。结果发现，"未充分修订""过度修订"与"不当修订"的情况均很常见。因此，有必要让学生了解业界遵循的修订原则。

就修订原则而言，欧盟委员会翻译署西班牙语部发布的《修订手册》所涉及的 13 条修订原则可资参考。这 13 条原则分别是：

1. 修订者应假设提交修订的译文是合格译文。（Assume from the outset that the translation to be revised is of good quality.）

2. 修订所投入的精力应与译文的重要性相称。（Revision effort should be in proportion to the importance of the text.）

3. 明显不合格的译文应直接打回返工。（Clearly inadequate translation should be given straight back to the translator.）

4. 不要重写译文。（Do not rewrite a translation.）

5. 不要将个人喜好奉为圭臬。（Do not present your personal preferences as gospel.）

6. 若需阅读原文才能明白译文的意思，则必须修改译文。（Make changes whenever you can understand the translation only by reading the original.）

7. 改动越少越好。（The fewer changes, the better.）

8. 若改动的原因不容易解释，应提供支持改动的文献依据。（Back up any changes that are not self-explanatory with references to concrete documentary sources.）

9. 确保所做改动恰当正确。（Make sure that the changes you make are relevant.）

10. 指出可改可不改的地方。（Point out borderline cases.）

11. 与译者沟通至关重要。（Dialogue with the translator is of capital importance.）

12. 将修订视为训练修订者和译者的机会。（Always see revision as a training opportunity for revisers and translators alike.）

13. 译文的著作权属于译者，修订仅是对译文的补充。（Responsibility for all translation lies with the Department as a whole. Authorship of a given translation is the translator's, the reviser's task being complementary.）

第 11 和 12 条原则的提出，是因为该部门的译者和修订者是同事关系。中国的职场环境情况更为复杂，有多种可能：内部译者和修订者，外包译者和内部修订者，内部译者和外包修订者，外包译者和修订者。后三种情况，第 11 和 12 条原则就不适用了。根据本校在口笔译服务机构实习的翻译专业硕士同学的经历，即便译者和修订者都是公司雇员，目前也有不少公司为避免意见不统一引发冲突，而由项目经理负责将修订意见转交译者；还有些工作单位使用翻译项目管理平台，特定项目的所有译者和修订者实时进度和修订情况对参与该项目的所有人员（包括项目经理）公开可见，既通过省略中间沟通环节节约了时间，还能营造一种所有项目参与人员互相监督的氛围。

翻译专业教师在教学中需多加注意的还有委托方对牵涉专业内容的文本译稿提出的特殊要求。所谓特殊要求通常包括制作特定或不同版本的译稿以便符合不同受众群体（如不同年龄段的受众、不同性别的受众、不同教育背景的受众等）的需求，采用委托方指定的特殊译法（如节译、摘译、编译、改编、改写等）制作译稿用于网络或影视媒体，将译稿调整为委托方所需格式，等等。这些要求都会影响到译稿的核查，并且是翻译专业学生的短板，需添加相应的教学环节，以便学生学习掌握必要的相关技能。

此外，在职业环境中，受托负责译稿核查的人员如果确实不熟悉相关领域，且无法保证在限定时间内，通过研习而掌握必需的术语及背景知识，就需说明情况，由委托方决定是继续委托译稿核查工作，还是另行委托具有相关知识的专业人士负责审查专业性内容。

鉴于职场中牵涉专业内容的文本译稿不便用作例证，加之考虑到大多数高校翻译专业的教学实际，以下仅从网络业余翻译爱好者发布的、涉及特定专业领域的媒体文章译稿中抽取实例，以说明译稿核查对确保译文质量所起的重要作用，以及如何判断译稿的哪些问题必须或无需加以修正。

2006 年 2 月 9 日，《经济学人》杂志发表了一篇关于食品行业产品与肥胖问题的报道，部分段落涉及专业性内容，是核查的重点。该报道原文如下：

Food firms and fat-fighters

Five leading food companies have introduceda labelling scheme for their products in the British market，in an attempt to assuage critics who say they encourage obesity. But consumer groups are unhappy all the same. Is the food industry，like tobacco before it，about to be engulfed by a wave of lawsuits brought on health grounds?

KEEPING fit requires a combination of healthy eating and regular exercise. On the second of these at least, the world's food companies can claim to be setting a good example: they have been working up quite a sweat in their attempts to fend off assaults by governments, consumer groups and lawyers who accuse them of peddling products that encourage obesity. This week saw the unveiling of another industry initiative: five leading food producers—Danone, Kellogg, Nestlé, Kraft and PepsiCo—introduced a labelling scheme for the British market which will show "guideline daily amounts" for calories, fats, sugar and salt on packaging. The new labels will start to appear on the firms' crisps, chocolate bars, cheese slices and the like over the next few months. A number of other food giants, such as Cadbury Schweppes and Masterfoods, have already started putting guideline labels on their products.

The food companies say doing this will empower consumers, allowing them to make informed decisions about which foods are healthy. But consumer groups have cried foul. They point out that the Food Standards Agency, a government watchdog, is due to recommend a different type of labelling scheme next month: a "traffic light" system using colours to tell consumers whether products have low, medium or high levels of fat, salt and the like. The food firms, they say, have rushed to introduce their own, fuzzier guidelines first in a cynical attempt to undermine the government's plan—which they fear might hurt their sales. In consumer tests, the traffic light performed better than rival labelling schemes.

Nevertheless, the food companies argue that the traffic-light system is too simplistic and likely to scare people away from certain products that are fine if consumed in moderation, or in conjunction with plenty of exercise—which most observers, including the medical profession, agree is crucial for anyone wanting to stay in shape. They also point out that they have competitors to worry about—namely the big supermarket chains with their own-label products. Last April, Tesco, the biggest of these, announced that it was rejecting the traffic-light system in favour of a less stark "signposting" approach. Its rivals fear that adopting colour-coding could put them at a competitive disadvantage.

Better labelling has become an important weapon of the food giants' armoury as they fight back against their critics. In October 2005 McDonald's, the world's largest fast-food company, said it would start printing nutritional facts on the packaging of its burgers and fries, including the fat, salt, calorie and carbohydrate content. Before that, information about big-sellers such as the Big Mac, which contains 30g of fat, could only be found on the firm's website or in leaflets.

But labelling is not enough; the food firms know they must also offer healthier fare. McDonald's has introduced salads and fruit to its menus. Kraft and others have brought out low-carbohydrate ranges. Last year, McDonald's even announced a sporty makeover for Ronald McDonald, its mascot clown, in a bid to encourage children to be more active. But some in the industry suspect that consumers are keener on seeing lighter, healthier meals on the menu than they are on actually buying and eating them; such products are not what the industry calls "business builders". That said, some of Nestlé's more nutritional products, like its PowerBar range for athletes, enjoy higher margins and growth than its traditional fare.

Wobbling all over the world

The pressure on the industry is most acute in America, which leads the world in obesity. The proportion of Americans characterised as overweight has risen steadily from 47% (bad enough in itself) in the late 1970s to around two-thirds, including over 30% who are clinically obese. Fast-food chains' American sales grew from about $6 billion in 1970 to an estimated $134 billion in 2005. Eric Schlosser, author of "Fast Food Nation", an influential book attacking the industry, has pointed out that Americans spend more on fast food than they do on higher education, PCs or new cars—worrying, when a single meal at a KFC of less than a pound-weight of food plus a large Pepsi can top 1,600 calories, not far short of the daily intake recommended by the government for adults doing only "light physical activity".

Where the United States leads, others are following. In the European Union, up to 27% of men are considered to be obese, and almost a quarter of all children are deemed overweight. Britain, with its love of burgers and packaged meals, is seen as following closest on America's heels, but the rate of obesity has started to swell on the continent too. Some 11% of the adult population of France were obese in 2003, up from 8% in 1997 (the actual level may be higher still since the figures are based on polls asking people if they are fat, and self-reporting produces underestimates). France has latched on to the fast-food culture: it is one of the biggest and most profitable European markets for McDonald's.

No wonder, then, that the past few years have been bad for food companies in image terms—and terrible for the fast-food lot. Attacks on the industry have changed the psychological climate in which it operates, and they may yet change the legislative climate too. So far, lawsuits brought on health-and-safety grounds have been more of a warning than a general threat. In 2003 a New York judge dismissed a lawsuit claiming that McDonald's had misled customers into believing that its food was healthy (though the suit was later partially reinstated). A number of American states have passed "common-sense consumption laws" aimed at deterring obesity cases in local courts.

Nevertheless, some lawyers still see a similarity between the position of food companies now and that of tobacco companies in the 1960s and 1970s, when private lawsuits paved the way for a co-ordinated attack on "big tobacco" by attorneys-general. Worries about rising obesity rates among children, and fear of subsequent legal actions, have caused companies to scale back their marketing of fatty food and soft drinks to minors.

In several countries, government pronouncements and actions have added to the pressure on the industry. The British government's push to introduce traffic-light labelling comes in the wake of a hard-hitting report from the House of Commons Health Select Committee, whose chairman said: "The devastating consequences of the epidemic of obesity are likely to have a profound impact over the next century." In France, a law has been passed to impose a 1.5% tax on the advertising budgets of food companies if they do not encourage healthy eating. The industry may claim, with some justification, that ultimate responsibility for bad diet rests with the individual, and that the amount of exercise you do is just as important as the amount of food you eat. But as long as governments, lawyers and health campaigners continue to pile on the pressure, it will have to work hard to convince them it is doing its bit to stop people piling on the pounds.

这篇报道同时涉及专业术语和文化专有项（已用波浪线标出）的问题。为方便分析，现将网络业余翻译爱好者的译文和笔者所做的修订稿并列如表9-1：

表 9 - 1　网友译文及修订稿对比分析

网友译文	修订稿	分　析
食品公司与减肥斗士	食品公司与减肥产品	英文标题中，"fat-fighters"的"fighter"是比喻用法。一般情况下，"fat-fighter"可以做名词，指"减肥（用/产）品"，比如文章标题叫"White Tea: Fat Fighter?"，又如一种减肥药名是"Fat Fighter"；也可以做形容词，指"减肥/瘦身的"，比如"fat-fighter diet（减肥/瘦身餐）"，"fat-fighter formula（减肥/瘦身配方）"。 　　本标题中，"fat-fighter"作名词，指"减肥产/食品"。网友译稿将"fat-fighters"译为"减肥斗士"，有望文生义之嫌，负责核查译文者需进行修正。
五家业内领先的食品公司采取了一项方案，就是在其投入英国市场的食品上做出标注，力图堵住那些说他们鼓励肥胖的批评人士的嘴。不过，消费者团体仍然不开心。食品业会像之前的烟草一样，被卷入一场关乎健康的诉讼之中吗？	五家行业领先的食品公司计划在投入英国市场的食品上使用标签标注食品热量等信息，力图平息那些称其助长肥胖的批评。但消费者组织仍然不满意。食品业会重蹈烟草业的覆辙，被以健康为由的诉讼浪潮吞没吗？	就"a labelling scheme"而言，不宜如网络业余译者那样直译。修订稿采用释意译法（波浪线标出的部分），更有助于读者明白其含义。 　　英文原文最后一句中，"tobacco"是指"the tobacco industry"，"a wave of lawsuits"强调了数量之多，这两个问题被网友译稿忽略了（见斜体部分），也需修正。 　　总体而言，网络业余译者提供的导语译文口语特征过于突出（双横线标出的部分），行文质量有待提高。 　　如果译稿将发表于地方性或非正式媒体，仅纠正误译即可。如果译稿将发表于主流媒体，那么，在时间许可的情形下，负责核查者可像修订稿这样，将译稿改为书面语，进行全面润色。

续表

网友译文	修订稿	分　析
将健康的饮食习惯和经常性的锻炼二者结合才可以让身体保持健康。至少就第二点而言，全球的食品公司可以说是树立了一个很好的典范：为了*避开政府、消费者团体以及律师们的抨击——指责食品公司四处兜售促进肥胖的产品，他们已经累得大汗淋漓了*。本周，食品业的另一举措也公布于世：五家业内领先的食品厂商——Danone Kellogg Nestlé Kraft 以及PepsiCo——在英国市场实施了一项商品标注计划，即在包装上标明卡路里（热量）、脂肪、糖和盐的"每日摄入量指南"。在接下来的几个月里，这些食品公司的土豆条、巧克力棒、干酪片等包装上将开始出现这类新标注。其他许多食品业巨头如Cadbury Schweppes 和 Masterfoods 也已经着手在其产品上加入指导性标记。	保持健康既需要有健康的饮食习惯，还需要经常锻炼。至少就经常锻炼而言，全球的食品企业可谓树立了良好典范：他们忙于抵挡政府、消费者组织以及律师们关于其兜售助肥产品的抨击，累得大汗淋漓。本周，食品业推出又一举措：五家业内领先的食品厂商，即达能、家乐氏、雀巢、卡夫和百事，为英国市场推行商品标注方案，即在包装上标明热量、脂肪、糖和盐的"每日参考摄入量"。新的标签标注将于今后几个月中出现在这些食品企业的炸薯片、巧克力棒、奶酪片及类似产品的包装上。其他一些食品业巨头比如吉百利史威士和每食富已经着手在其产品上粘贴含参考摄入量的标签。	首先，横线部分应体现原文的调侃语气，但网友译稿显然没有注意这一点。横线部分还有译得不够准确和措辞啰嗦之处（同时标为斜体的部分），负责核查者理应针对相应问题做适当修改。 　　其次，尽管本段中列举的七家著名食品业企业均已有中文译名，网友译稿却直接引用原文，未做翻译。负责核查者应针对此问题进行修正。 　　网友译稿将"guideline daily amounts"和"guideline labels"译为"每日摄入量指南"和"指导性标记"，并未准确体现原意。负责核查者应进行修正。考虑到中文读者的阅读感受，采用释意译法更为合适。 　　第四，本段网友译稿还有误译（原文的"crisps"被网络业余译者译为"土豆条"）和未能充分达意（原文的"putting guideline labels"被网络业余译者译为"加入指导性标记"）的部分（分别以斜体和波浪线标出）。修订稿中也做了修改。 　　在时间许可或委托方提出要求的情况下，负责核查者还可像修订稿这样，对行文进行适当润色。

网友译文	修订稿	分　析
这些食品公司说，这么做可以让消费者在确定何种食品为健康食品时心知肚明。但是消费者团体大声疾呼食品公司此举纯属犯规，他们指出，作为政府监督机构，食品标准局应该在下个月推出一项不同的标注措施——"红绿灯"方法，亦即应用不同颜色，提醒消费者食品的脂肪、糖、盐分等含量是低、中等还是高。他们说，食品公司突然率先采用他们自定的那些模糊指南，是对政府计划的恣意破坏，他们害怕政府的计划会让他们的产品卖不出去。对消费者进行调查后显示，"红绿灯"方法比食品公司的标注方案效果要好。	食品企业说，这样可增强消费者的自主权，有助消费者明智地判断何种食品为健康食品。但是消费者组织称此举违法。他们指出，英国食品标准署，即官方监督部门，预计将于下个月推出一种不同的标签标注方案，即所谓"红绿灯"标注法，就是用不同颜色提醒消费者，食品的脂肪、盐等成分含量是低、中或高。消费者组织说，食品公司急忙推行自定的参考建议，是只顾私利，意图破坏英国政府的计划。食品公司担心若照政府计划执行，会影响产品的销量。而消费者调查显示，"红绿灯"标注法比其他标注方案效果好。	网友译稿中，用横线和波浪线标出的部分翻译不够准确或存在误译；虚线标出的部分没有忠于原意，或添加了原文没有的信息；斜体部分用词不当。负责核查者应进行修正。 　　这里仅指出一处误译：原文的"in a cynical attempt"在网友译稿中误为"恣意"。事实上，"cynical"在此处指"showing contempt for accepted standards of behaviour, esp of honesty or morality"，即为了私利不讲公德。
然而，食品公司辩称，"红绿灯"方法过于简单，某些产品会因此吓跑消费者，而这些产品如果食用适量或者结合充分锻炼，对人都是十分有益的，而且包括医学专家在内的大多数观察人士都认为，这些食品对于任何想要保持好体形的人而言都至关重要。同时，他们还指出，他们要顾及一些竞争者，也就是那些对产品加上各自标注的大型超市连锁店的做法。去年四月，最大一家超市连锁店Tesco宣布，他们反对采用"红绿灯"方法，取而代之的是一种更为灵活的"路标"法。因此，食品公司担心，若采用颜色编码（也就是红绿灯法），会令他们在竞争中处于劣势。	但食品公司辩解说，"红绿灯"标注法把问题过分简单化，会令消费者对某些产品望而却步。而这些产品如果适量食用或者配合足量运动，无害健康。对于想保持健康的人而言，足量运动至关重要。大多数评论员，包括医务人员，对此均无异议。食品企业还指出，其竞争对手，就是那些出售自标注产品的大型连锁超市，也令他们头痛。去年四月，最大的连锁超市乐购宣布，他们拒绝使用"红绿灯"标注法，而采用更温和的"路标"标注法。食品企业担心，采用"红绿灯"颜色标注法，会让自己在竞争中处于劣势。	网友译稿中，横线部分译得不准确或不够理想，又或者因理解问题存在误译。其中，"simplistic"不是"简单"，而是"过分简单化"；"scare people away from certain products"译为"某些产品会因此吓跑消费者"，阅读感受不佳；"fine"在本段中体现的肯定程度远未达到"十分有益"；"which most observers, including the medical profession, agree is crucial for anyone wanting to stay in shape"的"which"指的是"plenty of exercise"，而不是"certain products"；"worry about"显然不是"顾及"或"顾忌"；"less stark"意为"less severe"，并非"更灵活"，而是"更温和"。 　　网友译稿中，波浪线标出的文化专有项部分，或者处置得不够理想，或者直接使用原文未做翻译。 　　对于上述问题，负责核查者应进行修正。

续表

网友译文	修订稿	分　析
在食品业巨头们回击批评意见的过程中，更好的标注方式已经成为他们"武器库"中的一个"杀手锏"。2005年10月1日，世界最大快餐公司麦当劳称，公司将在汉堡包和炸薯条包装上印上营养常识，包括脂肪、盐分、热量以及碳水化合物含量。此前，人们只能从食品公司的网站或宣传品上看到一些销路好的食品有关信息，比如含有30克脂肪的Big Mac。	更好的标注方式已经成为食品业巨头们回击批评意见的锦囊妙计。2005年10月，世界最大的快餐企业麦当劳称，将在汉堡包和炸薯条包装上打印营养信息，包括脂肪、盐、热量及碳水化合物含量。在那之前，畅销食品的信息，比如巨无霸汉堡包含有30克脂肪，只有在麦当劳的网站或传单上才能找到。	网友译稿中，横线标出的第一处，"armoury"是词典收录的暗喻用法，指"法宝"或"锦囊"；"weapon"也是词典收录的暗喻用法，指"（用于应付困境的）工具/手段"。有鉴于此，"an important weapon of the food giants' armoury"可考虑意译为"锦囊妙计"或"法宝"。像网友译稿那样力图保留暗喻形式，反而会导致文意不通畅，而且显得啰嗦。负责核查者应进行修正。 　　网友译稿中，横线标出的第二处为原文所无，应删除。 　　网友译稿中，用斜体和波浪线标出的剩余部分，或者处置失当，或者保留原文未进行翻译。负责核查者也应进行修正。
不过，标注还不够；食品公司清楚，他们还必须生产出更加健康的食品。麦当劳公司已将沙拉和水果引入了它的点餐单之中，Kraft跟其他公司也制造出了一系列低碳水化合物食品。去年，麦当劳甚至还宣布要对它的小丑吉祥物——麦当劳叔叔进行翻新改造，使其具有运动型外表，以鼓励孩子们更为活泼。但是某些业内人士对此质疑，认为消费者更渴望在点餐单上看到不加色素、比较健康的膳食，而不会真的去买来吃；这类食品并非是产业中所谓的"商业增洁剂"。这么说来，雀巢公司生产的某些更富营养的食品，比如运动员专用的Power-Bar系列，要比其传统食品能带来更高的利润及增长。	不过，仅仅标签标注还不够；食品公司清楚，他们还需提供更加健康的食物。麦当劳已将色拉和水果列入点餐单，卡夫及其它公司也推出了低碳水化合物系列食品。去年，麦当劳甚至宣布要将小丑吉祥物麦当劳大叔改为运动装扮，以鼓励孩子们多运动。但某些业内人士持怀疑态度，他们认为消费者更希望在点餐单上看到更清淡、更健康的膳食，却不太会真的买来吃。这类食品并非行业人士所谓的"业务助成器"。不过，雀巢公司生产的更富营养的食品，比如运动员专用的能量棒系列食品，与传统食品相比，能带来更高的利润及增长。	网友译稿中，波浪线标出的文化专有项或者处置不理想，或者未译，需修正。 　　网友译稿中，横线标出的部分将"a sporty makeover"译为"进行翻新改造，使其具有运动型外表"，既啰嗦，也不准确；"be more active"显然不是"更为活泼"；"suspect"当然不是"质疑"；"lighter（不那么油腻的、更清淡的）"和"色素"没有关系；"that said"表示转折。负责核查者需做相应修正。

续表

网友译文	修订稿	分　析
动荡中的全球食品业	影响波及全球食品业	此处的次级标题，网友译稿没有明确体现出影响程度的大小，修订时可考虑明细化。
肥胖人数居世界首位的美国食品业承受的压力最大。20世纪70年代末期，美国人中超重人口所占比例从47%（这个数字本身已经糟糕透了）逐步增长到大约三分之二，其中包括30%以上临床肥胖症患者，而<u>美国快餐连锁店的销售额</u>则从1970年的60亿美元增加到2005年的大约1340亿美元。旨在抨击快餐业、颇具影响力的《快餐国度》一书作者埃里克·施罗瑟曾指出，美国人吃快餐花的钱要比花在高等教育、个人电脑或者买新汽车上的钱多。令他感到担忧的是，在肯德基快餐店光吃一顿<u>不到一磅重</u>的餐点，再喝一大杯百事可乐，摄入热量就可能超过1600卡路里，这比美国政府为仅从事"轻度体力活动"的成人所推荐的每日摄取量并不低多少。	美国食品业压力最大，因为美国肥胖人数居世界首位。美国人口中，超重者所占的比例从20世纪70年代后期的47%（已经够糟了）稳步增长至目前的三分之二左右，其中30%以上为肥胖症患者。而<u>快餐连锁店在美国的销售额</u>则从1970年的60亿美元增加到2005年的约计1340亿美元。埃里克·施洛瑟，抨击快餐业、颇具影响力的《快餐国度》一书的作者，曾指出，美国人吃快餐花的钱比高等教育学费，买电脑或新汽车花的钱还多。他担忧的是，在肯德基快餐店吃一餐<u>不到九两重</u>的食物，再喝一大杯百事可乐，摄入的热量就可超过1600千卡，已经快要达到美国政府为仅从事"轻度体力活动"的成人所推荐的每日摄取热量了。	除了一处误译和横线标出的不准确、不规范或需本土化的几处需修正外，网络业余译者的其余译文可不做修订。当然，也可如修订稿这般更改个别字句，以使行文更为顺畅。 　　误译出现在本段后部："calorie"指热量单位时，既可指"卡"，也可指"千卡（即大卡）"。根据常识，本段此处应指"千卡"。

网友译文	修订稿	分　析
凡是有美国带头的地方，别国都会亦步亦趋。在欧盟国家，高达27%的男性被认为患有肥胖症，几乎四分之一的儿童则被认为体重超常。爱吃汉堡包和打包食物的英国被看作跟美国最贴近的"跟屁虫"，不过其"肥胖队伍"同样开始日益壮大。在法国，成人患肥胖症的比率从1997年的8%一下子增加到2003年的11%（由于统计数主要基于问卷调查，因此实际水平可能更高——自己说自己的情况往往导致低估实际水平嘛）。法国已经领悟了快餐文化的真谛：它就是麦当劳公司在欧洲最大、最赚钱的市场之一。	只要美国带头，他国便*跟随其后*。欧盟国家有27%的男性被视为过于肥胖，近四分之一的儿童被认为体重超常。英国人喜爱汉堡包和打包出售的饭食，所以英国紧随美国之后。不过，欧洲大陆的肥胖比例也已经增加。法国肥胖成人的比率从1997年的8%增加到2003年的约11%（实际数字可能更高。因为统计数字基于问卷调查，而关于本人是否胖人的问题，人们往往低估实际情况）。法国迷上了快餐文化，成了麦当劳公司在欧洲最大、最赚钱的市场之一。	首先，网友译稿中斜体标出的部分发挥过当或译得不够准确。将"are following"译为"亦步亦趋"（词典释义为"由于缺乏主张，或为了讨好，事事模仿或追随别人"），显然是发挥过当；将"packaged meals"译为"打包食物"，显然过于宽泛。上述问题均需修正。 　　其次，网友译稿中用横线标出的部分或者用词不够得体（比如"跟屁虫"），或者把握得不够准确（比如网络业余译者忽视了"the rate of obesity has started to swell on the continent too"中的"the continent"指"欧洲大陆"，又如"latch onto something"在本段中指"become very interested in something"），修订稿做了相应修正。 　　网友译稿中，双横线标出的部分为漏译的部分。
那么，过去这几年食品公司的日子不太好过，而快餐业就更加糟糕。对食品业的抨击，已经带来了人们消费心理上的变化，或许也还将改变立法。迄今为止，基于健康安全的诉讼更多的是一种警醒，而没有对食品业形成真正的威胁。2003年，纽约一名法官驳回了一项诉讼，该诉讼声称麦当劳公司误导了消费者，让他们相信其食品是健康的（尽管该诉讼后来又受到部分复议）。美国一些州还通过了《消费常识法》，旨在让地方法庭拒绝受理肥胖诉讼案例。	很自然，过去几年食品企业形象不太好，而快餐企业更糟。对食品行业的抨击，已经改变了行业运作所依赖的心理氛围，或许还将改变法律环境。迄今为止，以健康与安全为由的诉讼主要是对食品行业的警示，而非普遍威胁。2003年，纽约的一名法官未受理一桩指控麦当劳公司令消费者误以为其食品有益健康的诉讼案。不过，后来该案的部分诉讼请求得以受理。美国的某些州还通过了有关"常识消费"的法案，目的是阻止地方法庭受理有关肥胖的诉讼案。	网友译稿中，横线标出的部分译得不够准确或不够简洁，波浪线标出的法律术语处置不当，均需修正。 　　应指出的是，"common-sense consumption laws"并非法律名称，而是总称美国某些州通过的相关法案。根据《华盛顿邮报》2015年的报道，全美已有26个州通过了相关法案。

续表

网友译文	修订稿	分　析
不过，有的律师仍然察觉到目前食品公司的处境与 20 世纪 60 至 70 年代时的烟草公司有一定的相似之处。当时，众多个人诉讼为后来各州首席检察官针对"烟草业巨头"①发动"协同攻击"铺平了道路。各家食品公司关注到儿童肥胖比例正日益增长，并担心被起诉，已经开始逐步缩减针对未成年人的高脂食品和软饮料的销售。	不过，还是有些律师发现食品企业目前的处境与二十世纪六七十年代烟草企业的处境有相似之处。当时，私人诉讼为后来各州的检察总长共同打击烟草行业铺平了道路。各家食品公司担心儿童肥胖比例的增长会引发诉讼案，已经相应缩减面向未成年人的高脂食品和软饮料的销售。	网友译稿中，波浪线标出的法律术语把握不当；横线标出的部分译得不够准确或不够简洁。均需修正。 　　负责核查者还可改动个别字句，以使行文更为顺畅。
有几个国家政府已经发布有关声明并采取了一些举措，这让食品业感到压力倍增。英国国会下院健康特别委员会一份掷地有声的报告，迫使英国政府开始全力引入"红绿灯"标识方案。该委员会主席说："肥胖症的流行所引发的破坏性后果很可能会对下个世纪产生深远影响。"法国也已通过一项法律，拟对不宣扬健康饮食的食品公司征收 1.5% 的广告预算税。食品业也许会略显理直气壮地申辩，不良饮食的根本责任应由消费者个人承担，每个人的运动量同进食多少同样重要。不过，只要政府、律师以及健康饮食倡议人士不停止施压，食品业就必须努力让他们确信，为了不让人们变得越来越胖，它正在尽自己的一份绵薄之力。	几个国家的政府已经发布有关声明并采取相应措施，进一步给食品行业增加压力。英国政府推动"红绿灯"标注方案实施，起因是英国国会下议院健康特别委员会一份言辞犀利的报告。该委员会的主席说："肥胖症盛行的可怕后果很可能会对下个世纪产生巨大影响。"法国已通过一项法律，将对无助于健康饮食的食品企业征收 1.5% 的广告预算税。食品业也许有理由申辩说，损害健康的饮食的最终责任应由消费者个人承担，运动量与进食量同样重要。不过，只要政府、律师以及倡导健康生活的活动家们继续施压，食品行业就必须努力让各方确信，它为了避免让人们增重，正在尽绵薄之力。	网友译稿中，用波浪线和横线标出的部分需稍加改动；斜体部分属把握失当（比如"comes in the wake of"表示前因后果，"迫使"却是发挥过度了；再如将"hard-hitting［言辞激烈/犀利的］"译为"掷地有声的［形容文辞优美，语言铿锵有力］"并不妥当；又如原文中"profound"指坏影响"巨大"，而网络译文的"深远"却是褒义词；"with some justification"仅指"有理由"；"health campaigners"指"倡导健康生活方式［包括但不限于健康饮食］的社会活动家"），也需修正。 　　此外，还可改动个别字句以使行文更为顺畅。

――――――――――

　　①　原文所谓"big tobacco"是对烟草行业的贬称，而非网友译稿中的"烟草业巨头"。

2006 年 5 月 4 日，《经济学人》杂志发表了一篇关于民事财产纠纷案的短篇报道。尽管总体内容很通俗，却涉及不少美国司法术语，由此增加了准确传达原意的难度。原文如下：

Show me the money

Greed，sex and deception liven up a boring question of federal jurisdiction

THE words "probate exception" do not titillate. And yet a saucy，decade-long legal battle over a fortune of nearly half a billion dollars hinges on this clause，which deals with the boundaries between state and federal courts in estate disputes. At issue is whether Vickie Lynn Marshall，a former Playboy pin-up and exotic dancer better known as Anna Nicole Smith，will get anything from the estate of her late husband，J. Howard Marshall，an oil tycoon with assets estimated at ＄1.6 billion.

On May 1st，Ms Smith won an important victory. Although her inheritance remains uncertain，the United States Supreme Court unanimously ruled that she could pursue her case in federal court. One suspects the justices were enjoying themselves，for once.

The details of the case have kept the tabloids busy. Marshall met Ms Smith when he was wheeled into the Texas strip club where she was dancing. After a courtship of a few years，full of expensive gifts（such as ＄2m in jewellery）and pricier promises，the two were married in 1994. She was 26，he was 89. Fourteen months later，Marshall dropped dead of a heart attack，leaving nothing to Ms Smith in his will.

The dispute has seen the inside of five courthouses since 1995，when Ms Smith first sued Marshall's son，E. Pierce Marshall，in a Texas state court，accusing him of cutting her off from the estate. She insists that Marshall promised her half his fortune. His son，seething at what he considers Ms Smith's gold-digging（he calls her "Miss Cleavage"），argued that Marshall had already given her ＄6m in gifts and did not intend to leave her more. Ms Smith got nothing from her first lawsuit，but was awarded ＄475m in a federal bankruptcy ruling in California in 2000. A federal district court judge cut this award to ＄89m，and then a US appeals court ruled that the issue was not a federal matter.

The Supreme Court justices，who heard arguments in February，have not weighed in on the merits of Ms Smith's case. Indeed the buxom blonde，who sniffled disingenuously during the hearings, has hardly been a sympathetic figure. The court's opinion, written by Justice Ruth Bader Ginsburg, is a technical one that measures the scope of the probate exception. It leaves to state courts the probate or annulment of a will and the administration of an estate. This puts Marshall's estate back into play, and ensures that bitter legal wrangling will stretch on for years.

为方便分析，现将网友译文和笔者所做的修订稿并列如下（表9－2）：

表9－2 网友译文及修订稿对比分析

网友译文	修订稿	分 析
给我钱！	钱在哪儿呢？	标题的网友译文明显脱离原文，应修订。 从内容看，与其直译"Show me the money（让我看钱）"，不如换个角度，译为"钱在哪儿呢？"。
导语被省略。	原本枯燥的联邦司法权问题因牵涉了贪欲、性和欺诈而不再无趣。	原文篇幅较短，导语可省略。但为方便读者参考，此处提供导语译文。
"对遗嘱公证可持有异议"这句话本身并无桃色意味。实际上，这是适用于涉及州立和联邦法庭之间处理财产纠纷的权限问题的条款。然而正是这一条款，让一场令人啼笑皆非、争夺大约五亿财产的诉讼持续十年之久。大家都对维基·琳恩·马歇尔能否从她已故丈夫的财产中分得一杯羹议论纷纷。马歇尔曾经是《花花公子》杂志的一名海报女郎和脱衣舞女，人称"安娜·尼科尔·史密斯"，她的丈夫 J. 霍华德·马歇尔则是一个拥有差不多16亿身家的石油大亨。	联邦法院"不介入遗嘱检验"条款并无挑逗之意。这项条款划定了州法院和联邦法院在处理遗产纠纷时的权限。正是由于这项条款，一桩厚颜无耻争夺近5亿财产的诉讼案延续了10年之久。大家都在议论，维基·林恩·马歇尔能否从丈夫的遗产中分得一杯羹。她曾做过《花花公子》杂志的封面女郎和脱衣舞女，人称"安娜·妮科尔·史密斯"。她已故的丈夫霍华德·马歇尔是拥有16亿身家的石油大亨。	网友译文中，波浪线标出的法律术语处置不当，横线部分脱离原文，修订稿做了相应改动。

网友译文	修订稿	分　　析
5月1日，史密斯女士赢得了重大胜利。尽管她的继承权仍未明确，但美国*最高法院*一致*裁决*，她可以在联邦法院*追诉*。*有人怀疑*，法官们这是在*逗闷玩儿*，简直是*破天荒头一次*。	5月1日，史密斯女士赢得了重大胜利。尽管她的继承权仍未明确，但美国*联邦最高法院*的法官们一致裁定，她可以在联邦法院*打官司*。*这让人猜想，至少这次，最高法院的大法官们是集体寻开心*。	网友译文中，横线部分涉及多处用词不够准确（用斜体标出），"逗闷玩儿（应为：逗闷子玩儿）"为方言词，修订稿做了相应改动。
那些街头小报为了捕捉此案一些细节而忙得不亦乐乎。（报道说，）马歇尔是被人用轮椅推进得克萨斯脱衣舞夜总会后结识了在那儿跳脱衣舞的史密斯。*随着几年的求爱，加上数不胜数的昂贵礼物（比如200万美元的珠宝）跟一番海誓山盟之后*，两人在1994年结婚。当时她26岁，而他89岁。14个月过后，马歇尔死于心脏病，可在遗嘱中给史密斯女士分文未留。	为报道此案的细节，那些街头小报忙得不亦乐乎。据传，马歇尔坐在轮椅上被推进得克萨斯脱衣舞夜总会，在那儿结识了跳脱衣舞的史密斯女士。*马歇尔追了她好几年，送了许多昂贵礼物（比如价值200万美元的珠宝），并承诺赠送更加贵重的礼品*，两人才于1994年结婚。妻子时年26岁，丈夫89岁。14个月后，马歇尔心脏病发去世，遗嘱中未给史密斯女士留下分文。	网友译文中，横线部分把握不够准确，需修正。 　　此外，还可改动个别字句以使行文更为顺畅。

续表

网友译文	修订稿	分　　析
1995 年以来，这场遗产纠纷先后闹到了 5 家法院。一开始，史密斯向得克萨斯州法院起诉马歇尔的儿子 E. 皮尔斯·马歇尔，指控他剥夺了她的财产继承权。她坚持认为，老马歇尔曾许诺分给她一半财产。小马歇尔对史密斯女士这种"掘金"举动（他叫她"乳沟小姐"）大为光火，声称老马歇尔曾送给她价值 600 万美元的礼物，并没打算再多给。在首次诉讼中史密斯空手而归，但在 2000 年加利福尼亚裁决的一宗联邦破产案中获判 4.75 亿美元，而后某联邦地方法院将判给她的这笔钱缩减至 8900 万，随后某上诉法院又作出裁决，认为本案不归联邦法院审理。	1995 年以来，这场遗产纠纷先后闹到了 5 家法院。最初，史密斯女士向得克萨斯州一家州立法院起诉马歇尔的儿子皮尔斯·马歇尔，指控他阻止自己继承遗产。她坚持说老马歇尔曾许诺她一半财产。小马歇尔对史密斯女士这种"掘金"行为极为窝火，蔑称她"抛胸小姐"，辩称老马歇尔已送给她价值 600 万美元的礼物，没打算给得更多。首次诉讼，史密斯女士未得分毫。但她在 2000 年加利福尼亚州裁决的一宗联邦破产案中赢得 4.75 亿美元。而后，一家联邦地方法院的法官将这笔钱缩减至 8900 万。随后，一家联邦上诉法院又裁决认为，该案不应由联邦法院审理。	网友译文忽视了波浪线部分的蔑视语气，应修正。 　　此外，还可改动个别字句以使行文更为顺畅。
今年 2 月召开听证会的最高法院法官对史密斯一案并不重视。事实上，这个在听证会上拿腔作势、哭哭啼啼的丰乳肥臀的金发女人，绝不是省油的灯。鲁思·巴德尔·金斯伯格法官（在一项声明中）写道，最高法院给出的是从技术层面权衡"遗嘱认证例外"范围的处理意见，至于遗嘱公证或认定无效以及财产如何分配则是州立法院的事。这就使得马歇尔的财产再度陷入纠葛之中，接下来肯定又是持续数年的激烈的法律纷争。	今年 2 月召开听证会的联邦最高法院的法官们对史密斯一案的价值未置一词。确实，人们很难同情这个在听证会上装出抽抽噎噎样子的丰满金发女人。最高法院的判决理由由鲁思·巴德尔·金斯伯格法官主笔，是从技术层面划定联邦法院"不介入遗嘱检验"条款的范围。这明确了遗嘱认证、宣布遗嘱无效、遗产管理是州法院的权限。由此，老马歇尔的遗产再度陷入纠纷，激烈的法律纷争肯定会再持续数年。	网友译文中，横线部分把握不准确，斜体部分属于译者发挥，法律术语（波浪线标出）存在误译，修订稿做了相应改动。

西方研究者认为，对于非文学译稿的核查而言，最关键的问题是在时间紧迫、译文功能及目的语受众明确的情况下，判断哪些内容无需编辑或修正（Schjoldager，Rasmussen & Thomsen 2008：803），避免过度修订。比如，如果是公司内部使用的技术文献译稿，就可在译稿核查过程中忽略行文风格问题。这种判断来自工作经验，需要在实践中磨砺。

第二节　文学文本译稿核查案例讲析示例

就文学文本译稿而言，委托方通常最为看重译稿的文学性与可读性。核查此类译稿需注意：（1）如果原文涉及专业术语（如法律、医学或法医学术语等）或文化专有项，其再现是否准确合理；（2）行文风格是否符合目标读者群体的期待，文体特征（含修辞手段）的再现是否得体合理；（3）有无误译、错别字和词语误用；（4）避免过度修订；（5）委托方有无特殊要求。文学文本译稿委托方的特殊要求通常是要求译者根据特定受众群体（如儿童、青少年、成年受众等）的阅读喜好确定译文风格。不论职场还是教学环境下，为使译稿达到委托方要求，所需的核查工作量，与译稿质量直接相关。译稿质量越高，所需的核查工作量越小。

职场环境下，若文学文本篇幅较长（比如可以成书的小说），则出版方通常期待文学文本译者自行解决核查问题——如参与翻译的两位或多位译者互相完成他人负责部分的核查。出版方仅负责委托人员完成译稿抽样审定，以判定交付的译稿是否已达到出版要求。如果译稿的文笔与委托方要求相差太远，可能需找新译者重译。

从教学实用性角度考虑，教师通过示范，让学生初步了解核查工作，并加以模仿，是必不可少的环节。因此，下文将从笔者讲授的翻译硕士专业课程的学生作业中抽取有代表性的文本片段，展示学生译稿和笔者所做的修订稿的差别，解说核查文学文本译稿应注意的问题。总体而言，若时间充裕，委托方也有较高的文笔期待的话，文学文本译稿的核查可多在语言质量上下点功夫。

鉴于文学文本译稿的核查工作应尽量考虑译稿的行文特色，以保证文风的前后统一，下文节选来自两个学生小组，具有不同译文风格的短篇小说中译片段作为示例。

下面是题为 *The Red Pavilion* 的短篇小说第一章开篇部分的原文节选：

"With the Festival of the Dead going on, sir, this is our busiest month in summer," the portly innkeeper said. Then he repeated: "I am sorry, sir."

He looked with genuine regret at the tall, bearded gentleman standing before his counter. Although the traveller wore a plain brown robe and his black cap did not show any insignia of rank, his air of authority marked him as a high official—the kind of guest one could charge a good price for a night's lodging.

A vexed look crossed the bearded man's heavy features. Wiping the perspiration from his forehead he said to the burly fellow who was with him:

"I had forgotten about the Festival of the Dead! The altars put up by the roadside should have reminded me. Well, this is the third hostel we've tried, we'd better give up and ride on to the city of Chin-hwa tonight. What time could we be there?"

His companion shrugged his broad shoulders.

"That's hard to say, sir. I don't know this northern part of the Chin-hwa district too well, and the darkness won't make things easier. We'll have to cross two or three waterways, too. We might get to the city towards midnight—if we are lucky with the ferries, that is."

The old clerk who was trimming the candle on the counter had succeeded in catching the manager's eye. He now spoke up in a high, piping voice:

"What about letting the gentleman have the Red Pavilion?"

The manager rubbed his round chin, then said doubtfully:

"Fine apartments, of course. They face west, cool all through summer. But they haven't been properly aired, and···"

"Since they are empty I'll take them!" the bearded man interrupted hurriedly. "We have been on the road since early this morning." He added to his companion: "Fetch our saddlebags and hand our horses to the groom!"

第一组同学的译文、笔者的修订稿及分析见表9－3。表中的分析只关注翻译问题，行文润色之处就不再多解释了。

表 9 – 3　学生译文 1 及修订稿对比分析

学生译文 1	修订稿	分　　析
红阁子	朱楼案中案	这一组学生的译稿沿袭已出版的陈来元、胡明译本的原题直译。但"阁子"指"阁楼"是方言用法，不甚理想。 原作为侦探小说，目的是娱乐大众，题目译法不必拘泥原文。修订稿根据故事内容做了变通。
"时逢祭鬼时节，<u>小店已是客满为患</u>，真是对不住客官了。"胖胖的客栈掌柜一边<u>面露难色地赔不是</u>，一边细细打量眼前这位长着络腮胡的高个儿。此人虽身着<u>朴素</u>褐色长袍，头戴黑色帽冠，看不出身份地位，但透出一股不怒自威之气，必是身居要职之辈——这种客人投宿一晚可以给个好价钱呢。	"时逢中元节，鬼月是小店夏季客流最大的时候，真是对不住客官了。"胖胖的客栈掌柜一边一脸歉意地赔不是，一边细细打量柜台前的高个儿络腮胡。此人身着褐色长袍，头戴黑帽，看不出身份地位，但透出一股不怒自威之气，必是身居要职——留宿一晚能挣不少呢。	学生译稿中横线标出的部分为译得不够准确之处。 首先，"With the Festival of the Dead going on，sir，this is our busiest month in summer"说的不仅是当前客流量大，而是整个农历七月的客流量都很大。 其次，"looked with genuine regret"意思是"一脸真诚的歉意"，而"面露难色"通常用于引出不好开口直说的话。但上文中，掌柜的解释仅是事实，并无不好开口，故修订稿做了改动。至于学生译文中的"赔不是"，因适合放在抱歉的话后面，修订稿未加改动。 第三，"plain"指"纯色"，而非"朴素"。鉴于不译出亦可，修订稿未予译出。 此外，"the Festival of the Dead"属于文化专有项，指的是道教所谓"中元节"，佛教所谓"盂兰盆节"，南方地区方言所谓"鬼节"。鉴于佛教和方言的称谓并非广为人知，译为"中元节"比较合适。
络腮胡客官<u>满脸沮丧地</u>抹了一把额头上的汗水转而对他身形魁梧的同伴说："我都忘了有<u>祭鬼</u>这回事！沿途百姓们摆设了许多祭坛，竟然都没作多想。唉，这已是第三家旅店，我看还是别找了，连夜赶往<u>金华</u>吧。啥时能到呀？"	络腮胡客人<u>五官粗大的脸孔上闪过懊恼的神色</u>。他擦去额头的汗水，对身材魁梧的同伴说："我忘了中元节这档事！看到沿途设的祭坛都没想起来。这是我们投宿的第三家旅店了，还是算了，连夜<u>骑马奔锦华吧</u>。估计啥时辰能到？"	横线标出的部分，原文是"A vexed look crossed…"，学生译稿略显夸张，修订稿做了改进。 学生译稿有两处漏译，修订稿中以双横线标明。 中元节的问题，前面已有解释，此处不再赘述。此外，"Chin Hwa"属于文化专有项，是虚构的地名，不宜译为谐音的真实地名"金华"。

学生译文 1	修订稿	分 析
他的同伴耸耸宽厚的肩膀无奈地答道："回大人，这说不好。金华北部我也不熟，更何况天色已晚。我们还得渡过两三条水路呢。如果顺利过河，到那儿估计是子时吧。"在旁剪灯花的老账房捕捉到了掌柜的眼色，便发话①了，嗓音又尖又高："不如安排客官住红阁子吧?"	他的同伴耸耸宽肩膀道："大人，这可说不好。锦华地区北部这块儿我不熟，更何况天色已晚，还得横穿两三条河。如果顺利搭到渡船，估计子时进城。"一旁剪灯花的老伙计引着掌柜朝自己看过来，用又尖又高的嗓音道："不如安排客官住朱楼吧?"	学生译稿中横线标出的部分为误译，虚线标出的部分属于过度发挥，斜体标出的部分用词不当，修订稿中做了相应修改。 学生译稿中漏译的部分在修订稿中以双横线标明。 此外，波浪线标出的旅馆套间名与小说标题应前后一致。修订理由如前，此处不再赘述。
掌柜揉着圆圆的下巴，犹豫地说道："屋子是好屋子。面朝西，夏天倒也凉爽。只是还没开窗透过气，而且……" 络腮胡客官顿时眼眸一亮，打断道："反正还没人住，我要定了！我们今日一大早就上路，奔波到现在还没歇脚呢。"继而又吩咐他的同伴："去把鞍囊取来，马匹交于马夫。"	掌柜摸着圆下巴，犹豫道："那套房倒是不错。面朝西，夏天倒也凉爽。只是还没有开门开窗透过气，而且……" 络腮胡客人立马打断他的话："既然没人住，我就要了！今日一早就上路，现在还没得歇呢。"继而又吩咐同伴："去把放在马鞍上的褡裢取来，马匹交与马夫。"	学生译稿中横线标出的部分译得不够准确，虚线标出的部分属于过度发挥，斜体标出的部分是错字，修订稿中做了相应修改。 波浪线标出的为关键性误译。原文中的"saddlebag"属于文化专有项，应指"放在马鞍上的褡裢或包袱"，"鞍囊"则是现代物品。 此外，左栏第二段"反正还没人住，我要定了"语气略显强硬，没有必要，修订稿改为"既然没人住，我就要了"。

第二组同学的译文、笔者的修订稿及分析见表9-4：

表9-4 学生译文2及修订稿对比分析

学生译文 2	修订稿	分 析
朱阁惊魂	丹朱阁奇案	这一组学生译稿中的"朱阁"即"红色的阁楼"，既保留原题意思，又符合中习惯。但"惊魂"往往用于惊悚影片片名，且与故事内容不很匹配。修订稿稍做改动，以便兼顾故事内容和中文音节的朗读感受。

---

① 根据《现代汉语规范词典》，"发话"指"口头提出要求或发出指示"。老伙计的话仅是建议，并非要求；其地位低，也不适用"指示"。故"发话"属用词不当。

续表

学生译文2	修订稿	分　析
"大人，对不起，鬼节期间最忙了，客房都满了。"胖胖的掌柜说到。随后他又重复一遍说："大人①，实在抱歉。" 他满是遗憾地看着柜台前这个身材魁梧、须髯浓密的客人。他穿着一件平凡无奇的褐色袍子，从他头上的黑色毡帽也看不出来到底什么来头，但是那种威严凛然之气却表明他是位官员，如果在此处下榻，应该可以要个好价钱。	"恰逢鬼节，鬼月是整个夏季最忙的时候，客房都满了。"胖胖的掌柜说。他随后又补了一句"实在抱歉，客官"。 他满是遗憾地看着柜台前这个身材魁梧、须髯浓密的客人。客人身穿褐袍，头戴黑帽，看不出是什么来头，但有威严之气，也许官职不低。若能下榻一晚，应该可以要个好价钱。	学生译稿中横线标出的部分为译得不够准确之处，虚线标出的部分属于过度发挥，斜体标出的部分或有错字或表意不够理想，修订稿中做了相应修改。 学生译稿中漏译的部分在修订稿中以双横线标明。
来客轮廓分明的脸上一片愠色。擦了擦额头的汗水，他冲着与他一道的那个壮实的家伙说道： "我忘了鬼节了！看到路两边设的祭坛我该想到的。唉，这都问了三家客栈了，我们还是别再问了，抓紧时间继续赶路吧，争取今晚就到金华。大概要到什么时辰？"	来客五官粗大的脸上闪过懊恼之色。擦了擦额头的汗水，他冲着壮实的同伴说道： "我忘了鬼节了！看到路两边设的祭坛，就该想到的。唉，这都问了三家客栈了，我们还是别再问了，今晚骑马赶往锦华吧。大概要什么时辰到？"	学生译稿中横线标出的部分为译得不够准确之处，虚线标出的部分属于过度发挥，斜体标出的部分用词不当，修订稿中做了相应修改。 学生译稿中漏译的部分在修订稿中以双横线标明。
他的同伴耸了耸肩。 "大人，这很难说。我对这一片不太熟，夜路也不好走。另外还要走两三次水路，即便能顺利搭上船，估计到那边也得半夜了。" 柜台边剪烛花的老伙计朗声说道： "要不让他们住在朱阁吧？"	他的同伴耸了耸肩。 "大人，这很难说。锦华地区北边这一片我不太熟，夜路也不好走。另外还要过两三条河，即便能顺利搭上船，到地方估计也得半夜了。" 旁边剪烛花的老伙计引着掌柜朝他看过来，高声尖嗓道："要不让他们住丹朱阁吧？"	学生译稿中横线标出的部分为误译，斜体标出的部分用词不当，修订稿中做了相应修改；漏译的部分在修订稿中以双横线标明。 此外，波浪线标出的旅馆套间名与小说标题译名应前后一致。修订理由如前，此处不再赘述。

---

① 原文的"sir"虽不能不顾情境直译为"先生"，可狄公一行微服出行，此时未表明身份，掌柜不可能口称"大人"。

学生译文 2	修订稿	分　析
这引起了掌柜的注意。他摸了摸自己肥肥的下巴，迟疑地说道："<u>房间</u>倒是不错，朝着西面，夏天屋里很凉快。只是通风不怎么勤快，而且……" 　"既然没人住，那我<u>们</u>就要了！"须髯浓密的那人急急打断了掌柜的话，"今天一大早就在赶路了！"随即又对同伴说："去把包袱拿来，把马牵给马夫<i>喂喂草</i>！"	掌柜摸了摸自己肥肥的下巴，迟疑地说道："<u>那套房</u>倒是不错，朝西，夏天屋里很凉快。只是还没去通风透气，而且……" 　"既然没人住，那我就要了！"须髯浓密的那人急急打断了掌柜的话，"今天从一大早就在赶路了！"随即又对同伴说："去把包袱拿来，把马牵给马夫<i>喂些草料</i>！"	学生译稿中横线标出的部分译得不够准确，虚线标出的部分属于过度发挥，斜体标出的部分用词不当，修订稿中做了相应修改。 　原文中的"saddlebag"属于文化专有项，学生译文做了归化处理，改译为"包袱"。修订稿保留其译法。 　左栏学生译稿末尾的"喂喂草"属于根据情境所做的加译，不能算错，但用词不够妥当，修订稿改为"喂些草料"。

　　笔者在研究生课上让学生试做上述审校练习，比较突出的问题包括：有些同学倾向于将任何灵活处理的正确译法认定为误译，提出的修改建议往往是文句不甚通顺的死译；对于真正的误译，即便在教师提示下，也未必能一一发现，轻松更正；有些同学能够找出漏译之处，但对个别漏译（比如第一组学生译文中漏译的"heavy features"）不知如何翻译。由此，对学生而言，多做一些案例练习十分必要。而作为教师，自建适用、合用的教学案例库，任重而道远。

第三节　一般用途文本译稿核查案例讲析示例

　　就一般用途文本译稿而言，委托方对译稿质量的预期通常低于牵涉较多专业内容的文本以及文学文本译稿。核查一般用途文本译稿需注意：（1）如果原文含有文化专有项，其再现是否准确合理；（2）行文风格以及文体特征（含修辞手段）的再现是否合理；（3）有无误译、错别字和词语误用；（4）避免过度修订；（5）委托方有无特殊要求。针对一般用途文本译稿的特殊要求主要是采用特殊译法（节译、摘译、编译、改写、字幕翻译等）完成译稿，以便用于网络媒体或影视媒体。尽管委托方的要求略低，误译却是必须纠正的。

　　从教学实用性角度考虑，下文将从网络业余翻译爱好者发布的一般用途文本译稿中抽取实例，展示网友译稿和笔者所做的修订稿的差别，解说核查一般用途文本译稿应注意的问题。

2017 年 6 月，美国联邦最高法院大法官 John Roberts 出席其养子的初中毕业典礼并致辞。他的演说独出心裁，发人深省。《华盛顿邮报》等多家美国媒体都加以报道，网络上更是广为流传。虽然中国国内媒体对此讲稿并无太大兴趣，但有网友迅速进行翻译，并上传到互联网。这里假定国内媒体有意报道此事，并附上 John Roberts 这篇讲稿的全文中译，网友的译稿就是需核查的初稿。那么，这种情况的媒体委托翻译，因时效性要求高，则语言质量无需要求太高，译稿核查的重点应该是纠正误译，补出漏译，对译者发挥过度的部分进行纠偏，改正错别字和不当用词。

John Roberts 的讲稿原文（笔者已对美国媒体提供版本的个别听记错误做了修订）如下：

Thank you very much.

Rain, somebody said, is like confetti from heaven. So even the heavens are celebrating this morning, joining the rest of us at this wonderful commencement ceremony. Before we go any further, graduates, you have an important task to perform because behind you are your parents and guardians. Two or three or four years ago, they drove into Cardigan, dropped you off, helped you get settled and then turned around and drove back out (of) the gates. It was an extraordinary sacrifice for them. They drove down the trail of tears back to an emptier and lonelier house. They did that because the decision about your education, they knew, was about you. It was not about them. That sacrifice and others they made have brought you to this point. But this morning is not just about you. It is also about them, so I hope you will stand up and turn around and give them a great round of applause. Please.

Now when somebody asks me how the remarks at Cardigan went, I will be able to say they were interrupted by applause. Congratulations, class of 2017. You've reached an important milestone. An important stage of your life is behind you. I'm sorry to be the one to tell you it is the easiest stage of your life, but it is in the books. While you've been at Cardigan, you have all been a part of an important international community as well. And I think that needs to be particularly recognized.

Now around the country today at colleges, high schools, commencement speakers are standing before impatient graduates. And they are almost always saying the same things. They will say that today is a commencement exercise. "It is a beginning, not an end. You should look forward. " And I think that is true enough, however, I think if you're going to look forward to figure out where you're going, it's good to know where you've been and to look back as well. And I think if you look back to your first afternoon here at Cardigan, perhaps you will recall that you were lonely. Perhaps you will recall that you were a little scared, a little anxious. And now look at you. You are surrounded by friends that you call brothers, and you are confident in facing the next step in your education.

It is worth trying to think why that is so. And when you do, I think you may appreciate that it was because of the support of your classmates in the classroom, on the athletic field and in the dorms. And as far as the confidence goes, I think you will appreciate that it is not because you succeeded at everything you did, but because with the help of your friends, you were not afraid to fail. And if you did fail, you got up and tried again. And if you failed again, you got up and tried again. And if you failed again, it might be time to think about doing something else. But it was not just success, but not being afraid to fail that brought you to this point.

Now the commencement speakers will typically also wish you good luck and extend good wishes to you. I will not do that, and I'll tell you why. From time to time in the years to come, I hope you will be treated unfairly, so that you will come to know the value of justice. I hope that you will suffer betrayal because that will teach you the importance of loyalty. Sorry to say, but I hope you will be lonely from time to time so that you don't take friends for granted. I wish you bad luck, again, from time to time so that you will be conscious of the role of chance in life and understand that your success is not completely deserved and that the failure of others is not completely deserved either. And when you lose, as you will from time to time, I hope every now and then, your opponent will gloat over your failure. It is a way for you to understand the importance of sportsmanship. I hope you'll be ignored so you know the importance of listening to others, and I hope you will have just enough pain to learn compassion. Whether I wish these things or not, they're going to happen. And whether you benefit from them or not will depend upon your ability to see the message in your misfortunes.

Now commencement speakers are also expected to give some advice. They give grand advice, and they give some useful tips. The most common grand advice they give is for you to be yourself. It is an odd piece of advice to give people dressed identically, but you should—you should be yourself. But you should understand what that means. Unless you are perfect, it does not mean dont make any changes. In a certain sense, you should not be yourself. You should try to become something better. People say "be yourself" because they want you to resist the impulse to conform to what others want you to be. But you can't be yourself if you don't learn who (you) are, and you can't learn who you are unless you think about it.

The Greek philosopher Socrates said, "The unexamined life is not worth living." And while "just do it" might be a good motto for some things, it's not a good motto when it's trying to figure out how to live your life that is before you. And one important clue to living a good life is to not to try to live the good life. The best way to lose the values that are central to who you are is frankly not to think about them at all. So that's the deep advice.

Now some tips as you get ready to go to your new school. (Over) the last couple of years, I have gotten to know many of you young men pretty well, and I know you are good guys. But you are also privileged young men. And if you weren't privileged when you came here, you are privileged now because you have been here. My advice is: Don't act like it.

When you get to your new school, walk up and introduce yourself to the person who is raking the leaves, shoveling the snow or emptying the trash. Learn their name and call them by their name during your time at the school. Another piece of advice: When you pass by people you don't recognize on the walks, smile, look them in the eye and say hello. The worst thing that will happen is that you will become known as the young man who smiles and says hello, and that is not a bad thing to start with. You've been at a school with just boys. Most of you will be going to a school with girls. I have no advice for you.

The last bit of advice I'll give you is very simple, but I think it could make a big difference in your life. Once a week, you should write a note to someone. Not an email. A note on a piece of paper. It will take you exactly 10 minutes. Talk to an adult, let them tell you what a stamp is. You can put the stamp on the envelope. Again, 10 minutes, once a week. I will help you, right now. I will dictate to you the first note you should write. It will say, "Dear (fill in the name of a teacher at Cardigan Mountain School)." Say: "I have started at this new school. We are reading (blank) in English. Football or soccer practice is hard, but I'm enjoying it. Thank you for teaching me." Put it in an envelope, put a stamp on it and send it. It will mean a great deal to people who—for reasons most of us cannot contemplate—have dedicated themselves to teaching middle school boys. As I said, that will take you exactly 10 minutes a week. By the end of the school year, you will have sent notes to 40 people. Forty people will feel a little more special because you did, and they will think you are very special because of what you did. No one else is going to carry that dividend during your time at school.

Enough advice. I would like to end by reading some important lyrics. I cited the Greek philosopher Socrates earlier. These lyrics are from the great American philosopher, Bob Dylan. They're almost 50 years old. He wrote them for his son, Jesse, who he was missing while he was on tour. It lists the hopes that a parent might have for a son and for a daughter. They're also good goals for a son and a daughter. The wishes are beautiful, they're timeless. They're universal. They're good and true, except for one: It is the wish that gives the song its title and its refrain. That wish is a parent's lament. It's not a good wish. So these are the lyrics from *Forever Young* by Bob Dylan:

> May God bless you and keep you always
>
> May your wishes all come true
>
> May you always do for others
>
> And let others do for you
>
> May you build a ladder to the stars
>
> And climb on every rung
>
> And may you stay forever young
>
> May you grow up to be righteous
>
> May you grow up to be true
>
> May you always know the truth
>
> And see the lights surrounding you
>
> May you always be courageous
>
> Stand upright and be strong
>
> And may you stay forever young
>
> May your hands always be busy
>
> May your feet always be swift
>
> May you have a strong foundation
>
> When the winds of changes shift

May your heart always be joyful

May your song always be sung

And may you stay forever young

Thank you.

表9-5是网友译文、修订稿和问题分析：

表9-5　网友译文及修订稿对比分析

网友译文	修订稿	分　析
未译开场礼貌语。	非常感谢！	网友删去礼貌语不译的原因，可能是觉得礼貌语很简单，即便删去也不影响达意。如果是纸媒体，为了节省字数，可算是合理考量。但若是网络媒体，还是保留礼貌语更合乎演讲稿的规矩。
人们常说，雨就像天堂洒下的五彩纸屑。所以今早，连上天也在和我们一起庆祝这个美妙的毕业典礼。同学们，<u>在我们演讲之前</u>，希望你们先为<u>一直在背后支持你们</u>的父母和监护人做一件事。两年、三年、或四年之前，他们送你们来到<u>这所学校</u>，帮<u>你</u>安顿妥当后，就转身默默离开了，他们<u>或许</u>一路含着泪，<u>回到了家里空荡荡、孤独的房子</u>。<u>这对他们来说不容易</u>，但他们知道，<u>让你们接受教育</u>，比他们自己的感受更重要。为了帮助你们成长，他们愿意做出牺牲，<u>并愿意付出一切</u>。所以，<u>今天</u>不只是你们的<u>大日子</u>，也是他们的<u>大日子</u>，我希望你们能站起来，转过身，为他们送上热烈的掌声。	人们常说，雨就像天堂洒下的五彩纸屑。所以今早，连上天也和我们一起庆祝这个美妙的毕业典礼。<u>在我进入正题之前</u>，希望同学们先为自己身后的父母和监护人做一件事。两年、三年、或四年之前，他<u>们开车</u>送你们到<u>卡迪根山中学</u>，安顿好，<u>然后</u>离开。<u>他们牺牲天伦之乐</u>，含着泪，<u>开车回到人去屋空的家</u>。他们这么做是因为，<u>决定送孩子上学是为了孩子的人生</u>，而不是为了父母的感受。他们的种种付出使你们<u>站到这里</u>。<u>今早不仅你们要庆祝，他们也该庆祝</u>。我希望你们站起来，转过身，为他们送上热烈的掌声。<u>请吧</u>。	网友译稿中横线标出的部分为误译或译得不够准确之处，修订稿中做了相应修改。 　　修订稿中波浪线标出的部分是该中学的全名中译（英语原文中是简称），属于文化专有项，网友译稿中简化译为"这所学校"。如果前文出现过，网友这样处理无可厚非。但首次出现，应译出学校全名。 　　网友译稿中虚线标出的部分属于过度发挥，修订稿中做了删除处理。 　　网友译稿中漏译的部分在修订稿中以双横线标明。 　　尤其要注意的是，英文讲话口语倾向突出，而中译的读者却是更习惯于文辞略偏向书面语的文风，且直译原文的口语风格行文会导致表意含糊，因此，网友译稿和编译修订稿均对"because the decision about your education, they knew, was about you. It was not about them"和"But this morning is not just about you. It is also about them"做了书面化和明晰化处理。但网友译稿在忠于原意方面仍有欠缺。

241

续表

网友译文	修订稿	分 析
好了，现在如果有人问我在卡迪根学校的演讲怎么样，我就可以说，掌声如雷，把演讲都打断了。祝贺你们，2017 届毕业生。这是你们生命中的一个重要里程碑，你们人生中的一个重要阶段已经告一段落。但我遗憾地地告诉你们，这其实是你们生命里最容易的阶段。你们就读于卡迪根山中学时，同时也是国际社会中的一员，我觉得大家尤其应当认识到这一点。	如果有人问起我在卡迪根山中学的演讲，我就可以说，掌声把演讲都打断了。祝贺你们，2017 届毕业生。这是你们生命中的一个重要里程碑，你们人生中的一个重要阶段已经告一段落。但我遗憾地告诉你们，那是人生中最容易的阶段。你们在卡迪根山中学就读期间，已成为一个重要的国际化群体的一员。我觉得大家尤其应当认识到这一点。	网友译稿中横线标出的部分为翻译不当之处，或者多字、表达不当之处等，修订稿中做了相应修改。 　　值得注意的是，本段及后面几段原文中数次用到的"now"并非指"现在"，而是一种特殊用法，用于陈述句和疑问句的句首，引导后面的话或对其加以强调。后面段落中误译为"现在"之处均以横线标出，不再一一解释。 　　需要指出的是，原文中的"an important international community"指的是卡迪根山中学的学生有国际化背景，网友译稿的译法明显是没有读懂。
现在，在全国各地的学校里，有很多毕业典礼的嘉宾们正站在一群躁动不安的毕业生面前，说着几乎同样的话。他们会说，「今天只是一个开始，而不是结束。你们应该向前看。」他们说得很对，但是，如果你想弄清楚下一步方向，不妨回头看看你走过的路。回想一下来到卡迪根中学的第一天，你也许曾感到孤独、害怕和焦虑。再看看现在你，身边满是朋友、兄弟，正信心满满地准备迎接下一阶段的教育。	全国各地的大学和高中，参加毕业典礼的嘉宾们站在躁动不安的毕业生面前，都说着几乎同样的话。他们说，今天是毕业典礼，"这意味着开端，而不是结局。要向前看"。这话不错，但如果你想权衡未来的发展方向，不妨回头看看你走过的路。回想来到卡迪根山中学的第一个下午，你也许能记起自己曾感到孤独，还有点害怕和焦虑。再看看现在的你，正信心满满地准备迎接下一阶段的教育，身边都是你称为哥儿们的朋友。	网友译稿中横线标出的部分为翻译不当之处，虚线标出的部分为过度发挥，修订稿中做了相应修改。 　　网友漏译的部分在修订稿中以双横线标出。 　　应注意的是，卡迪根山中学是男校，所以原文中说"You are surrounded by friends that you call brothers"，翻译时应注意。

网友译文	修订稿	分　　析
想一想，为什么会有这样的变化？我想你们也许会感谢同学们在课堂上、运动场上、宿舍里给予的帮助。朋友的帮助，让你们不再害怕失败。你们知道了：如果失败了，你会爬起来重新来过。如果又失败，你会再来一次。如果又又又失败了，也许就是时候考虑做点别的事了。你们之所以走到今天，不仅是因为你们的成功，还有不惧失败的勇气。	为什么会这样，值得大家思考。如果你们想一想，我想你们也许会感谢同学在课堂上、运动场上、宿舍里给予的帮助。并不是你们做什么都会成功，而是朋友的帮助让你们不再害怕失败。如果失败了，你会起来再尝试。如果又失败，你会起来再尝试。如果再次失败，也许就是时候考虑做点别的事了。你们今天站到这里，不仅是因为成功，还因为不怕失败。	网友译稿横线标出的部分翻译得不够准确，波浪线标出的部分属于过度发挥，修订稿中做了相应修改。 　　网友漏译的部分在修订稿中以双横线标出。
现在，毕业典礼的演讲嘉宾照例要祝你们好运并送上祝福了。我不会这样做，让我来告诉你为什么。我希望你们在未来的岁月中，不时遭遇不公对待，这样才会理解公正的价值所在。愿你们尝到背叛滋味，这会教你们领悟忠诚之重要。抱歉，我还希望你们时常会有孤独感，这样才不会将良朋挚友视为理所当然。愿你们偶尔运气不佳，这样才会意识到机遇在人生中的地位，进而理解你们的成功并非命中注定，别人的失败也不是天经地义。当你们偶尔遭遇失败时，愿你们受到对手幸灾乐祸的嘲弄，这才会让你们理解体育精神的重要性。愿你们偶尔被人忽视，这样才能学会倾听。愿你们感受到切肤之痛，才能对别人抱有同情心。无论我怎么想，这些迟早会来临。而你们能否从中获益，取决于能否参透人生苦难传递的信息。	毕业典礼的演讲嘉宾照例会祝你们好运，并送上祝福。我不打算那么做，理由如下：在未来的岁月中，你们会遭遇不公，从而理解公正的价值；会遭受背叛，从而懂得忠诚的重要。我遗憾地告诉你们，你们时常会感到孤独，但这会让人明白友情的可贵。你们偶尔会运气不佳，从而意识到机遇在人生中的地位，了解你们并非天经地义该成功，别人也并非命中注定该失败。你们偶尔会遭遇失败，对手的幸灾乐祸会让你们懂得该如何有风度地面对输赢。你们偶尔会被人忽视，从而学会倾听。还有，只有经受痛苦，才会有恻隐之心。无论我怎么想，这些事情都会发生。而你们能否从中获益，取决于能否在苦痛中参透人生。	斜体部分若直译，可读性稍差。不若稍加变通，既不违背原意，还能提升可读性。 　　网友译稿中横线标出的部分或者翻译得不够准确，或者用词不当（"天经地义"只能用来形容正确的事，不能和"失败"搭配使用），波浪线标出的部分为过度发挥，修订稿中做了相应修改。

续表

网友译文	修订稿	分　析
毕业典礼嘉宾们还会给出一些建议。有些很宏大，有些很实用。他们最普遍的忠告，就是「做你自己」。给一群穿着整齐划一的人提这样的建议有点奇怪。不过你们确实应该做自己，但你们也要明白这句话的真正含义。如果你并非足够完美，那你不应该只做你自己，而是应该努力成为更好的自己。人们常说「做你自己」，是因为他们希望你不要屈服于他人的意愿随波逐流。但如果你都不了解自己，你是不可能「做你自己」的。	大家都希望毕业典礼嘉宾们给出建议。他们的建议或者重要，或者实用。最常见的重要建议是"做你自己"。给穿着统一服装的毕业生提这样的建议有点奇怪。不过，你们确实应该做自己。但你们也要明白这句话的真正含义。除非你们是完人，否则，那并不意味着不做任何改变。从某种意义上说，你们不应该做自己，而是应该努力成为更好的自己。人们说"做你自己"，是希望你们不要屈从于他人的意愿，变成别人希望的样子。但如果不了解自己，就不可能"做你自己"；如果不思考，也就不可能了解自己。	网友译稿中横线标出的部分翻译得不够准确，虚线标出的部分为过度发挥，斜体部分的译文可读性较差，修订稿中均做了相应修改。 　网友漏译的部分在修订稿中以双横线标出。
古希腊哲学家苏格拉底曾说，「未经审视的人生没有意义」。对某些事而言，"放胆去做"也许是句金玉良言，但在你还未想明白要过怎样的人生之前，这个座右铭其实并不适用。拥有美好人生的途径，就是不要去过容易的生活。如果你从不思索生活的意义，那你很容易就会迷失自我。以上就是我给出的深刻建议。	古希腊哲学家苏格拉底曾说，"人需自省"。对某些事而言，"放手去做"也许是金玉良言。但在没有想明白要过怎样的人生之前，这不是个好座右铭。拥有美好人生的途径，就是不要去过大家心目中的美好人生。如果从不思索，就会丧失那些对于自我至关重要的特质。这是需要大家深思的建议。	网友译稿中横线标出的部分，或者翻译得不够准确，或者在达意方面还需努力，修订稿中做了相应修改。

续表

网友译文	修订稿	分 析
现在再给你们一些去新学校后的建议。过去几年里，我知道你们当中很多年轻人，都是很好的青年。但你们也是享有特权的一群年轻人。即使初来此地之时你们并没有什么特权，现在你们也已经享有了比其他人更多的优势。我的建议是，不要表现得高人一等。	你们要去新学校了，我还有些建议。过去几年里，我熟悉了你们当中许多人，大家都很不错。但你们同时还有背景。即使入校时你们并无背景，现在因为从这所学校毕业，你们也就有了背景。我的建议是，不要表现得高人一等。	网友译稿中横线标出的部分翻译得不够准确，斜体部分的译文可读性较差，修订稿中做了相应修改。
当你来到新学校时，见到那些扫落叶、铲雪、倒垃圾的人，走上前自我介绍，同时记住他们名字，下次见到他们记得叫他们的名字。当你在路上遇见陌生人，看着他们的眼睛并微笑致意。这样做最糟糕的结果不过是，人们会记住你这个爱笑爱打招呼的年轻人，这并不是什么坏事。你们之前在的学校里只有男孩，现在大多数人都将进入有女生的学校。关于这件事，我没有建议。	到新学校以后，见到那些把落叶、铲雪、倒垃圾的人，要上前自我介绍，同时记住他们名字，在校期间见到他们就可以以名相称。还有，路遇陌生人，要看着他们的眼睛打招呼。这样做，最多也不过是，大家都知道你是个爱微笑打招呼的年轻人，这是不错的开端。从男校毕业后，你们中的大多数人都将进入男女同校的新学校。这我就没什么建议可说了。	网友译稿中横线标出的部分翻译得不够准确，虚线标出的部分为过度发挥，修订稿中做了相应修改。 网友漏译的部分在修订稿中以双横线标出。 应格外注意的是，演讲是针对听众全体的，不必将原文中所有的"you"都译成单数的"你"。某些地方省略人称代词感觉更好。

续表

网友译文	修订稿	分　析
最后一条建议十分简单，但却会对你的人生产生重大影响：每周给人写一封<u>信</u>。不是电子邮件，而是真正写在纸上，只要 10 分钟。可以问一下长辈邮票是什么，然后你就可以给信封贴邮票了。再说一遍，10 分钟，每周一次。<i>我现在就可以教你怎样写，</i>"亲爱的「填上学校老师的名字」：<u>"从这所新学校开始。我们正在用英语阅读「空白处填写」。足球和足球训练都很难，但我很享受。谢谢您的教诲。"</u>把它放在信封里，贴上邮票寄出去。这对于那些<u>把生命奉献给教育初中小男孩的中学老师们来讲</u>意义非凡。如我所说，每周只需要花十分钟。当学年结束时，你差不多给 40 位<u>老师寄出过便条</u>。这 40 位<u>老师</u>会因为你做的这件事而感到自己<i>很特殊</i>，同时也会对你另眼相看。<u>在学校的时光里，这是你一人独享的一份红利。</u>	最后一条建议十分简单，但却会对人生产生重大影响：每周给人写一封<u>短笺</u>。不是电子邮件，而是花十分钟写在纸上。问问长辈邮票是什么，给信封贴上邮票。再说一遍，每周花十分钟。第一封短笺可以这样写，"亲爱的<u>卡迪根山中学某老师：'我已经到新学校了，正在读英文的某书。橄榄球和足球训练都很苦，但我很开心。谢谢您当初对我的教导。'"</u>把它放在信封里，贴上邮票寄出去。这对于那些<u>由于大家无法理解的原因而致力于初中男生教育的中学老师们来讲，意义非凡。如我所说，每周只要花十分钟。当学年结束时，你已给 四十<u>人</u>寄出短笺。这四十<u>人</u>会因此而感到自己很<i>特别</i>，同时也会对你另眼相看。<u>你读书期间，别人会记着你的好。</u>	网友译稿中横线标出的部分翻译得不够准确，斜体标出的部分稍加变动更妥当，修订稿中做了相应修改。 　　网友漏译的部分在修订稿中以双横线标出。

续表

网友译文	修订稿	分　　析
最后，我想用一段歌词来结束今天的致辞。前面，我引用了古希腊哲学家苏格拉底的名言。下面，我要引述伟大的美国音乐哲人鲍勃·迪伦的歌词，这些歌词已有快超过50年的历史了。是鲍勃·迪伦当年巡回演出期间，思子心切，写给儿子杰西的。歌词表达了家长对子女的美好期盼，这些期盼是美好的、永恒的，也是普世……其中有一条除外，即歌名和副歌里表达的愿望，那只能算是家长们的叹息，算不得美好的愿望。	建议说得够多了。我想引用一首歌的歌词来结束致辞。前面，我引用了古希腊哲学家苏格拉底的名言。下面，我要引用伟大的美国哲人鲍勃·迪伦差不多五十年前写的歌词。歌词是他当年巡回演出期间，因思念儿子杰西所作，表达了父亲对子女的期望，言辞优美，今天也不过时。而且，是人人适用的优秀理念。唯一的例外，是歌名和副歌里表达的愿望，那是父亲的叹惋，算不得美好的愿望。下面就是鲍勃·迪伦题为《永远年轻》的那首歌的歌词：	网友译稿中横线和虚线标出的部分翻译得不够理想，修订稿中做了相应修改。 　　网友漏译的部分在修订稿中以双横线标出。 　　应注意的是，"It lists the hopes that a parent might have for a son and for a daughter. They're also good goals for a son and a daughter"过于口语化而且稍嫌啰嗦，翻译时可以合并简化。
歌词和结尾的礼貌语未译。	愿上帝保佑、眷顾你。 　　愿你的愿望都能成真。 　　愿你助人， 　　也受人相助。 　　愿你架起梯子拾级而上， 　　摘取星星。 　　愿你永远年轻。 　　愿你正直； 　　愿你可信； 　　愿你始终掌握真理，看到环绕你的明灯。 　　愿你始终勇敢，站得直，不动摇。 　　愿你永远年轻。 　　愿你双手永远忙碌； 　　愿你双脚永远迅捷。 　　愿你根基牢固，不会随风倒伏。 　　愿你永远快乐； 　　愿你永远歌唱； 　　愿你永远年轻。 　　谢谢大家。	不译歌词和结尾的礼貌语会影响讲稿的完整，修订稿补出相关内容。

　　本章仅提供了几个代表性的案例，并不能覆盖笔译实践中的所有问题。而且，每位笔译教师面对的修读课程的学生背景不同，专业能力各异，究竟如何才能以最有利于学生习得译稿核查能力的方式引导学生开展练习，监督学生有效学习，还需要在教学实践中试验和摸索。

第十章

机器翻译稿后期编辑案例讲析示例

由于翻译专业硕士毕业需提交15万字笔译实践，学生中采用机器翻译加后期编辑的方式完成英译汉笔译实践的人数逐年增多。2016年以来，随着机器翻译技术的新进展，社会上的诸多笔译服务机构也倾向于为低端客户提供机器翻译加后期编辑服务。但国内高校目前的翻译课程中教授的机器翻译后期编辑内容，大多停留在基本概念、基本原则等基础层面，远远不能满足学生和社会的需求。本章将以实例为依托，着重探讨英译汉机器翻译的应用问题以及后期编辑过程中应注意的具体事项。笔者通过多次实测发现，国内目前免费可用的主流在线机器翻译服务中，搜狗翻译的英译汉文稿质量在多数情况下略优于必应、谷歌和有道。故本章中用于后期编辑的机器译稿实例均采用搜狗翻译译稿。

第一节　英译汉机器翻译稿的适用性

一般而言，机器翻译多用于"highly perishable texts（非存留文本）"的传译（Moorken et al. 2018：6）。至于机器翻译是否适用于有较高质量要求的翻译项目，取决于达到预期质量水平所需的后期编辑工作量和实际耗时。笔者以为，在教学环境中，可以采用从承担的翻译项目中抽选段落试用机器翻译，然后推断机器译稿需进行多大规模的后期编辑，才能达到翻译项目质量要求的办法，来判断该翻译项目是否适合采用机器翻译加后期编辑的工作模式。从笔者接触到的翻译专业硕士毕业论文所附带的译文来看，相当多的学生对有关问题认识不足，需教师加以提点。故本节将基于实例，初步探讨机器翻译的适用性问题。

生活中较为常见的非存留文本通常包括各类公司内部文件、非正式场合讲话稿等。此外，非严肃内容的新闻稿、非严肃内容的图书（比如旅游指南等）这类不具备长期保存价值的文本也可视为非存留文本。因此，本节将先以非存留文本中的非严肃内容新闻稿为例，探讨对机器译稿进行后期编辑的可行性。

以 2011 年 CNN 关于哈利·波特系列 1200 余英文词的娱乐报道为例，笔者将该文上传至搜狗翻译，待机译完成，再下载机器译稿，耗时两分钟左右。并且，粗读机器翻译译稿就可发现，仅有部分语句不够通顺，个别人名译得不够准确，完全可以编辑。此处提供该报道前五段原文、搜狗翻译机器译稿及后期编辑稿见表 10 - 1：

表 10 - 1　英文报道节选及机器译稿和后期编辑稿

CNN 报道原文片段	搜狗翻译机器译稿	后期编辑稿
When Larry King asked Daniel Radcliffe about filming his last scene as the title character in the "Harry Potter" movies, the actor described it as "very emotional…I kind of wept like a child on that last day."	当拉里·金问丹尼尔·雷德克里夫关于拍摄他在《哈利·波特》电影中的最后<u>一幕</u>作为主角时，这位演员形容这是"<u>非常激动人心的。……在最后一天，我有点像个孩子一样哭泣</u>。"	拉里·金<u>询</u>问丹尼尔·拉德克里夫，作为主角拍摄《哈利·波特》系列片最后一个场景的情况。<u>拉德克里夫说，"我很激</u>动……最后一天哭得几乎像个孩<u>子</u>"。
Radcliffe also said it felt "very strange, considering we've done it for 10 years." The actor said he believes the final and eighth film, "Harry Potter and the Deathly Hallows: Part 2," is "the best out of all of them," calling it the "most exciting" and "most direct" in the series based on J. K. Rowling's books.	<u>Radcliffe</u> 还说，<u>考虑到我们已经做了 10 年</u>，这感觉"非常奇怪"。<u>这位演员说，他认为最后一部和第八部电影《哈利·波特与死亡圣器：第二部分</u>》是"<u>所有电影中最好的</u>"，称之为基于罗琳书籍的系列电影中"<u>最激动人心</u>"<u>和</u>"<u>最直接</u>"。	<u>拉德克里夫还说，"想想片子都拍了 10 年了，那感觉很怪</u>"。他说，他认为最后一部电影，即系列片的第八部《哈利·波特与死亡圣器<u>（下）</u>》是"<u>整个系列中拍得最好的</u>"。他认为该片是<u>依据罗琳著作拍摄的</u>"<u>最激动人心</u>""<u>最忠于原著</u>"的电影。
"I think in this film," Radcliffe said, "we find the balance best between the emotional side of the films and the action-packed adventure, exciting side."	"我认为在这部电影中，"拉德克利夫说，"我们<u>在电影的情感方面和充满动作的冒险、激动人心的方面找到了最佳的平衡</u>。"	"我认为，在这部电影中"，拉德克利夫说，"我们找到了最佳平衡点，<u>既展现了人物情感，也展现了激动人心的惊险动作场面</u>"。

CNN 报道原文片段	搜狗翻译机器译稿	后期编辑稿
Radcliffe will be among the guests Sunday on "A Larry King Special — Harry Potter: The Final Chapter," which also will include interviews with Emma Watson, Rupert Grint, Robbie Coltrane, Helena Bonham Carter and others. The new movie comes out July 15. (Warner Bros. Pictures is behind the "Harry Potter" franchise. The studio, like CNN, is a Time Warner company.)	周日，"拉里·金特辑——哈利·波特：最后一章"的嘉宾包括雷德克里夫，还包括艾玛·沃森、鲁伯特·格林特、罗彼·考特拉尼、海伦娜·伯翰·卡特和其他人的采访。这部新电影将于 7 月 15 日上映。（华纳兄弟电影公司是《哈利·波特》系列的幕后黑手。像 CNN 一样，这个工作室是时代华纳公司。）	周日，"拉里·金专访之《哈利·波特》完结篇"的嘉宾除了拉德克里夫，还有艾玛·沃森、鲁伯特·格林特、罗比·科特瑞恩、海伦娜·博纳姆·卡特等人。《哈利·波特与死亡圣器（下）》将于 7 月 15 日上映。（华纳兄弟影业公司享有《哈利·波特》系列片的专营权。影业公司和CNN 同属时代华纳。）
King asked Radcliffe to explain why "Harry Potter" is so successful.	金要求雷德克里夫解释为什么《哈利·波特》如此成功。	金请拉德克利夫解释为什么《哈利·波特》如此成功。
"It's due to a lot of things," the actor said. "We love an underdog. I think the world of J. K. Rowling is so meticulously thought out that people like me, who like to geek out about these things, can get wrapped up in the wizarding law and the world and it's so complete, I think we love that. We love magic. We love the idea of that."	"这是因为很多事情，"演员说。"我们喜欢失败者。我认为罗琳的世界是如此的精心思考，以至于像我这样喜欢对这些事情极客化的人，可以沉浸在巫师的法律和世界中，这是如此的完整，我想我们喜欢这样。我们喜欢魔法。我们喜欢这个想法。"	"原因很多"，拉德克利夫说。"比如我们喜欢扶弱。我认为，罗琳的魔法世界是精心构思出来的。像我一样醉心其中的人，可以沉浸在法术和魔法的世界中，觉得一切完美无缺，统统让人喜欢——喜欢魔法，喜欢那个构思。"

　　机器译稿中较大的问题以及后期编辑稿中较大幅度的改动已用横线和双横线标出。从上表可见，仅第二和第六两段改动稍大。而且，编辑修改所费气力远小于全人工翻译。这种以纠正误译为目的的后期编辑，通常被称为"light post-editing（轻度后期编辑）"（Castiho et al. 2018：27）。

　　有时，国际译界也会对"high-visibility or sensitive texts（曝光度高或含敏感内容的文本）"（Castiho et al. 2018：27）采用机器翻译加后期编辑的工作方式进行处理。这种情况下，后期编辑的目的就不只是纠正误译，而是要生成达到较高发表水平的译文。这种为达到较高发表水平而进行的后期编辑，通常被称为"full post-editing（全方位后期编辑）"（Castiho et al. 2018：27）。

以长度为 7700 余英文词，题为 *The Two Beggars* 的短篇小说为例，笔者将该文上传至搜狗翻译，待机译完，再下载机器译稿。仍如前例，仅耗时两分钟左右。速度之快，令人咋舌。此处提供该小说起首三段原文、搜狗翻译机器译稿及全方位后期编辑稿表 10 - 2：

表 10 - 2　小说节选及机器译稿和后期编辑稿

小说原稿片段	搜狗翻译机器译稿	全方位后期编辑稿
When the last visitor had left, Judge Dee leaned back in his chair with a sigh of relief. With tired eyes he looked out over his back garden where in the gathering dusk his three small sons were playing among the shrubbery. They were suspending lighted lanterns on the branches, painted with the images of the Eight Genii.	当最后一位来访者离开时，迪伊法官靠在椅子上松了一口气。他用疲惫的眼睛望着他的后花园，黄昏时分，他的三个小儿子正在灌木丛中玩耍。他们把点燃的灯笼悬挂在树枝上，上面画着八个天才的形象。	最后一位来客告辞后，狄公靠在椅子上松了一口气，疲惫地望着后花园。此时暮色渐浓，他的三个幼子正在灌木丛中玩耍，点了画着八仙的灯笼，往树枝上挂。
It was the fifteenth day of the first month, the Feast of Lanterns. People were hanging gaily painted lanterns of all shapes and sizes in and outside their houses, transforming the entire city into a riot of garish colours. From the other side of the garden wall the judge heard the laughter of people strolling in the park.	那是正月十五，元宵节。人们在房子内外挂着各种形状和大小的彩色灯笼，把整个城市变成了五彩缤纷的城市。从花园墙的另一边，法官听到人们在公园散步的笑声。	时值正月十五元宵节。屋内房外挂着大小各异形形色色的彩灯，城市各处五彩缤纷。花园墙外传来行人的笑声。

续表

小说原稿片段	搜狗翻译机器译稿	全方位后期编辑稿
All through the afternoon the notables of Pooyang, the prosperous district where Judge Dee had now been serving one year as magistrate, had been coming to his residence at the back of the tribunal compound to offer him their congratulations on this auspicious day. He pushed his winged judge's cap back from his forehead and passed his hand over his face. He was not accustomed to drinking so much wine in the daytime; he felt slightly sick. Leaning forward, he took a large white rose from the bowl on the tea-table, for its scent is supposed to counteract the effects of alcohol. Inhaling deeply the flower's fresh fragrance, the judge reflected that his last visitor, Ling, the master of the goldsmiths' guild, had really overstayed his welcome, had seemed glued to his chair. And Judge Dee had to change and refresh himself before going to his women's quarters, where his three wives were now supervising the preparations for the festive family dinner.	整个下午，Poo-yang 的知名人士，Poo-yang，prosperous 区，迪伊法官在该区担任了一年的治安法官，一直来到他在法庭大院后面的住所，在这个不幸的日子向他表示祝贺。他把带翅膀的法官帽从他的头上向后推，用手捂住脸。他不习惯白天喝这么多酒；他觉得有点恶心。他俯下身子，从茶几上的碗中拿出一朵大朵白色玫瑰，因为它的香味应该可以抵消酒精的影响。法官深深地吸着花朵的新鲜香味，反映出他的最后一位访客，金匠公会的主人凌，似乎已经粘在椅子上，没有受到欢迎。迪伊法官在去他的女性宿舍之前必须改变和更新自己，在那里他的三个妻子正在监督节日家庭晚餐的准备工作。	狄公在富裕的朴阳县做县令已有一年。整个下午，到他县衙后宅来贺元宵的知名人士络绎不绝。狄公将官帽往后推了推，单手捋面；因不惯白日饮酒，微觉恶心。狄公探身从茶几上的钵中抽了朵白花，想闻香解酒。深吸着花香，狄公想起最后一位访客，金匠行会的凌会长，那人拖着不告辞，好像粘在了椅子上。狄公的三位妻妾正在内宅督办元宵家宴，狄公需先醒酒更衣，才能回内宅。

机器译稿中较大的问题以及后期编辑稿中较大幅度的改动已用横线和双横线标出。从上表可见，尽管搜狗机器翻译的译文带有翻译腔，在语言质量和文风方面存在不少缺陷，还有些许明显错误（理解错误、词语误译、专名未译或

误译），后期编辑不仅要纠正误译还要大幅度润色行文，但仍比人工翻译加核查省力。至于是否节约时间，取决于后期编辑者的业务经验是否足够丰富。

一般而言，搜狗机译加后期编辑的人机混合工作方式在缩短译文生成时间，节省译者气力方面颇有优势。鉴于翻译硕士同学使用机译加后期编辑工作方式的比例和频率都在逐渐增多，翻译教师自然要在教学中充分考虑到相关问题，并加以正确引导。

应注意的是，用于不同目的的译文，需满足的质量要求不同。相应地，用于不同用途的机器翻译稿，所需要的后期编辑工作量也不同。除去轻度或全方位后期编辑这两种较为极端的情况，还有介于两者之间的各种情况。第二节将主要探讨译文质量要求对后期编辑工作量的影响，以及由此应注意的主要问题。

第二节　机器翻译稿后期编辑案例讲析示例

鉴于轻度或全方位后期编辑的目的都是生成达到预期质量水平的译文终稿，翻译课程首先应帮助学生了解社会和实习单位如何看待译文质量问题。2005 年版的《GB/T 19682—2005 翻译服务译文质量要求国家标准》明确规定：决定译文质量的因素包括：（1）"译文使用目的"；（2）"原文文体、风格和质量"；（3）"专业难度"；（4）"翻译时限"（吴希曾等 2005：6）。"译文质量评定的基本原则"是"以译文使用目的为基础，综合考虑其他关联因素"（吴希曾等 2005：6）。2005 年译文质量国标列举的常见译文用途包括：用于"正式文件、法律文书或出版文稿"，"一般文件和材料""参考资料"或"内容概要"（吴希曾等 2005：6）。与之对应，译文需达到的质量水平依次递减。通常情况下，若机器翻译稿用于正式文件、法律文书或出版文稿，需进行全方位后期编辑；若机器翻译稿用于参考资料或内容概要，仅需进行轻度后期编辑；若机器翻译稿用于一般文件和材料，所需后期编辑的工作量则根据具体情况或客户要求而定。

1883 年，《科学》杂志发表了美国物理学家罗兰（Henry Augustus Rowland）一次著名演说的讲稿。此演讲的文风接近论说文风格，又经著名刊物发表，其机器翻译译稿理应做全方位后期编辑。

这里截取四段（Rowland 1883：245 – 246）为例，原文、搜狗翻译机器译稿、全方位后期编辑稿见表10 – 3：

表 10 – 3　演讲稿节选及机器译稿和后期编辑稿

演讲稿原文片段	搜狗翻译机器译稿	全方位后期编辑稿
It may be that some small institutions are of high grade, especially those which are new; but who can doubt that more than two-thirds of our institutions calling themselves colleges and universities are unworthy of the name? Each one of these institutions has so-called professors, but it is evident that they can be only of the grade of teachers. Why should they not be so called? The position of teacher is an honored one, but is not made more honorable by the assumption of a false title. Furthermore, the multiplication of the title, and the ease with which it can be obtained, render it scarcely worth striving for. When the man of energy, ability, and perhaps genius is rewarded by the same title and emoluments as the commonplace man with the modicum of knowledge, who takes to teaching, not because of any aptitude for his work, but possibly because he has not the energy to compete with his fellow-men in business, then I say one of the inducements for first-class men to become professors is gone.	一些小型机构可能是高等级的，特别是那些新的；但是谁能怀疑我们三分之二以上自称学院和大学的机构不值得这个名字呢？这些机构中的每一个都有所谓的教授，但很明显，他们只能是教师级别的。为什么他们不应该这样称呼他们？教师的职位是光荣的，但并没有因为虚假头衔而变得更加光荣。此外，标题的倍增和容易获得，使得它几乎不值得去争取。当一个精力充沛、有能力、也许是天才的人得到与一个拥有少量知识的普通人相同的头衔和报酬，并开始教书时，不是因为他的工作能力，而是可能因为他没有精力和他的同事在商业上竞争，那么我认为一流的人成为教授的诱因之一已经消失了。	也许有些小型高校，尤其是新建的高校，质量颇高。但有谁会怀疑，三分之二自称学院和大学的高校其实名不副实呢？每所名不副实的高校都有仅达一般教师水平的所谓教授。为何不能据实称呼呢？教职可敬，但职衔虚高却无助于提升教职的可敬程度。并且，教授职衔泛滥易得，将使其不值得争取。若有活力、有能力，也许还有天资的人获得的职衔和报酬，与那些不是因为有能力胜任工作，而仅仅是因为在商业领域不是别人的对手，才担任教职的、学识贫乏的平庸之士并无区别，在我看来，吸引一流人才成为教授的动因就少了一个。

255

续表

演讲稿原文片段	搜狗翻译机器译稿	全方位后期编辑稿
When work and ability are required for the position, and when the professor is expected to keep the progress of his subject, and to do all in his power to advance it, and when he is selected for these reasons, then the position will be worth working for and the successful competitor will be honored accordingly. The chivalric spirit which prompted Faraday to devote his life to the study of nature may actuate a few noble men to give their life to scientific work; but, if we wish to cultivate this highest class of men in science, we must open a career for them worthy of their efforts.	当这个职位需要工作和能力，当教授被期望保持他的学科的进步，并竭尽全力推进它时，当他因为这些原因被选中时，这个职位将值得为之工作，成功的竞争对手也将因此而受到表彰。促使法拉第毕生致力于自然研究的骑士精神可能会驱使一些高尚的人将生命献给科学工作；但是，如果我们想培养科学领域的这一最高阶层的人，我们必须为他们开启一个值得他们努力的职业生涯。	若得到教授职衔需要相应的工作与能力，需要关注并竭力推进学科发展，这个职衔才值得努力争取，成功得到教授职衔者才会受到应有的尊重。令法拉第毕生致力于自然科学研究的荣誉感也许能激励某些高尚的人献身科学工作；但是，如果我们希望在科学领域培养这种顶级人才，就必须使这项工作与他们的努力相称。
……	……	……

续表

演讲稿原文片段	搜狗翻译机器译稿	全方位后期编辑稿
Wealth does not constitute a university, buildings do not: it is the men who constitute its faculty, and the students who learn from them. It is the last and highest step which the mere student takes. He goes forth into the world, and the height to which he rises has been influenced by the ideals which he has consciously or unconsciously imbibed in his university. If the professors under whom he has studied have been high in their profession, and have themselves had high ideals; if they have considered the advance of their particular subject their highest work in life, and are themselves honored for their intellect throughout the world, —the student is drawn toward that which is highest, and ever after in life has high ideals. But if the student is taught by what are sometimes called good teachers, and teachers only, who know little more than the student, and who are often surpassed and even despised by him, no one can doubt the lowered tone of his mind. He finds that by his feeble efforts he can surpass one to whom a university has given its highest honor; and he begins to think that he himself is a born genius, and the incentive to work is gone. He is great by the side of the molehill, and does not know any mountain to compare himself with.	财富并不构成大学，建筑也不构成大学；是男人构成了大学的教员，学生向他们学习。这是唯一的学生迈出的最后也是最高的一步。他走向世界，他上升的高度受到了他在大学里有意识或无意识吸收的理想的影响。如果他所研究的教授在他们的职业中很高，并且他们自己也有很高的理想；如果他们把自己特定学科的进步视为人生中最高的工作，并因为他们在世界各地的智慧而受到尊敬，那么学生就会被吸引到最高的领域，从此以后，他们就有了崇高的理想。但是，如果学生是由有时被称为好老师的老师教的，而老师只知道学生的知识，他们经常被他超越甚至鄙视，那么没有人会怀疑他的情绪低落。他发现通过他微弱的努力，他可以超越一所大学给予他最高荣誉的人；他开始认为自己是天生的天才，工作的动力消失了。他在摩尔希尔身边很伟大，不知道有什么山可以与他相比。	大学的依仗不是钱财和高楼，而是教职人员和师从他们的学生。大学是一位学生求学阶梯的最后、最高一级台阶。当他踏入世界，他所能到达的高度取决于他在大学里有意或无意中树立的志向。如果他师从的教授们德高望重，以进学为人生要义，因才智而受世人敬仰，这位学生便会被引向最高处，并在此后的人生中都志存高远。如果学生仅受教于那些教学时好时坏以及平庸的教师，这些教师的学识虽略多于学生，但容易被超越，甚至会被学生看不起，那么谁也不会怀疑，这位学生的心智发展必然受到局限。学生发现，他稍加努力便可超越大学给予最高职衔的人。他开始认为自己是天才，便丧失了工作的动力。他坐井观天，不知山外有山、人外有人。

续表

演讲稿原文片段	搜狗翻译机器译稿	全方位后期编辑稿
A university should not only have great men in its faculty, but have numerous minor professors and assistants of all kinds, and should encourage the highest work, if for no other reason than to encourage the student to his highest efforts.	一所大学不仅应该有伟大的教师，而且应该有众多的各种类型的<u>副教授和助理，并且应该鼓励最高的工作，如果没有其他原因，除了鼓励学生尽最大努力。</u>	一所大学的<u>教职人员</u>不仅要有大人物，还要有无数<u>不出名的教授</u>以及各种助理。<u>哪怕仅仅是为激励学生竭尽全力，大学也应鼓励教职人员在工作中追求一流水准。</u>

　　由于本例难度较大，搜狗翻译的机器译稿存在不少理解失误、用词不当、遣词造句不流畅的情况。鉴于所引原文的论说文特点，后期编辑的重点应是抓住原作者的实际意思，充分发挥中文的长处，并借用中文的某些特色表达，以使译文便于理解。表 10-3 中，机器译稿的问题以及后期编辑稿的相应改动均已用横线和双横线标出，以方便读者对比。

　　事实上，尽管搜狗翻译机器译稿的后期编辑工作量通常处于可接受的范围，但不同特色的原文所需的后期编辑工作量还是有明显差别的。比如，原文涉及的文化专有项特色越突出，数量越多，所需的后期编辑工作量可能就越大。

　　2018 年 3 月 13 日，关注高等教育新闻与信息的网络出版物 *Inside Higher Ed* 刊登了一篇有关威斯康星大学斯蒂文斯波恩特校区的报道，里面涉及美国高等教育的某些特色文化专有项，不可避免地会导致机译的后期编辑工作量增大。这里截取数段为例，对这几段进行后期编辑，包括准确翻译术语和专名，消除误译，以及适当补出背景知识。

原文、搜狗翻译机器译稿、全方位后期编辑稿见表 10 - 4：

表 10 - 4 报道稿节选及机器译稿和后期编辑稿

报道稿原文片段	搜狗翻译机器译稿	全方位后期编辑稿
Many professors in Wisconsin saw their fears of a 2015 change to state tenure law realized last week. That's when the University of Wisconsin at Stevens Point announced its plan to cut 13 majors—including those in anchor humanities departments such as English and history and all three of the foreign languages offered—and, with them, faculty jobs. Tenured professors may well lose their positions.	威斯康星州的许多教授上周意识到他们对 2015 年州保有权法改革的担忧。就在那时，威斯康辛大学史蒂文斯点分校宣布了削减 13 个专业的计划，其中包括英语和历史等人文科学系以及所有三种外语专业的主干课程，并随之削减了教师职位。终身教授很可能失去职位。	2015 年威斯康星州议会投票同意，将教师终身教职的有关规定从本州法令中删除。威斯康星大学的许多教授上周发现，这项法令变更不再仅仅令人担心，而是已变为现实。上周，威斯康星大学斯蒂文斯波恩特校区称，计划裁撤 13 个专业，包括英语、历史等老牌人文系部以及三个外语语种，还有相应的教师职位。拥有终身教职的教授们也很可能失去教职。
The plan is part of the campus's Point Forward initiative to stabilize enrollment by investing scarce resources into programs Stevens Point sees as distinctive and in demand. Those include business, chemical engineering, computer information systems, conservation law enforcement, fire science and graphic design.	该计划是学校"前进点"计划的一部分，该计划旨在通过将稀缺资源投资于史蒂文斯点认为与众不同且有需求的项目来稳定招生。这些领域包括商业、化学工程、计算机信息系统、养护执法、消防科学和平面设计。	上述专业裁撤计划是斯蒂文斯波恩特校区"前进"倡议的组成部分。该倡议意图通过将有限的财力投注急需资金的特色专业（包括工商业、化学工程、计算机信息系统、生态环境保护执法、消防科学和平面设计），防止生源流失。
"Well, you can imagine the mood in the College of Letters and Science, which houses the humanities," said Michael Williams, chair of English at Stevens Point. Guessing that professors in the fine arts and communications are feeling similarly "grim," Williams said he and his colleagues feel "dismayed, shocked and angry."	史蒂文斯点大学英语系主任迈克尔威廉姆斯说："嗯，你可以想象人文学科所在的文理学院的气氛。"Williams 说，他和同事们猜测美术和传播学教授们也同样感到"沮丧、震惊和愤怒"。	斯蒂文斯波恩特校区英语系主任迈克尔·威廉姆斯说："你可以想得到人文学科所归属的文理学院的气氛。"威廉姆斯说，他和同事感到"沮丧、震惊和愤怒"，估计美术和传播学的教授们同样觉得"郁闷"。

报道稿原文片段	搜狗翻译机器译稿	全方位后期编辑稿
Those in disciplines "directly affected are also apprehensive," he added, "across all ranks, tenured and untenured, since most are able to see it as a clear opportunity for the administration to test the application of [University of Wisconsin System Board of Regents Policy Document] 20-24, the new rules governing tenure."	他补充说，那些"直接受影响"的学科的人也感到担忧，"所有级别的人，无论是终身教职还是未受教育的人，因为大多数人都能够把这看作是一个明确的机会，让政府检验［大学威斯康星州系统董事会政策文件］20-24（新的任期规则）的应用。"	他补充说，在"直接受影响"的学科担任教职的人员，"不论什么职称，有无终身教职"，都"忧心忡忡"，"因为大多数人都明白，学校管理层这是打算借机试用《威斯康星大学校董会政策文件（20-24）》中有关终身教职的新规定"。
A bit of history: before 2015, tenure was more protected on University of Wisconsin campuses than it was pretty much anywhere else in the U. S. — tenured faculty members only could be laid off in cases of true financial emergency. But with the legal weakening of tenure at the hands of the state's Republican-controlled Legislature came the rewriting of related Board of Regents policies on tenure and program discontinuance.	历史：在 2015 年之前，威斯康星州大学校园的终身教职比美国其他任何地方都更受保护。终身教职的教师只有在真正的金融危机情况下才能被解雇。但随着州共和党控制的立法机构在法律上削弱了任期，相关的摄政委员会关于任期和项目中止的政策也随之被改写。	历史情况是，2015 年前，全美就属威斯康星大学各校区最维护终身教职制度。只有经费确实紧张，才会解聘有终身教职的教师。但随着共和党控制的威斯康星州议会削弱了终身教职的法律地位，威斯康星大学校董会修改了与终身教职和专业裁撤有关的政策。
Those new policies, namely Document 20-24, lumped educational concerns together with financial ones in how public universities may target academic programs for closure and lay off tenured professors. They allow administrators — in the words of several regents — to run institutions more like businesses.	这些新政策，即第 20-24 号文件，将教育问题与财政问题结合在一起，讨论公立大学如何将学术项目作为关闭和解雇终身教授的目标。用几个摄政的话来说，他们允许管理者经营更像企业的机构。	新政策，即第 20-24 号文件，在大学如何选择裁撤专业课程和解聘有终身教职的教授方面，将教育问题与经费问题混为一谈。用几个校董的话来说，就是允许管理者像经营企业那样管理学校。

由上表可见，尽管机器翻译稿未能正确传译某些教育和政治领域的术语（比如终身教职、专业裁撤、校董、州议会等）以及某些专用名（比如倡议名、文件名等），存在某些理解问题（横线和双横线标出），也未能为中文读者补出第一段的背景（右栏第一格第一句），其所需的后期编辑工作量仍在可接受的范围内。机器译稿中的较大问题和后期编辑稿中的主要变动之处已用横线和双横线标出，读者可以自行分析、比较。

当然，有些文本因文化因素的影响，可能会导致机器翻译稿出现多量失误，致使后期编辑的难度显著增加。英国作家德波顿（Alain de Botton）曾在 2009 年做过题为《更为宽容、适度的成功理念（A kinder, gentler philosophy of success)》的演讲，其中多处涉及幽默。鉴于幽默的跨文化传译难度，可以预见，机器翻译稿的后期编辑势必要花费更多气力。比如，该演讲的第 21 段，德波顿谈及一家出版物的编辑根据他的口述写报道标题的趣事。原文、搜狗翻译机器译稿、全方位后期编译稿见表 10－5：

表 10－5　演讲稿节选及机器译稿和后期编辑稿

演讲稿原文片段	搜狗翻译机器译稿	全方位后期编译稿
So I told them about Othello. They had not heard of it but were fascinated by it. (Laughter) And I asked them to write the headline for the story of Othello. They came up with "Love-Crazed Immigrant Kills Senator's Da-ughter" splashed across the headline. I gave them the plotline of Madame Bo-vary. Again, a book they were enchanted to discover. And they wrote "Shopaholic Ad-ulteress Swallows Arse-nic After Credit Fraud." (Laug-hter) And then my favorite. They really do have a kind of genius all of their own, these guys. My favorite is Sophocles' "Oe-dipus the King." "Sex With Mum Was Blinding." (Laughter) (Applause)	所以我把奥赛罗的事告诉了他们。他们没有听说过它，但是被它迷住了。（笑声）我让他们为奥赛罗的故事写标题。他们想出了"爱疯了的移民杀死参议员女儿"的标题。我给了他们包法利夫人的情节。他们发现了一本书。他们写道"购物狂奸淫在信用欺诈后吞下砒霜"。（笑声）然后是我最喜欢的。他们真的有自己的天才，这些家伙。我最喜欢索福克勒斯的《俄狄浦斯国王》。"和妈妈做爱让人眼花缭乱"。（笑声）（掌声）	我讲了莎翁的《奥赛罗》。他们没听过，但觉得故事引人入胜。（笑声）我请他们为故事写标题。他们弄出个通栏大标题："移民因爱疯魔，议员之女玉殒。"我告诉他们《包法利夫人》的主要情节。他们表示乐意读原作。写出来的标题是"出墙女沉迷购物，欠巨债后服砒霜"。（笑声）下面这事我觉得最可笑。这帮编辑真的很有歪才。最可笑的是，索福克勒斯的《俄狄浦斯王》被他们写成"与母乱伦致盲"。（笑声）（掌声）

　　由上例可见，在幽默的跨文化问题处理方面，机器翻译稿确实存在诸多不足，且有内容理解失误，上表中以双横线标出，需仰仗人工后期编辑予以补救。

　　可见，尽管机器翻译目前已取得了长足的进步，人类译者的后期编辑仍是译文终稿质量的决定性因素。对人类译者而言，关键是"the style and talents of the individual translator（译者个人的处事风格和天分）"（Gottlieb 2005：26）。后者固然是天生的才具，前者却要靠在实践中反复磨练。

参考文献

ALLMAN S. Negotiatingtranslation revision assignments [EB/OL]. [2016 – 09 – 20].

ALVAREZ R, VIDAL M C. Translating: a political act [M] //ÁLVAREZ R, VIDAL M C. Translation, power, subversion. Clevedon: Multilingual Matters, 1996: 1 – 9.

AMIGO EXTREMERA J J. Fitting CULTURE into translation process research [J]. The international journal for translation & interpreting research, 2015 (1): 26 – 46.

BAKER M. Corpus linguistics and translation studies: implications and applications [M] //BAKER M, FRANCIS G, TOGNINI – BONELLI E. Text and technology: in honour of John Sinclair. Amsterdam: John Benjamins, 1993: 233 – 250.

BAKER M. Corpora in translation studies: an overview and some suggestions for future research [J]. Target, 1995 (2): 223 – 243.

BAKER M. Réexplorer la langue de la traduction: une approche par corpus [J]. Meta, 1998 (4): 480 – 485.

BAUMGARTEN N, MEYER B, ZETIN D. Explicitness in translation and interpreting: a critical review and some empirical evidence (of an elusive concept) [J]. Across languages and cultures, 2008 (2): 177 – 203.

BECHER V. Towards amore rigorous treatment of the explicitation hypothesis in translation studies [J]. Trans – kom, 2010 (1): 1 – 25.

BERNARDINI S, STEWART D, ZANETTIN F. Corpora in translator education: an introduction [M] //ZANETTIN F, BERNARDINI S, STEWART D. Corpora in translator education. London: Routledge, 2003: 1 – 14.

BIELSA E, BASSNETT S. Translation in Global News [M]. London: Routledge, 2009.

BOWKER L. Using specialized monolingual native – language corpora as a translation resource: a pilot study [J]. Meta, 1998 (4): 631 – 651.

BROWN G, YULE G. Discourse Analysis [M]. Cambridge: Cambridge University Press, 1983.

BYRAM M. Routledge Encyclopedia of Language Teaching and Learning [M]. London: Routledge, 2000.

CASTILHO S, DOHERTY S, GASPARI F, et al. Approaches to human and machine translation quality assessment [M] // MOORKEN J, CASTILHO S, GASPARI F, et al. Translation quality assessment: from principles to practice. Cham, Switzerland: Springer, 2018: 9 – 38.

CHESTERMAN A, WAGNER E. Can Theory Help Translators?: A Dialogue between the Ivory Tower and the Wordface [M]. Beijing: Foreign Language Teaching and Research Press, 2006.

CHODKIEWICZ M. The EMTframework of reference for competences applied to translation: perceptions by professional and student translators [J]. The journal of specialised translation, 2012 (17): 37 – 54.

CORPAS – PASTOR G, SEGHIRI M. Virtual corpora as documentation resources: translating travel insurance documents [M] //BEEBY A, RODRíGUEZ INéS P, SáNCHEZ – GIJóN P. Corpus use and translating: corpus use for learning to translate and learning corpus use to translate. Amsterdam: John Benjamins, 2009: 75 – 108.

DOMS S. Non – human agents in subject position: translation from English into Dutch: a corpus – based translation study of "give" and "show" [M] //FANTINUO-LI C, ZANETTIN F. New directions in corpus – based translation studies. Berlin: Language Science Press, 2015: 115 – 135.

DU MAURIER D. Rebecca [M]. Beijing: Foreign Language Teaching and Research Press, 1992.

EBELING J. Contrastivelinguistics, translation, and parallel corpora [J]. Meta, 1998 (4): 602 – 615.

FANTINUOLI C, ZANETTIN F. Creating and using multilingual corpora in translation studies [M] // FANTINUOLI C, ZANETTIN F. New directions in corpus – based translation studies. Berlin: Language Science Press, 2015: 1 – 10.

FAWEETT P. Translation and Language: Linguistic Theories Explained [M]. Manchester: St. Jerome Publishing, 1997.

FERNANDES L, BARDDAL F. Corpora in translation studies: revisiting Baker's typology [J]. Fragmentos: revista de língua e literatura estrangeiras, 2006 (30):

87 – 95.

FINDLAY M S. Language and Communication: A Cross – Cultural Encyclopedia [M]. Santa Barbara: ABC – CLIO, 1998.

FRANCO AIXELá J. Culture – specific items in translation [M] //ÁLVAREZ R, VIDAL M C. Translation, power, subversion. Clevedon: Multilingual Matters, 1996: 52 – 78.

FRANKENBERG – GARCIA A. Aretranslations longer than source texts? a corpus – based study of explicitation [M] // BEEBY A, RODRíGUEZ INéS P, SáNCHEZ – GIJóN P. Corpus use and translating: corpus use for learning to translate and learning corpus use to translate. Amsterdam: John Benjamins, 2009: 47 – 58.

GILLESPIE M K. EFF Researchprinciple: a contextualized approach to curriculum and instruction [EB/OL]. [2016 – 09 – 20].

GONZáLEZ DAVIES M. Multiple Voices in the Translation Classroom: Activities, Tasks and Projects [M]. Amsterdam: John Benjamins, 2004.

GOTTLIEB H. Multidimensional translation: semantics turned semiotics [C/OL] //GERZYMISCH – ARBOGAST H, NAUERT S. Proceedings of the Marie Curie Euroconferences MuTra: challenges of multidimensional translation, Saarbrücken, [2011 – 10 – 12].

HANSEN S, TEICH E. Multi – layer analysis of translation corpora: methodological issues and practical implications [C] //CRISTEA D, IDE N, MARCU D, et al. Proceedings of EUROLAN 2001 workshop on multi – layer corpus – based analysis. Iasi: Romania, 2001: 44 – 55.

HALVERSON S. Translation Studies and representative corpora: establishing links between translation corpora, theoretical/descriptive categories and a conception of the object of study [J]. Meta, 1998 (4): 494 – 514.

HEMPEL K G. Interculturalinterferences in technical translation: a glance at Italian and German technical manuals [J]. The journal of specialized translation, 2009 (11): 102 – 123.

HERVEY S, HIGGINS I, HAYWOOD L. Thinking Spanish Translation [M]. London: Routledge, 1995.

HOLMES J S. Thename and nature of translation studies [M] //VENUTI L. The Translation Studies Reader. London: Routledge, 2000: 172 – 185.

HOSSEINIMANESH D. Technical translation: a study of interference in three

Persian translations of "Software Engineering" [J]. Journal of language teaching and research, 2013 (1): 156 – 163.

HOUSE J. Translation Quality Assessment. A Model Revisited [M]. Tübingen: Gunter Narr, 1997.

HURFORD J R, HEASLEY B, SMITH M B. Semantics: A Coursebook [M]. Cambridge: Cambridge University press, 2007.

JAKOBSEN A L. Investigating expert translators' processing knowledge [M] // DAM H V, ENGBERG J, ARBOGAST H G. Knowledge systems and translation. Berlin: Mouton de Gruyter, 2005: 173 – 189.

KASTBERG P. Culturalissues facing the technical translator [J]. The journal of specialised translation, 2007 (7): 104 – 109.

KEMPSON R M. Semantic Theory [M]. Cambridge: Cambridge University Press, 1980.

KENNEDY G. An Introduction to Corpus Linguistics [M]. London: Longman, 1998.

KENNY D. Creatures ofhabit? What translators usually do with words [J]. Meta, 1998 (4): 515 – 523.

KENNY D. Unit of translation [M] //BAKER M, SALDANHA G. Routledge encyclopedia of translation studies. London: Routledge, 2009: 304 – 306.

KENNY D. Lexis and Creativity in Translation: A Corpus – based Study [M]. London: Routledge, 2014.

KRUGER A, WALLMACH K, MUNDAY J. Corpus – based Translation Studies: Research and Applications [M]. London: Continuum, 2011.

LAPSHINOVA – KOLTUNSKI E. Variation in translation: evidence from corpora [M] //FANTINUOLI C, ZANETTIN F. New directions in corpus – based translation studies. Berlin: Language Science Press, 2015: 93 – 113.

LAVIOSA S. Corepatterns of lexical use in a comparable corpus of English narrative prose [J]. Meta, 1998 (4): 557 – 570.

LAVIOSA S. Corpus – based Translation Studies: Theory, Findings, Applications [M]. Amsterdam: Rodopi, 2002.

LEECH G N. Principles of Pragmatics [M]. London: Longman, 1986.

LEVINSON S C. Pragmatics [M]. Cambridge: Cambridge University Press, 1987.

LIN Y. Moment in Peking [M]. Beijing: Foreign Language Teaching and Research Press, 1999.

MAIA B. Wordorder and the first person singular in Portuguese and English [J]. Meta, 1998 (4): 589 – 601.

MAIA B. Trainingtranslators in terminology and information retrieval using comparable and parallel corpora [M] // ZANETTIN F, BERNARDINI S, STEWART D. Corpora in translator education. London: Routledge, 2003: 43 – 54.

MALMKJæR K. Love thyneighbour: will parallel corpora endear linguists to translators? [J]. Meta, 1998a (4): 534 – 541.

MALMKJæR K. Unit of translation [M] //BAKER M. Routledge encyclopedia of translation studies. London: Routledge, 1998b: 286 – 288.

MALMKJAER K. Translation and Language Teaching [M]. Manchester: St. Jerome, 1998c.

MARCO J, VAN LAWICK H. Using corpora and retrieval software as a source of materials for the translation classroom [M] //BEEBY A, RODRíGUEZ INéS P, SáNCHEZ – GIJóN P. Corpus use and translating: corpus use for learning to translate and learning corpus use to translate. Amsterdam: John Benjamins, 2009: 9 – 28.

MEECHAM M, REES – MILLER J. Language in social contexts [M] // O'GRADY W, ARCHIBALD J, ARONOFF M, REES – MILLER J. Contemporary linguistics. Boston: Bedford, 2001: 537 – 590.

MELBY A K. Terminology in theage of multilingual corpora [J]. The journal of specialised translation, 2012 (18): 7 – 29.

MOORKEN J, CASTILHO S, GASPARI F, et al. Introduction [M] // MOORKEN J, CASTILHO S, GASPARI F, et al. Translation quality assessment: from principles to practice. Cham, Switzerland: Springer, 2018: 1 – 6.

MOUKA E, SARIDAKIS I E, FOTOPOULOU A. Racism goes to the movies: a corpus – driven study of cross – linguistic racist discourse annotation and translation Analysis [M] //FANTINUOLI C, ZANETTIN F. New directions in corpus – based translation studies. Berlin: Language Science Press, 2015: 35 – 69.

MUNDAY J. Acomputer – assisted approach to the analysis of translation shifts [J]. Meta, 1998 (4): 542 – 556.

MUÑOZ I D. Meeting translators' needs: translation – oriented terminological management and applications [J]. The journal of specialised translation, 2012

(18): 77-92.

NEWMARK P. A Textbook of Translation [M]. Shanghai: Shanghai Foreign Language Education Press, 2001.

OAKES M P, MENG J. Quantitative Methods in Corpus-Based Translation Studies: A Practical Guide to Descriptive Translation Research [M]. Amsterdam: John Benjamins, 2012.

OLOHAN M. Introducing Corpora in Translation Studies [M]. London: Routledge, 2004.

OLSHANSKAYA N. After [Isaac] Babel: teaching communicative competence for translation [M] //BAER B J, KOBY G S. Beyond the ivory tower: rethinking translation pedagogy. Amsterdam: John Benjamins, 2003: 173-190.

PALMER F R. Semantics: A New Outline [M]. Cambridge: Cambridge University Press, 1976.

PANOU D. Idiom Translation in the Financial Press: A Corpus-based Study [M]. Newcastle: Cambridge Scholars Publishing, 2014.

PHILIP G. Arriving atequivalence: making a case for comparable general reference corpora in Translation Studies [M] //BEEBY A, RODRíGUEZ INéS P, SáNCHEZ-GIJóN P. Corpus use and translating: corpus use for learning to translate and learning corpus use to translate. Amsterdam: John Benjamins, 2009: 59-74.

PONTRANDOLFO G. Investigating judicial phraseology with COSPE: a contrastive corpus-based study [M] //FANTINUOLI C, ZANETTIN F. New directions in corpus-based translation studies. Berlin: Language Science Press, 2015: 137-19.

PUURTINEN T. Syntax, readability and ideology in children's literature [J]. Meta, 1998 (4): 524-533.

ROBERT I S, UREEL J J, REMAEL A, et al. Conceptualising translation revision competence: a pilot study on the 'tools and research' subcompetence [J]. The journal of specialised translation, 2017, 28: 293-316.

RODRíGUEZ INéS P. Evaluating the process and not just the product when using corpora in translation education [M] //BEEBY A, RODRíGUEZ INéS P, SáNCHEZ-GIJóN P. Corpus use and translating: corpus use for learning to translate and learning corpus use to translate. Amsterdam: John Benjamins, 2009: 129-149.

ROGERS M. Terminology, term banks and termbases for translation [M] //BROWN K. Encyclopedia of language and linguistics. Amsterdam: Elsevier, 2006:

588 – 591.

ROWLAND H A. A plea for pure science [J]. Science, 1883 (29): 242 – 250.

SALKIE R. Text and Discourse Analysis [M]. London: Routledge, 1995.

SÁNCHEZ – GIJóN P. Developing documentation skills to build do – it – yourself corpora in the specialised translation course [M] //BEEBY A, RODRíGUEZ INéS P, SáNCHEZ – GIJóN P. Corpus use and translating: corpus use for learning to translate and learning corpus use to translate. Amsterdam: John Benjamins, 2009: 109 – 128.

SCHJOLDAGER A, RASMUSSEN K W, THOMSEN C. Précis – writing, revision and editing: piloting the European Master in Translation [J]. Meta, 2008 (4): 798 – 813.

SCHMITZ K. Terminology andterminological databases [M] //BROWN K. Encyclopedia of language and linguistic. Amsterdam: Elsevier, 2006: 578 – 587.

SCHFFNER C. Rethinkingtransediting [J]. Meta, 2012 (4): 866 – 883.

SERBINA T, NIEMIETZ P, NEUMANN S. Development of a keystroke logged translation corpus [M] //FANTINUOLI C, ZANETTIN F. New directions in corpus – based translation studies. Berlin: Language Science Press, 2015: 11 – 33.

SHLESINGER M. Corpus – based interpreting studies as an offshoot of corpus – based translation studies [J]. Meta, 1998 (4): 1 – 8.

SIMA Q. Selections from Records of the Historian [M]. Beijing: Foreign Languages Press, 1979.

SORBY S. Translatingnews from English to Chinese: complimentary and derogatory Language usage [C] //CONWAY K, BASSNETT S. Translation in global news: proceedings of the conference held at the University of Warwick 23 June 2006. Coventry: The Centre for Translation and Comparative Cultural Studies, University of Warwick, 2006: 113 – 126.

STEWART D. Safeguarding the lexicogrammatical environment: translating semantic prosody [M] //BEEBY A, RODRíGUEZ INéS P, SáNCHEZ – GIJóN P. Corpus use and translating: corpus use for learning to translate and learning corpus use to translate. Amsterdam: John Benjamins, 2009: 29 – 46.

STOLZE R. Dealingwith cultural elements in technical texts for translation [J]. The journal of specialised translation, 2009 (11): 124 – 142.

THACKERY W M. Vanity Fair [M]. Beijing: Foreign Language Teaching and Research Press, 1992.

TOGNINI BONELLI E. Theoretical overview of the evolution of corpus linguistics [M] //O'KEEFE A, MCCARTHY M. The Routledge handbook of corpus linguistics. London: Routledge, 2010: 14 – 27.

TYMOCZKO M. Computerizedcorpora and the future of translation studies [J]. Meta, 1998 (4): 652 – 660.

VANDEWEGHE W, VANDEPITTES, VAN DE VELDE M. Introduction: a linguistic 're – turn' in translation studies [M] //VANDEWEGHE W, VANDEPITTE S, VAN DE VELDE M. The study of language and translation. Amsterdam: John Benjamins, 2007: 1 – 10.

VAN DIJK T A. Text and Context: Explorations in the Semantics and Pragmatics of Discourse [M]. London: Longman, 1977.

VAN GULIK R. Judge Dee at Work [M]. Chicago: The University of Chicago Press, 1992.

VARANTOLA K. Translators and disposable corpora [M] //ZANETTIN F, BERNARDINI S, STEWART D. Corpora in translator education. London: Routledge, 2003: 55 – 70.

WAGNER E. Translation and/orediting – the way forward? [M] //ANDERMAN G, ROGERS M. In and out of English: for better, for worse. Clevedon: Multilingual Matters, 2005: 214 – 226.

WOODS N. Describing Discourse: A Practical Guide to Discourse Analysis [M]. London: Hodder Arnold, 2006.

WU J. The Scholars [M]. Beijing: Foreign Languages Press, 1995.

ZANETTIN F. Bilingualcomparable corpora and the training of translators [J]. Meta, 1998 (4): 616 – 630.

ZANETTIN F, BERNARDINI S, STEWART D. Corpora in Translator Education [M]. London: Routledge, 2003.

ZUBILLAGA N, ZURI E S, URIBARRI I. Building a trilingual parallel corpus to analyse literary translations from German into Basque [M] //FANTINUOLI C, ZANETTIN F. New directions in corpus – based translation studies. Berlin: Language Science Press, 2015: 71 – 92.

ФVERÅS L. Insearch of the third code: an investigation of norms in literary translation [J]. Meta, 1998 (4): 557 – 570.

古今明. 英汉翻译基础 [M]. 上海：上海外语教育出版社，1997.

侯维瑞. 英语语体 [M]. 上海：上海外语教育出版社，1996.

胡家浩. 华特·司各特作品赏析 [M]. 武汉：武汉测绘科技大学出版社，1999.

胡开宝. 语料库翻译学概论 [M]. 上海：上海交通大学出版社，2011.

黄立波. 基于汉英/英汉平行语料库的翻译共性研究 [M]. 上海：复旦大学出版社，2007.

霍翠平. Norther 近海风电场文件翻译案例分析 [D]. 南京：东南大学，2014.

李华田. 厄内斯特·海明威作品赏析 [M]. 武汉：武汉测绘科技大学出版社，1999.

李运兴. 英汉语篇翻译 [M]. 北京：清华大学出版社，1998.

林瑞雪. ASME 压力容器建造标准翻译报告 [D]. 南京：东南大学，2015.

林远. 法雷奥冲压机基坑建设文件汉译报告 [D]. 南京：东南大学，2015.

林语堂. 京华烟云 [M]. 张振玉，译. 长春：时代文艺出版社，1987.

刘芳. 基于语料库的高校翻译教学探索 [J]. 天津市教科院学报，2014 (5)：22 – 23.

刘芳，王坤. 国内语料库翻译研究综述——基于知网（CNKI）2000—2013 年期刊数据分析 [J]. 科教文汇（中旬刊），2014 (12)：115 – 116.

刘建刚，阎建华. 马克·吐温短篇小说选 [M]. 北京：外文出版社，2000.

刘美，蔡立杰. 卡萨布兰卡 [M]. 北京：清华大学出版社，1995.

吕叔湘. 吕叔湘译文三种 [M]. 北京：外语教学与研究出版社，1992.

美国之音中文部. 美国英语成语俗语80 讲 [M]. 北京：中国对外翻译出版公司，1995.

美国之音中文部. 美国英语成语俗语续编1 [M]. 北京：中国对外翻译出版公司，1995.

缪雪如等. 优秀电影文学视听系列之四·蝴蝶梦 [M]. 北京：清华大学出版社，1997.

萨克雷. 名利场 [M]. 杨必，译. 北京：人民文学出版社，1997.

宋庆伟，匡华，吴建平. 国内语料库翻译学 20 年术评（1993—2012）[J]. 上海翻译，2013 (2)：25 – 29.

苏宝英. 基于语料库和数据驱动学习的翻译实践研究 [J]. 湖北经济学院学报（人文社会科学版），2014 (5)：103 – 104，111.

汤君. 翻译语境中的意识形态研究 [J]. 四川师范大学学报（社科版），

2008（4）：73 – 77.

汤君. 译事译论纵横谈［M］. 青岛：中国海洋大学出版社，2009.

王克非. 双语对应语料库：研制与应用［M］. 北京：外语教学与研究出版社，2004.

王克非. 语料库翻译学探索［M］. 上海：上海交通大学出版社，2012.

王正，孙东云. 翻译记忆在翻译教学中的优势与局限性［J］. 外语界，2009（2）：16 – 22.

王志民. 优秀电影文学视听系列之三·飘［M］. 北京：清华大学出版社，1997.

王佐良. 翻译：思考与试笔［M］. 北京：外语教学与研究出版社，1997.

王佐良. 英国散文的流变［M］. 北京：商务印书馆，1998.

魏淑花. 优秀电影文学视听系列之六·一夜风流［M］. 北京：清华大学出版社，1997.

吴希曾. GB/T 19682—2005 翻译服务译文质量要求国家标准［S］. 北京：中国标准化协会，2005.

闫冬. *Cooking the English Way* 中文化专有项的跨文化再现［D］. 南京：东南大学，2014.

杨梅，白楠. 国内语料库翻译研究现状调查——基于国内学术期刊的数据分析（1993—2009）［J］. 中国翻译，2010（6）：46 – 50.

杨宪益. 朝花夕拾·中国文学现代散文卷［M］. 北京：外语教学与研究出版社、中国文学出版社，1998a.

杨宪益. 朝花夕拾·中国文学古代散文卷［M］. 北京：外语教学与研究出版社、中国文学出版社，1998b.

杨自伍. 英国散文名篇欣赏［M］. 上海：上海外语教育出版社，1995.

杨自伍. 英国文化选本［M］. 上海：华东师范大学出版社，1997a.

杨自伍. 美国文化选本［M］. 上海：华东师范大学出版社，1997b.

张律，胡东平. 国内基于语料库的翻译研究的发展（1999—2010）［J］. 嘉兴学院学报，2011（2）：95 – 99.

赵宏展. 小型翻译语料库的 DIY［J］. 中国科技翻译，2007（2）：31 – 35.